ヘブライ的脱在論

アウシュヴィッツから他者との共生へ

宮本久雄――［著］

東京大学出版会

Naissance de l'EHYEHLOGIE:
De l'Auschwitz à la Convivialité avec autrui
Hisao MIYAMOTO
University of Tokyo Press, 2011
ISBN 978-4-13-010120-2

序

われわれの一人ひとりの生は一瞬の光芒である。しかしこの光芒は、無限の謎に満ちた生の無限空間内で他の光芒と交差し合いつつ、愛別離苦を湛えている。その交差に起こる愛別離苦の受難において、人は自己の生の無常と愛する他者との共生のはかなさを思い、徒に無意味に生を費やし、他者を傷つけ、喜びに満ちるはずであった共生を破綻させたことを悔恨せざるをえない。そのとりもどせない過去への悔恨の悲痛のうちに、自己の生の根拠とそして他者との真正と言えるめぐり合いの可能性を問い思索し、能うことなら新しい出会いの地平を披こうとする。それは老人の心理的な敗者復活戦というよりも、われわれ一人ひとりの貧しい生を正しく物語り、他者と共に存在しようとする、いわば存在論的と言ってもよい促しであろう。

この存在論的な促しに加えて、われわれは現代というかなり危機的な歴史状況におかれていると思われる。その震源は西欧の歴史に由来するとされる。それはどういうことか。西欧は理性、殊に啓蒙の理性を産み出した。その啓蒙の理性が産み出した歴史的諸成果を経験してこなかった非西欧的諸国は、日本をも含めて西欧近代を追体験すべきだという論がある。というのも、西欧近代は基本的人権、民主主義、自由市民、ヒューマニズム、啓蒙的合理性など、現在の人類が評価し享受している価値群を創造したからであり、従ってその原因・根拠である啓蒙の理性を自家薬籠中のものとして取り入れるべきだというわけである。この論は確かに、民主主義社会の体裁を取っていても、事実上如上の啓蒙的価値群が軽視されている独裁国家や日本のような非西欧的な国民国家にとって該当する貴重な提言といえるであろう。

しかし他方で、啓蒙の理性を歴史的に文字通り生きた西欧において、如上の諸価値は根底的に破綻し、理性は野蛮に逆転したとの危機的意識・自己反省の声も聞こえるのである。例えば、戦後の西欧倫理学の再建者ともいえるE・レヴィナスは、現代において、殊にユダヤ人抹殺の強制収容所「アウシュヴィッツ」の悲劇において、人間の絆の決定的な破れを洞察した。それは自己・他者の関係の崩壊を端的に示す破れなのである。

本書は、如上のような実存の淵から吹き上げてくる他者へのやむない志向とその他者を抹殺した人間の悲劇的歴史とがつきつける問いに敢えて直面しようとする試みである。そこでは、自己・他者論および共生・協働態論、つまり他者との出会いの地平の拓けが、生の矛盾や苦難さらに歴史の破綻の問題を媒介に考究される。その考究は、方法論的にはまず根源悪といえる「アウシュヴィッツ」と「存在神論」の分析から、次にそれを超克しようと試みつつ「ハヤトロギア」的思索および「物語り論」的解釈に移り、さらに存在の代わりに「脱在」を実践する「エヒイェロギア」、つまり「ヘブライ的脱在論」の地平を披く仕方で進められる。

ところで、今上に述べられた根源悪「アウシュヴィッツ」から「エヒイェロギア」に至る用語は、読者に馴染みがなく、さらに全く意味不明な新造語をも含むので、この「序」において、それら用語について、予備的に便宜的に相互関係をも含めて簡単な解説を試みておきたい。

本書は、他者の地平を全く滅尽する根源悪に関する思索から始まり、その根源悪を超克して他者の地平に立つ可能性を探ろうとする。だからまず根源悪の典型を、ナチス・ドイツ支配下で生じた未曾有の悲劇、つまり先述のように西欧的理性と信仰が創造してきた諸価値、とりわけ人間の尊厳（人権）を滅尽した「アウシュヴィッツ」に求める。そしてこのアウシュヴィッツがつきつける人間の尊厳の根拠とその回復への問いを、アウシュヴィッツ的審問として引き受ける。その際、そのアウシュヴィッツを可能とした理性的な哲学・思想を「存在神論」（Onto-Theo-Logia）、あるいは西欧的存在論として考察する。それでは存在神論とは何か。それは、神のような第一原因・絶対者・至高の存在者を立て、その第一原因が、どのように世界全体、つまり普遍的なもの（例えば、存在）を基礎づけ、その普遍的なもの相互の原因・結果や意味さらに価値の関係を支配するかを定める。その結果、そこに第一原因としての支配者から末端に至る結果や被支配者を含む一つの全体像・システム・自己同一的世界が成立する。そしてこの世界は、一つの自己同一的全体として、その内部にあるものと外部にあるものの区別をする。外部者はこの全体的自己同一性にとってみれば、異物・他者さらには異端者や破壊分子として見られ、除去・抹殺されるか、あるいは全体に吸収同化される。その意味で存在神論の最大特徴は、まさに他者抹殺という根本的傾向をおびるという点が指摘できる。また存在神論は、その第一原因から末端の結果の連鎖全体を一挙に見わたし、それを確固とした論理的な全体存在として説明し保持する。その意味で異物・他者に対して自閉した「実体化」さらに「空間化」を特徴とする。その実体化・空間化の具体的形態は、例えば、科学技術の知によって自然を征服し利用しつつ、人間中心に構成される定着的文明に窺うことができよう。

こうした存在神論とそれが契機となりうるアウシュヴィッツ的全体主義から脱出し、他者との出会いに生きるために実体存在からの「脱在」が新しく語り出されるのである。なぜ脱在なのであろうか。「在」は『広辞苑』（第六版、岩波書店）を見ると、最初の意味として「一定の場所にあること。いること。」とある。また『全訳　漢字海』（第二版、三省堂）では、「存在する」「位置する」「依存する」という動詞的意味の外に、「於」という前置詞的意味、「居場所」という名詞的意味が示されている。いずれも、固定的存在を示す。従って「脱在」は、存在神論とそれが前提とする固定的な実体存在さらに全体主義的文明社会や機構からの脱出（エクソダス）、それに伴う他者の地平の拓けまでを示す言葉であると言えよう。

ところでわれわれはこの脱在の思想の鍵を、ヘブライ文学である旧約聖書の物語りに求める。というのも、そこでは存在神論的存在に対して、「ハーヤー」（神の存在、生成、活動の諸性格を示す動詞の三人称単数完了形）、「エヒイェ」（ハーヤーの一人称単数未完了形）が見出され、それに基づき存在神論を突破しうる新しい他者の思想、つまり「エヒイェロギア」構築の可能性が考えられるからである。

そこで今、エヒイェロギアが成立する経過と根拠にふれておきたい。「出エジプト記」三章14節では神名が啓示されている。すなわち、「エヒイェ　アシェル　エヒイェ」（わたしはあろうとしてあらん）である。その神名中の一人称未完了「エヒイェ」（わたしはあるだろう）の三人称完了動詞ハーヤーに注目し、西欧的存在論（オントロギア）とは対比的なヘブライ的思想（ハヤトロギア）を構想し、先駆的にエヒイェロギアの地平を披いたのは、ギリシア教父哲学の泰斗有賀鐵太郎博士であった。博士は「ハーヤー」について次のように述べる。「ハーヤーする神は、まさにその名において人間に関わるのである。存在一般――有ること自体――であるなら、名が無いのが、また幾らでも名を持ちうるのが、むしろ当然であるが、啓示の神は啓示的はたらき（ハーヤー）において人格的に――従って歴史的に――人間に関わり来るもの、そして人間の人格的応答を呼び起こすものである」と。[1]ところで上述の「出エジプト記」の神名は「エヒイェ　アシェル　エヒイェ」（わたしはあろうとしてあらん）という風に、三人称ハーヤーではなく、神の一人称的な主体（エヒイェ）の啓示となっている。この主体は、歴史の中でエジプトで使役され苦しむ奴隷の許に降下し、彼らを解放するように働く。そのため神は完了的実体ではなく、自分から超出して脱し、また奴隷的他者をもエジプト帝国の全体主義から脱出させるよう働くのである。その働きは、歴史における他者解放として持続する未完了を特徴とする。以上の意味で「エヒイェ」は自ら脱在し、他者をもその実体存在から脱在させ解放する。

その際注目すべきことは、この新しい脱在論的思想を構築する資源および手がかりとして、旧約の「創世記」「出エジプト記」「預言書」などの文学、とりわけ歴史物語りがとり上げられることである。従って本書の脱在論的思想は、神学、哲学、倫理学、宗教学、社会学、実証的歴史学などの既成の学問から出発するのでなく、歴史物語りから発想と洞察を得、さらにそこに伏在する思想に光を当てることを通して形成されうる。

しかし読者はここで、「物語」の代わりにことさら「物語り」「物語り論」と表記されていることを怪訝に思われるかもしれない。今その釈明に努めるならば、それはまず、

（一）従来の「物語」論は、物語に関して学的に、その構造・筋立て・時間的展開の仕方、逆説、意味論などを探求するという性格をもつ。

（二）他方で、「物語る」は物語り行為として過去の物語りを語りつつ、新しい物語りを創成させてゆくという実践的で「語り部」的な、協働態的性格をもおびる。

（三）けれどもあえて「物語り」と特定するのは、（一）の「物語」と（二）の「物語る」との間《あわい》に立って、両者の横断的媒介として論をふまえながらも、物語るという実践的地平に参与しようとする動態を表わす。

しかも物語りから出発する思想は、絶えず自己吟味の深化と他者との出会いに向けて、他の多くの物語り世界の発掘や関与に努めて止まないし、自らも新たな物語りの創成に寄与する。そして物語りがアカデミズムに自閉せず、多くの人々と分かち合える力働的言語の開放系である以上、この思想が他者の地平へ関与しつつ、その交わりの輪を拡充することが期待されるのである。このように、本書の脱在的思想は、物語り論に依拠する。しかも脱在が実体的空間性の超克であるので、物語りの歴史性への関心が重要で、その意味でも本書は歴史物語りから出発し、そこに不断に立ち返るのである。

われわれとしては、このような物語りを聞き、そこに働くエヒイェというヘブライ的脱在を思想化するだけでなく、

自らにもその脱在を体現し、自ら他者との関わりの物語りに超出してゆく。そのことが、自らの物語り論的な、開かれた多脈的な自己同一性、つまり真の自己の誕生へと連動してゆくことを希望しながら。以上の意味で、本書にあっては、三人称的完了（ハーヤー）よりも、一人称的未完了（エヒイェ）による自己と他者の共生の物語り論的思索が構想されているので、ハヤトロギアに代りエヒイェロギアという語が用いられている。

いずれにせよ、本書が提案する馴染みのない用語、新造語については、本論の展開のプロセスにおいて、その意味と働きが次第に明らかになり、それによって自他共生の地平が拓けゆくことを期待したい。

＊

そこで次に全体の筋および結構を予示しておこう。

第Ⅰ部「「アウシュヴィッツ」の審問からヘブライ的脱在論へ」においては、まず第一章で、西欧の根源的物語りであるホメロスの『オデュッセイア』と、同様にもう一つの物語り的源泉「アブラハム物語り」の二類型にふれ、まず『オデュッセイア』物語りの解釈を通して、西欧的存在神論（オントテオロギア）あるいは存在論について考究し、それと「アウシュヴィッツ」という歴史的事件にしてかつ根源悪に焦点をあて、両者の関連を追究し、「エヒイェロギア」の手がかりをつかみたい。続く第二章では、「アブラハム物語り」の哲学的さらには物語り論的解釈に加えて、「出エジプト記」の解釈を進めることによって、エヒイェロギアとは一体何であるか、それがアウシュヴィッツ的根源悪を克服できるかできないか、さらにその倫理的働きはどのように展開するのかという問いを、第一章よりもさらに深めてゆきたい。そこでは、物語り論的解釈と共に、統辞論・連辞論が組み合わされ、ある言語哲学的な方法の応用とその意味が示されるであろう。こうして本書の鍵語である「アウシュヴィッツ」と「エヒイェロギア」の一層の理解が期待される。

この理解を承けてそれを根拠としながら、第Ⅱ部「根源悪から他者の証言へ」では、「ヨブ記」を中心に根源悪および受難から他者性の証し、他者への証言を考究したい。第三章は、ヨブの受難をアウシュヴィッツの「ショアー」（絶滅）と重ね合わせながら、受難・苦悩に関わる諸々の証言を通して他者の地平の拓けを探ってゆく。第四章では、そうした受難から根源悪の深淵を垣間見ようとして「創世記」の蛇による人間の誘惑物語りを解釈し、さらに根源悪の虚無性をトマス・アクィナス形而上学の立場からも考究する。その結果、受難・苦悩を生きるヨブがエヒイェ（脱在）を体現する人格であり、この人格においてこそ、エヒイェが根源悪を超克する具体的な仕方で働くことが示される。

第Ⅲ部「「アウシュヴィッツ」の深淵の過ぎ越し」では、このヨブのようなエヒイェ的人格が、どのように「アウシュヴィッツの深淵の過ぎ越し」を生きたのかが問われる。すなわち、第五章は、イエスの十字架の受難の深淵、エリヤと「残りの者」が生きる深淵、預言者エレミアと捕囚の深淵、イエスの弟子たちの背信の深淵、パウロの回心前の深淵、死の深淵の過ぎ越しを語る復活物語りなどを扱いながら、各々それら深淵の過ぎ越しを生きるエヒイェ的人格と彼ら人格を通してアウシュヴィッツ的審問を過ぎ越す可能性を考究する。第六章においては、まず「エリヤ物語り」の解釈から、彼の時代における異邦人性および他者の拓けとしての「残りの者」が示され、次にそれに基づいて現代における異邦人性が、エヒイェの贈与の過剰の体現・しるしとして考察される。現代の根源悪にとって、この過剰は、無限に無意味で異質そのものであるので、その根源悪的な自同システムに同化解消し切れない異邦人性なのである。こうして根源悪の深淵の過ぎ越しにとって、エヒイェの無償的自己贈与の過剰がエネルギー源になりうることがようやく予感される。その過剰は、現代の「アウシュヴィッツ」的根源悪がわれわれにつきつける審問に直面して、エヒイェロギアが立ち上がる契機となるであろう。しかしわれわれには本論を展開する場合、現代の危機に生きる途上にあって、どのような安易な希望的観測も許されまい。むしろあの詩編詩人のように、現代のアウシュヴィッツ的深淵から大いなる生命的根源に向かって呼ばわったシモーヌ・ヴェーユと共に呼ばわる以外にないであろう。

深い淵の底から、主よ、あなたに呼ばわる
主よ、この声を聞き取りたまえ
嘆き祈るわが声に耳を傾けたまえ

主よ、汝が罪をすべて御心にとめられるなら
誰が耐えられようか
しかし、赦しは御許にあり
人は汝を畏れ敬う
わが魂は主を待ち望む
見張りがあけぼのを待つにもまして

（「詩編」一三〇）

註

（1）「神の無名性について」（『キリスト教思想における存在論の問題』有賀鐵太郎著作集4、創文社、一九七六年）に所収。

ヘブライ的脱在論　アウシュヴィッツから他者との共生へ／目次

第Ⅰ部　「アウシュヴィッツ」の審問からヘブライ的脱在論へ

西欧の歴史とその影響下にある今日の欧米的文化さらに東アジアの文化・文明の形成に、いわば起動因のように働き続けてきた二つの原型的物語りを挙げることができよう。それは、ギリシア文化の原型『オデュッセイア』物語りとヘブライ・キリスト教の文化の原型「アブラハム物語り」(「創世記」一二〜二五章)である。われわれは、まず『オデュッセイア』とそれに関連して「アウシュヴィッツ」にふれ、次に「アブラハム物語り」を解釈して、今日的な「他者の倫理」とその根拠である「エヒイェロギア」について考究したい。

第一章　『オデュッセイア』とその思想的系譜

――「アウシュヴィッツ」と存在神論

1節　『オデュッセイア』とアドルノ

『オデュッセイア』を古典文献学的手法によって分析するのは一つの正攻法であるが、他方でテキストをその時代の危機意識あるいはその実存において解釈することは、極めて哲学的ないし倫理学的方法だと言える。その後者の意味でわれわれは、アドルノとホルクハイマー著『啓蒙の弁証法』(1)、さらにはアドルノの『否定弁証法』(2)を背景として、物語り論的解釈学的手法を通して、今日的危機に身をおいてこの物語りを大略考察してみたい。というのも、この『啓蒙の弁証法』の序文が、現代的な地球惑星の倫理的危機を表明しているからである。「何故に人類は、真に人間的な状態に踏み入ってゆく代りに、一種の新しい野蛮状態に陥ってゆくのか」と。

周知のように『オデュッセイア』は、美女ヘレネを奪ったトロイアに対するギリシア同盟軍の戦いを扱った『イリアス』と並ぶ二大叙事詩である。有名な「木馬の計」の策略（知恵）でトロイアを陥落させた英雄オデュッセウスを描いている。すなわち、オデュッセウスがギリシア同盟軍に加わり、故郷イタケーを旅立ち、戦勝の功によって莫大な戦利品を得、部下と共に帰郷の途中多くの困難に出遭う。中でも、多くの神話的自然神の妨害や誘惑に遭って帰郷が引きのばされる。海神ポセイドーン、キュクロープス（一つ目の怪物）族のポリュペーモス、愛欲の女神キルケ、魔力的魅了的な歌声で聞く者を破滅さすセイレンたちである。しかしオデュッセウスは困難に遭う都度、策略によって自然神たちを騙し、窮地を脱する。

ここで彼がどのように、セイレンたちの神変不可思議な歌声の魔力から逃れたのかを引用してみたい。問題はオデュッセウスだけが歌声を聞き、部下たちは歌声を避けなければならないという点にあった。

このようにわたしは部下たちに仔細を語り聞かせたが、その間にもわれらの堅牢な造りの船は、穏やかな順風を背にして船脚も速く、二人のセイレンの住む島に着いた。ところがこの時俄かに風がやみ、風のない海は凪ぎかえって、神は波浪を眠らせてしまわれた。部下たちは立ち上がって帆を捲き上げ、これを船艙に納めると櫂の前に坐って、滑らかに削った櫂を動かし、海に白波を立て始めた。わたしは大きな輪型の蠟を、鋭利の剣で細かく切り刻み、逞しい手で圧して捏《こ》ねると、圧す手の強い力と、陽の神ヒュペリオニデスの光に温められて、蠟は忽ち熱く(柔らかに)なった。そこでわたしは順々に、部下たち全員の耳に蠟を貼りつけると、彼らは船中で帆柱の根元に立ったわたしを手足ともに縛り、縄の両端を帆柱に括りつけた。部下たちは漕座に坐って、櫂で灰色の海を打っていたが、速やかに船を進めて、呼べば声の届くほどの距離まで近寄った時、船脚速き船が近くに迫ったのを、セイレンたちが気付かぬはずもなく、朗々たる声を張り上げて歌い始めた。

「アカイア勢の大いなる誇り、広く世に称えられるオデュッセウスよ、さあ、ここへ来て船を停め、わたしらの声をお聞き。これまで黒塗りの船でこの地を訪れた者で、わたしらの口許《くちもと》から流れる、蜜の如く甘い声を聞かずして、行き過ぎた者はないのだよ。聞いた者は心楽しく知識も増して帰ってゆく。わたしらは、アルゴス、トロイエの両軍が、神々の御旨のままに、トロイエの広き野で嘗《な》めた苦難の数々を残らず知っている。また、ものみなを養う大地の上で起ることごとも、みな知っている。」

(一六五―一九一)

美しい声を発してこういった。わたしは心中、聞きたくて耐らず、眉を動かして合図し、部下に縛《いまし》めを解けと促したが、彼らは前に身をかがめてひたすら漕ぎ進める。ペリメデスとエウリュロコスの二人が、つと立ち上がると縄の数を増してさらに強く締め上げた。しかしセイレンたちを行き過ぎ、もはやその声も歌も聞えぬようになると、わが忠実な部下たちは直ぐに、わたしが耳に貼り付けてやった蠟を取り去り、わたしの縄を解いてくれた。

（一九二―二〇〇）

このような自然神による誘惑を策略と知恵によって脱したオデュッセウスは、イタケー帰郷にのぞんで、彼の不在中に郷土の貴公子たちが麗しい彼の妻ペネロペイアに言いよったり、彼の財をかすめ取ったりしたことを知り、復讐の念に燃える。そしてそうした男たちや仲をとりもとうとした女中などを強弓で射殺したり処刑にしたりする。こうして『オデュッセイア』物語りは、オデュッセウスの故郷回帰（ノストス）をもって完結する。

アドルノは、『啓蒙の弁証法』において、オデュッセウスの故郷回帰の物語りを人間の歴史における「主体性の原史」(Urgeschichte) として解釈する。つまりその歴史は、一方でオデュッセウス的な理性的人間が、神話・自然神の魔力の支配する（物語）世界から、理性によって脱出し、逆に自然を支配して自己保存を企画する啓蒙的（物語）世界に到達する進歩のプロセスである。しかし他方で、この啓蒙的進歩が、全体主義的資本主義という反理性や野蛮という「二十世紀の神話」に退行するプロセスをもあわせもつのである。この神話から啓蒙へ、そして再び新たな神話へ頽落する歴史は弁証法的といえる。

しかし『啓蒙の弁証法』の序文が示すように、何故に啓蒙的理性から再びある種の野蛮な神話に退行してしまうのであろうか。

それは、啓蒙的理性の目的が自己の内的生命の充溢とその欲望の自由な発現にあるが、そのために理性によって

「外なる自然」、自然神の魔力を支配しなければならない。この支配のために同時に「内なる自然」と生命的欲望をモラルによって制御しなければならない。とすると、モラル化された内的生命はその力を喪い枯渇し、こうして理性による「外なる自然」の支配の目的そのものが喪われる。理性はこうして目的を喪ってしまう。丁度オデュッセウス（理性）が船のこぎ手である部下たち（感性、労働）と分離して帆柱にくくりつけられ、その策略によってセイレンの魔力の封じ込めに成功したが、その物語りが象徴するように、理性的文明の中で理性的支配者と労働大衆は分離し、大衆は理性と主体を喪って無力となり、その大衆社会が独裁政治の温床となってゆく。この様なプロセスとは逆に、理性は感性的生命や労働を喪って、空虚な喪失感に陥り、最後にオデュッセウスが殺戮を繰り開げたように、その空虚の埋め合わせとして暴力をふるい野蛮に退行し、独裁者として非主体化された大衆を支配するにいたる。そこに全体主義が新しい神話として誕生するのである。

実際にアドルノが『啓蒙の弁証法』で『オデュッセイア』を解釈していた時に、全体主義ナチス・ドイツは、ポーランドに侵攻し蛮行を繰り広げていたのである。そして次に「アウシュヴィッツ」の時代が襲来する。こうして啓蒙の歴史を批判する著作『啓蒙の弁証法』は、それがナチスの暴力が絶滅戦争（Vernichtungskrieg）に突入している時代に構想されたことからも窺えるように、野蛮の象徴と現実は後にナチス政権下における「絶滅収容所」、とりわけ「アウシュヴィッツ」に収斂したとする。後にアドルノはその『否定弁証法』において、アウシュヴィッツ以後は、西洋の文化や哲学が、さらにそもそも生きることが可能であるか否かを問うたが、それほどにアウシュヴィッツは、西欧の啓蒙的理性とその成果とみられた歴史・社会および上述の価値群の破綻としての野蛮だったのである。そしてこの野蛮は、今日までである神話・物語として現代世界を密かに冒しているかにみえる。

それでは一体アウシュユヴィッツとは何か、その野蛮とは何かが問われざるをえない。そして本章では、そのアウシユヴィッツの審問に耐え、野蛮のある超克の方位を示す思索としてエヒイェロギア（ハヤトロギアを一層展開した思想）および物語り論にふれてゆきたい。

2節　アウシュヴィッツとは？

二十世紀以来、諸国民、諸民族が経験した抹殺の歴史は野蛮さでおおわれている。トルコによるアルメニア民族の虐殺、スターリン治下での強制収容所と粛清、広島・長崎への原爆投下、カンボジアでのポル・ポトによる自国民の大殺戮、ユーゴスラビア、ソマリアでの抹殺など列挙にきりがない。アウシュヴィッツは、その類型の一例にすぎないのか。あるいはその類例のなさ（unicum）があるとすれば、それは何であるのか。その点について考察しよう。

一、生を奪う。アウシュヴィッツは、その大量殺戮やその殺戮方法の残虐さによって比類がないとはいえまい。むしろ問題なのは、その類例なきある種の合理性ではなかろうか。それは犠牲者の生の記憶を奪うという合理性であろう。ハンナ・アーレントによれば、第三帝国などの全体主義国家にあっては、法律によって罰することのできる法人格をもつと認定された者、つまり「有罪者」の概念に加え、「生きる資格のない者」という新概念が成立し、それは恐るべき結果をもたらしたという。つまり、生存の資格のない者は、法的に罰せられることも裁判所に記録されることもなく「あたかもかつてこの世に存在したことがなかったかのように」抹殺されるのである。一般に殺害者は、自分の犯した殺人の証拠や手がかりを消そうとするが、人々の間に残る被害者の記憶の痕跡やさらに犠牲者を記憶し愛した人々まで消しはしない。また犠牲者一個の生命を消すが、彼が人間として生きたという事実までをも消しはしない。これに対して全体主義は、犠牲者に関わるあらゆる記憶を奪おうと合理的な謀計をめぐらす。まず、犠牲者本人をガス室で殺し焼却炉の灰にして消す。次に、消された本人が記念として所持していたもの、彼の思い出を伝える写真、日記、（芸術家なら）作品などを剝ぎ取って消す。第三に、彼をこよなく愛し記憶した家族、友人などを絶滅収容所で同様に消す。また第四に、絶滅収容所そのものも、犠牲者の記憶の証拠となるので、記録などの書類と共に爆破などの手段によって焼却し消す。しかし最後に決定的であるのは、奇跡的に絶滅を逃れた生存者があっても、彼らが深いトラウマによって収容所体験の記憶をよみがえらせ証言できないようになるほど人間性を破壊することである。また一般市民が生存者の証言を聞いても信じ難いほどの非人間的状況を収容所につくることである。こうしてたとえ生存者が証言しても、その証言はあたかも異星人の言葉のように理解不可能な異言となってしまう。その意味でアウシュヴィッツとは「他界」「異界」に外ならない。

　このような綿密な、全体主義による記憶の剝奪の合理的プロセスにより、収容所はそこに落ちこんだら二度と記憶の世界に戻れない「忘却の穴」、記憶剝奪装置に仕立てられたといえよう。それではさらに問いつめなければならない。記憶の剝奪とは何か。ここでは重要な次の二点について大略ふれておこう。

　その一点目は、物語り的自己同一性（identité narrative）に関わる。物語り的自己同一性について、P・リクールは、H・アーレントの次のような言葉を引用してその成立根拠にふれている。「〈だれ？〉という問いに答えることは、人生物語を物語ることである。物語り《ストーリー》は行為のだれを語る。〈だれ〉の自己同一性はそれゆえ、それ自体物語り的自己同一性に外ならない[3]」と。ところで自分の物語りを語ることは、記憶に拠る過去の出来事の想起を必要条件とする。そのことは個人史を超える歴史物語りにおいても同様であって、歴史を物語るとは、記憶によって想起された出来事を時間的に配列し、一定の物語り的文脈の中に配置して歴史を創作することであろう[4]。いずれにせよ、記憶が個人やある集団の自己同一性形成に主役をなすという点では変わりはない。ところで自己同一性あるいは自己の総合的自覚がその人の行為を人間化し、その人の人格や尊厳の形成の重要な構成的働きをするとすれば、記憶を奪う、つまり物語る可能性を奪うということは、人間の自己同一性の解体、人格の尊厳の破綻などを意味することになろう。

　その二点目は、記憶こそ人間人格成立に根源的役割を果たすという点である。ここでいう記憶とは、他者が自分に対してもつ記憶・思い出・想起であり、自分が自分に抱く記憶は、実のところその記憶に基づいているということである。例えば人が幼児から大人になるプロセスにあって、自分のことを様々に想起して自己物語りを創りうるのも、日々父母兄弟や友人さらに師などが自分のことを憶えていてくれ、その都度、自分は誰々であり、どのように振舞いまたどのような人間関係の中で成長したのかを想起し指摘してくれているからである。従ってその際重要なことは、人間が何よりもアプリオリに自分に備わっており自己主体を形成すると思う理性や意志が、自己同一性の直接的根源的根拠にはならないという点であろう。つまり他者が自分に抱く記憶が基になって、「われ在り」が成立するのであり、それはコギト「われ思う」に拠るのでも、意志に拠るのでもない。とすれば、自己同一性の根底には、すでに他者が一つの構成的関わりとして存するのであり、それを言いかえれば、自己は他者なくして自己では在りえないということなのである。自・他の人間的尊厳はこのように連動して在り、切り離しえない。とすれば、アウシュヴィッツにおける「記憶を奪う」とは、他者との出会いの可能的根拠を破壊することを意味しよう。この点は今これ以上立ち入れないが、アウシュヴィッツの類例のなさは、さらに恐るべき行為に顕在化する。

二、死を奪う。アウシュヴィッツにおいて人間の生命は煙とされ忘却の穴に葬られただけではない。彼の死が奪われた。この点についてまずアドルノの言葉に傾聴しよう。「何百万もの人間に対する管理された虐殺とともに変質してしまった死は、かつてこれほどまで恐れられたことのないものになってしまった。一人ひとりの人生経験の中で、人生の働きと何らかの形で一致するようなものとして死が現れる可能性は全くなくなってしまった。個人は彼に残された最後の、最もうらわびしいものである死までも収奪されてしまった。収容所において死んだのは個人ではなくサンプルであった」(5)。実際にアウシュヴィッツからの生還者エリ・ヴィーゼルは「アウシュヴィッツ以後」の人生において自己を死体と感じたのである。その証言を聞こう。「解放された人々が最初にした振舞いといえば、食糧にとびつくことでした。それ以外頭に浮かびませんでした。……ブーヘンヴァルトでの解放から三日後、わたしは食中毒にかかり病院に移送され二週間の間、生死の境をさまよいました。ある日のこと、やっとの思いで起き上がることができました。向かいの壁にかけられていた鏡で自分を見てみたかったからです。ゲットー以来自分を見たことはなかったのです。鏡の奥には、一つの死体がわたしをじっと見つめていました。わたしの眼に映ったその眼差しは、それ以来わたしにはりついて離れようとしませんでした[6]」。確かにアウシュヴィッツという死体の製造所から生還しえたE・ヴィーゼルは、他の生還者と同様にすでに死を奪われていたのである。この点をG・アガンベンは、ハイデガーにおける向死的存在たる「現存在」が先駆的決意性によって非本来性から本来的に実存するという死の可能性の哲学を批判して次のように考察を推し進めている。すなわち、収容所においては、人間は日常的にあらゆる瞬間に匿名者として事実上自らの死に向かって生きている。従って非本来性はすでに本来性を全面的に担っているのであり、「アウシュヴィッツでは、死と単なる落命、死ぬことと〈一掃されること〉を区別できず[7]」、かくして人間は死ぬことができないのである。アガンベンは、そのような人間の死の剝奪状況を、このような「生ける屍」、すなわち「回教徒」(der Muselmann) とあだ名を付けられて人間・非人間の閾に生きる人々を介して考究してゆく。回教徒というあだ名は、「歩く死体」である囚人の地面にひれ伏す姿が、イスラム教徒の礼拝の姿に似ているのでつけられたともいわれる。いずれにせよ、回教徒とは「人間が人間であるのをやめる地点」、「その生が本当の生ではなくなった者としてあらわれ、またある場合には、その死を死とは呼ぶことができなくなって、死体の製造としか呼ぶことができなくなった者としてあらわれる」とされる[8]。プリーモ・レーヴィによれば「ガス室に向かってゆく回教徒は、みな同じ物語をもっている。いや、もっと正確に言えば、物語をもっていない」のである[9]。このようにして収容所の「中枢」である回教徒は物語ることも奪われている。

それではここで死と物語りについて、その人間論的な連関について一考しておきたい。死とは単に人生の否定、生の弱体化の極みにすぎないのであろうか。しかし、われわれは人間の死の歴史に沈潜するとき、ソクラテスやイエスや仏陀などの荘厳な死、つまりその生の開花完成《アクメー》であり、しかも個の死を超えて普遍的な精神的交わりの地平を披いた死を想起できるのである。

例えば、ソクラテスは、牢獄中でクリトンに逃亡を勧められたとき「不正を以て不正に報いてはならない」といって不当な死刑判決を受容し従容として毒人参を飲んで死んだ。それはつまり「不正に生きる」代わりに「善く生きる」という徳の生き方を選択した死であって、だからそれはソクラテスの死の訓練という徳に生きる、愛智の活動の完成であったといえる。従ってそのソクラテスの死の訓練とこの最後の死こそ、プラトンによって物語られたソクラテス物語りの決定的なプロットをなしているといってよい。この死のプロットを媒介に、死の訓練という愛智の伝統が、弟子たちによって語り継がれ、今日に至るまで哲学的な交流とそれによる開放的な自己同一的世界を形成してきたといっても過言ではあるまい。そのことは、イエスの十字架上の死に関しても語れることであろう。彼が福音を説き神の国運動を起こし、裁判で磔刑の判決を受け、死後復活し、その復活を契機に弟子たちの協働態が成立し、今日も多くの人々を福音的世界に召命しているという壮大な物語りと歴史にとって、やはりイエスの十字架上の死は決定的なプロットとなっていると言えよう。これらの顕著で典型的な例でなくとも、死は隠れて平凡に生きる人々の生涯にとって、その生の物語り的自己同一性、つまり彼の生の人間的意味や価値あるいは尊厳形成のプロットとなるといえる。お棺のふたが閉じてから、その死者の評価が定まるといわれる所以でもある。以上のような意味で「死を奪われる」ことが、人間の自己同一性や他者関係の解体であり、人間性の破壊であり、回教徒の生でも死でもないグレイゾーンへの埋葬であることが理解できよう。そのことをP・レーヴィは次のように証言している。

「勝ち誇るドイツ人の手で始められた野獣化の作業は、破れたドイツ人によって完成された。人を殺すのは人間だし、不正を行い、それに屈するのも人間だ。だが抑制がすべてなくなって、死体と寝床をともにしているのはもはや人間ではない。隣人から四分の一のパンを奪うためにその死を待つものは、それが自分の罪ではないにしろ、最も野蛮なピグミーや最も残忍なサディストよりも、考える存在としての人間の規範からはずれている。私たちの存在の一部は、まわりにいる人たちの心の中にある。だから自分が他人から物とみなされる経験をしたものは、自分の人間性が破壊されるのだ」[10]。

こうして死は奪われ、人間は物と化し、死体さえ死体と呼ばれず、もの(Figura)と呼ばれる。

以上から、アウシュヴィッツ=ビルケナウ絶滅収容所は、全体主義のテクノクラートが構築したエコノ(経済的)=テクノ(軍事中心の技術的)=ビューロクラシー(政治的官僚的)機構の象徴といえ、同時にその機構を背景とした「死の製造所」として人間から生を奪い死を奪い、そこで死生が死生でなくなる擬生・擬死の閾であるといえよう。それは近代の合理性あるいは理性そのものの野蛮であり暴力行為であって、そこには人権も人格もヒューマニズムも啓蒙も一切の近代的価値が呑み込まれて焼却される。つまり、アウシュヴィッツとは、近代の理性の物語りの終焉であり、現代の終末論的予兆とも言えよう。そこでは人間性を培う一切の記憶と物語りが消失する。

それでは、如上のアウシュヴィッツを可能にした理性・合理性とは一体何であるのか。

3節 全体主義の思想的温床「存在-神-論」(Onto-theo-logia)

世界の全体を思索の対象とし、あらゆるものをその部分として全体内に配置し計測あるいは評価して、一切をその全体の自己同一性(これ以後、全体主義的自己同一性を「自同性」と記す。E・レヴィナスの同《le même》と同意味)内で支配する全体主義的思想こそ、アウシュヴィッツをもたらした思想的温床であるに違いない。レヴィナスなどは、そうした思想的温床として「存在神論」を挙げている。その思想と本体は一体何であろうか。

ハイデガーは、その著『道標』において存在神論の典型的原型について語り、存在神論の歴史を追跡している。われわれも彼を手がかりとしよう。ハイデガーは、西欧的思惟が「存在するものとは何であるか」という問いによって導かれていると述べた後に、存在（Sein）への問いは、存在するもの（Seiendes）の存在への問いとして二つの形態を採ってきたという。すなわち第一は、存在するものは存在するものとして一般に何であるかという問いである。この問いは、最も普遍的な仕方で在るものの構造を探究し、その探究と考察は存在論（ontologia）へと成熟する。存在論はアリストテレスにみられるように、在るものに関し形相対質料、現実態対可能態などの存在論的概念を形成してゆく。その第二は、在るものが最高に在るという意味においては如何なるものであり、そしてまた如何に在るのかという問いとなる。それは最高に在るもの、つまり神（第一原因）や神的な諸存在者への考察となり、神学（Theologia）として成立する。そこから神は、純粋形相、不動の動者、知性《ヌース》、最高善などであるとしてその如何に在るかについての神学的概念が形成された。こうして在るものの存在への問いの二形態的性格こそ、「存在神論」というタイトルの内へ取りまとめられたわけである。従って存在神論は、上述のように最普遍的概念（この場合は《在るもの》）を立て、その普遍領域を総一支配する最高原因（この場合は《神》）によってあらゆるものを因果関係などのシステム内に位置づけ、その在るものの意義や価値などを決定する思想といえる。このような古代の存在神論の歴史に大転換をもたらしたのは、近世の思想的幕開けに決定的役割を果たしたデカルトであった。デカルト哲学は多様な解釈を許すとしても、その存在神論的解釈も（ハイデガーがそれをなしたように）可能である。というのも、彼が普遍学（Mathesis universalis）を構想したことからも窺えるように、彼にとって最普遍的な存在者とは、計量され物理科学的に法則式に表象される事物である。他方で第一原因、神の座を占めるのはそうした事物を対象として操作しうる理性、つまり計算し表象する（vorstellen 文字通りに「前に〈対象として〉置く」の意味）理性ということになるであろう。こうしたデカルト的存在神論の成立プロセス、構造、特徴などの考察にはこれ以上立ち入れないが、その帰結としてフッサールが指摘したように、デカルトやガリレオと共に世界が物理科学的に再構成され、さらに技術と結びついて理性による世界改造・産業革命の基盤をなしたことは疑いを容れないであろう。そして一切を対象として支配する理性的人間こそ、近代を構築した新しい神となったのである。しかし存在神論はさらに新たなエポックを迎え展開する。そのエポックの旗手はニーチェであった。勿論ニーチェも多様な解釈を許すにしても、ここでニーチェを存在神論的な角度から考察する手がかりとして『権力への意志』から一つのテキストを引用したい。

要旨再説。生成に存在の性格を刻印すること——これが権力への最高の意志である。二重の偽造、これは、存在するものの、すなわち、停滞するもの、等価のものなどの世界を保存するために、感官からと精神からとなされる。すべてのものが回帰するということは、生成の世界の存在の世界への極限的近接である、——すなわち、考察の絶頂。

存在するものに与えられる価値から、生成するものを断罪しそれに不満をおぼえることが由来する。これは、そうした存在の世界がまず捏造されていたからのことである。存在するものの諸変形（物体、神、理念、自然法則、定式その他）。仮象としての〈存在するもの〉。価値の逆転、すなわち、仮象は価値授与者であったのである——。

認識自体は生成においては不可能である……。

捏造し、意欲し、自己否定し、自己超克する働きとしての生成。すなわち、いかなる主観もなく、行為し、定立する働きが創造的なのであって、いかなる〈原因と結果〉もない。（六一七）

このテキストからどのようなニーチェ的存在神論が推測できるのであろうか。それは第一行目が示唆する「存在」と「生成」の（価値の）決定的逆転なのである。そこで生成の概念を基礎づけるのが、ニーチェ的な生そのものの洞察である。すなわち、彼によれば生は、他者や弱者を打倒し同化し搾取し、ただひたすら、自己の力（権力）の増大を意欲し、そのために時には自己否定しながら限りなく生成する。生にとって生以外の目的はなく、そこには他の目的を定立する因果法則もなく、反省を促す自己認識もない。これが生成であり、絶対的自己肯定の意志としての「力への意志」である。すなわち、力への意志こそ、テキストが示すように上述の生成を存在へとひき上げ、逆に存在を停滞するもの、仮像へとひき下げる。ところで生成を存在にすることの極限的定式は何か。それこそニーチェのいうニヒリズムの極みとしての「等しいものの永遠回帰」(die ewige Wiederkunft des Gleichen)にほかならない。つまり、同じものが同じ仕方で永遠に反復され回帰するのである。だから当然そこには革新も希望も意味もなく、従来の存在(近世科学を基礎づける幾何学的延長としての物体、神、プラトン的イデア、自然法則など)は解体され回帰の渦中に消失する。こうしてデカルト的な理性・旧い神コギトが解体され、力への意志が生成を存在に逆転する。この生成に存在を刻印する力への意志こそが新しい神であり、他方で永遠回帰において存在とされた生成こそ、新しい存在者としての存在者、最普遍者として登場するのである。

この存在神論に関して、アウシュヴィッツとの関連で次の二点を考察しておきたい。

第一点は、アウシュヴィッツの前でニーチェ的存在神論は破綻するということである。アガンベンはニーチェの『悦ばしい知識』中の「最も重い荷」でなされる実験をアウシュヴィッツに適用する。すなわち、悪魔が生き残りのかたわらに寄って次のように尋ねる。「おまえは、アウシュヴィッツがもう一度、そしてさらに数限りなく回帰して、収容所のどの細部も、どの瞬間も、どんなささいな出来事も、永遠にくり返され、それらが起こったのとそっくり同じ順番で休みなく回帰することを欲するか。おまえはこれをもう一度、そして永遠に欲するか」と。誰も、ニーチェ的超人さえも、このような提案を受け容れることはできまい。ただし、根本的に人がこの提案を欲しえないのは、それが前代未聞の残酷な悲劇だからというだけでなく「アウシュヴィッツが起こることを決して止めておらず、つねにすでにくり返されているからなのである」[11]。P・レーヴィは夢という形でアウシュヴィッツを再体験し続けるが、さらに現代にあっても、それはカンボジアで、ユーゴスラビアで、アフリカで、中東で、世界の様々な片隅でつねにすでにくり返されているのではあるまいか。

第二点は、ニーチェ的存在神論が、生成する存在者、殊に人間からその唯一回性や固有の目的・価値などを奪い、存在者を無意味で反復可能で無価値で搾取されるものへひき下げた点である。そこから存在者を新たな仕方で利用・制御・改造する別な存在神論が不気味に密かに立ち現われる。それこそ現代を支配する技術学（Technik）であるとハイデガーは予言する。それでは技術的存在神論とはどのようなものか。ここでハイデガーの考察を手がかりとして当該のテキストをみよう。

水力発電所がラインの流れに立たされている（gestellt）。その発電所はその流れを、水圧に提供するように立たせ、その水圧はタービンを廻転するように立たせ、その廻転が機械を廻し、その機械の連動機が電流を造り（herstellen）、その電流のために大発電所とその配電網が仕立てられているのである。こうした電気エネルギーの絡み合ってゆく仕立過程の領域のなかに、ラインの流れもまた何か仕立てられた（bestellt）もの［監理されたもの］として現れている。(12)（傍点は引用者）

右のテキストから、存在者は用立てのために立たされていることが理解できる。すなわち、ライン川は水力発電所用に立たされ、発電所のタービンは廻転用に立たされ、廻転は電流を起こす用に用立てられ、配電網は電気の分配に、分配された電気は家庭や工場に用立てられ、電気料金は再び発電所も含めた電力機構に役立てられる。こうして技術社会にあっては存在者は用立てられる「用材」（Bestand）であって、用立ては円環行程を成し、用材の普遍的な用立て連関を成立させる根拠としての存在が「立て組み」あるいは「総駆り立て体制」（Gestell）と呼ばれる。人間もこの立て組みにあって、もはや用材を対象化し操作するデカルト的主体ではありえず、電気の技師や管理者として用立てられる「用材」に過ぎない。この「立て組み」（神）と「用材」（存在者）から技術的存在神論が語り出される。この存在神論は、存在者を用材化しその唯一回性や固有な価値を奪い、次々と代替されて消滅してはまた生産される無限の円環におく。それはあたかもニーチェ的永遠回帰の技術版であるかのようである。そこでは技術学がもはや価値中立的ではありえず、力への意志として現前しているかの如くである。ハイデガーによる技術時代の到来予言は、ある意味で今日的な文明の性格を、存在神論的に（技術論の視点では問題もあろうが）言い当てていると思われる。しかし彼が技術支配の危機の後に、存在の現前として開示される世界、つまり「方域」（Geviert）を語り出す時、われわれは決してそれを受容できない。詳細は省くが、「方域」とは、天と地と神々と死すべきものたち（人間）という四域の結合態である。とりわけわれわれが注目すべきは、方域において人間は「よく死ぬことができる」とされ、その死は動物的な終息死と判然と区別されている点である。けれどもアウシュヴィッツにおいてはどうか。その大地は無意味な死体に満ち、その天空は焼却炉という祭壇で神々に献げられたホロコーストの煙におおわれ、人間は決して彼の死を死ぬことのできない回教徒になっていたのである。そのことは一体何を開示するのか。それは、われわれがハイデガーのいうユートピア的な方域とは全く逆な恐るべき存在神論の只中に生きているということであろう。この新たな存在神論に命名することははばかられるが、そこにおける存在者は先述の回教徒的性格を帯びよう。すなわち、自らの生と死を奪われ、人間と非・人間、生と死のグレイゾーンに住む者である。言いかえれば、自らの死・生のプロットを奪われ、自らの物語りを他者と共に創造できず、擬死を死に擬生を生きている者である。従ってこの回教徒は、先述のような狭義の意味から精神的類比的な広義の意味を帯びる。実際に、現代文明もよく観察すれば、病院の中では機械や機構に囲まれた擬死が横行し、他方で大量消費社会にあって商品の享受に踊らされる生は擬生に外なるまい。他方で難民や無力な人々が回教徒として虐待されているのである。それではそこにおける存在とは何か。

それはアウシュヴィッツ的性格を帯びる。すなわち、それは世界金融市場というエコノミー、I・T産業に代表されるテクノロジー、そしてテクノクラート主導のビューロクラシーの諸力がその巧妙な協働によって人々を擬生と擬死のグレイゾーンにおとし入れる。つまり人々から生と死という物語り的プロットを奪って、人間的生の創造と他者との出会いを阻害する。こうして人間や自然の一切を記号化し、あるいはもの化する物語を情報や斉一的文化を通して語り続け仮想現実や大量消費社会を製作し、そこを人々の「現実的な」住居とする。こうした存在神論の文明下にあって擬死に面して無力で不安であり、他方で擬生の享受にうつつをぬかす姿は、カフカの『審判』や資本主義下の労働者を描くチャップリンのアメリカ映画によく窺われるところであろう。

いずれにせよ、人間の生死を管理制御し全体主義的な様相を呈しつつあるエコノ゠テクノ゠ビューロクラシー的現代文明とその出発点にあるアウシュヴィッツ的存在神論に対し、そこでどのような新たな、死と生をプロットしうる物語りが可能なのか、そもそも存在神論そのものの超克の手がかりはどのようにして可能なのか、という問いは次のわれわれの課題になるであろう。そこにヘブライ的存在〈エヒイェ〈一人称未完了形〉、ハーヤー〈三人称完了形〉〉とその物語りが提案されるのである。

4節　エヒイエロギアと物語り論の協働(13)

エヒイェロギアは、一方でセム語系のヘブライ語旧約聖書文学の物語りに根差し、そこから思想的霊感を得ている。他方でそれは、ギリシア哲学に発する西欧的存在論、認識論、言語哲学などとの交流と対比のうちに形成された。われわれは、こうしたヘブライ的な物語り論的な思索であるエヒイェロギアを、存在神論超克の可能性として構想したい。それでは、まずその物語り的側面を考究すべく、ヘブライ文学「出エジプト記」を解釈したい。

エヒイェロギア成立の文学的物語りの原型は「創世記」の「アブラハム物語り」であることをふまえて、今は「出エジプト記」に目を転ずると、それが歴史物語りであることに気づく。そして予め念頭におきたいことは、ヤハウェ神の「ヤハウェ」が、ヘブライ語存在動詞「ハーヤー」さらには「エヒイェ」と同語源的であるとされていることである。とすると、この歴史物語りはハーヤーの動態とも解釈されうる点である。さてその荒筋は、古代エジプト帝国で瀕死の奴隷状況に陥っていたヘブライの民が、ヤハウェ神から召命を受けた預言者モーセに率いられて出エジプトを成しとげ自立してゆく一種の奴隷解放物語りであるといえる。その物語り性に基づくエヒイェロギアこそ、自然学に基づき、それを形而上学にまで展開して論証的学として構築されたアリストテレスの存在論と出自の異なる点であることを念頭におこう。それでは、出エジプトの発端・動機となるヘブライ人（実際は多民族からなる奴隷階層）の奴隷状況とはどのようなものであったのだろうか。

「出エジプト記」一～五章はその奴隷状況を物語っているが、そこから次の三特徴を導出したい。その一つは、ヘブライの民をファラオの都市建設の苦役で酷使し圧迫したことである。古代世界において奴隷は財産であり相応の待遇を受けたが、ヘブライ人はその数がふえ強大になりエジプトが他民族の侵入を受け戦う段になると敵方につき反乱を起こすことが懸念されたので、レンガ造りに必要なわらをも与えられずに死の労働に追いやられた。第二に、いわば生ける屍に近いほど圧迫されたヘブライ人奴隷が反乱を起こさぬようにヘブライ人の中から見張り役をとり立て、多分密告制もしかれたろうと思われる（五章、一二章12–15節）。第三には、エジプト帝国による決定的な民族抹殺政策である。それは出生した男子をすぐに殺し、女子は生かすよう産婆に命令したことからも窺われよう。男子は反乱の可能性を秘め、他方で女子は婢女として用い他民族の男子の子を生むことができるからである（同化政策）。このような抑圧と抹殺の政策の下に、ヘブライ人奴隷は「アウシュヴィッツの回教徒」の状況に追い込まれていったといえる。こうした抹殺の危機下に呻く奴隷の叫びがヤハウェの許に上り、その苦しみを知ったヤハウェは彼らの許に降り、奴隷解放のためにモーセに呼びかけた。しかしモーセはその使命の重さゆえ拒否した。このモーセに対しヤハウェは「我汝と共に在る」と激励し、その歴史的事業に彼を巻き込んでゆく。そして自信のないモーセはヤハウェに対して奴隷の民が、その神名を問うだろうと言って、神名の啓示を要求する。というのも、古代では、神名を知るということは、その名の担い手の力を所有し魔術的に自己利益のために用いうることを含意していたからである。だからまた、神名の啓示や神名を呼ぶことはタブーとされていたからである。にも拘らず、ヤハウェは現代に至るまで翻訳・理解不能ともいえる神名を開示する。それが「エヒイェ・アシェル・エヒイェ」（省略的ローマ字表記は ehyeh asher ehyeh）であった。これを文法的に理解すれば、エヒイェは三人称単数完了形のハーヤー（ヘブライ的存在を示す動詞。以降、脱在とも表記）の一人称単数未完了形であって、こと（言・事）が完結しておらず自己存在の次なる展開を秘める動態であることを意味する。アシェルは関係詞であって、日本語訳では大略「わたしは脱在するところの脱在」とか「わたしは在らんとして在るだろう」とか「わたしは在らん、だからわたしは在る」とか訳せるであろう。しかしエヒイェの反復という、いわば脱文法的表現（paronomastic formula）は、この神名の開示が開示でありつつも、実はその意味内容が依然として謎にみちていることを示そう。そのことはさらにヤハウェが人間の主我、つまり神名を通して自己中心的にヤハウェの力を利用する魔術的領域を超克しており、それゆえ自由で無償な関わりを人間ともちうることを意味しよう。つまりこの脱文法的神名は、神が人間に他者として顕現し、他方で人間を他者として遇するということを意味している。以上の神名に関わる理解を基に、ここでエヒイェの特徴を挙げてゆきたい。

まず第一に、それが自己完結的な自同的存在ではなく、自己を超出・脱在してゆく動態であることが挙げられる。そのことは、この神名啓示の文脈において、ヤハウェが天から地に下って奴隷の解放へと自らもコミットし、モーセにも呼びかけるという点から確証される。言いかえれば、それは自己差異化、つまりヤハウェの自己同一性に間《あわい》が生じ、その間から他者に向けて自己超出することである。第二の特徴は、この自己差異化が自己に完結せず、モーセやヘブライ人、エジプトの民などをも巻き込み、歴史にある断絶や革新を入れる意味で、他者の自己超出を促す差異化であるということである。第三には、この他者の差異化は、奴隷解放に窺われるように、他者との非魔術的な恩恵的関係を創るということである。ただしここで差異化という言葉に注意しておきたい。それは、ソシュール的な構造主義的思想がいうような差異化、つまりあるシステム・構造内での意味や事柄の産出を促すが、システム外の他者、歴史世界に無関心な差異化ではない。それは逆にその構造の外の他者へ関わるべく、構造の自己完結的同一性に間を創成し差異化することである。だからさらに、その差異化は他者と自己との出会いの時（カイロス）を創り歴史を創造してゆく動態であることを意味する。出エジプト記ではこの他者との出会いが、シナイ契約という神と民衆との契約関係で表現され、その内実は十誡授与とそれによる協働態の形成ということに現われている。十誡については後述するが、この契約的歴史的関与と創造がエヒイェの第四の特徴であり、それと連関して協働態形成への根本的動因であることが第五の特徴といえる。そこには和解や共生への力動が働いているわけである。この点をいささか考察してみよう。

　まず突飛なようであるが、ヘブライ語ハーヤーは、欧米的言語のように存在動詞として主語（Ｓ）と述語（Ｐ）を結び、判断・命題を形成するようなコプラ（ｅｓｔ、～である）にはならないということを想起したい。つまり、ハーヤーは、Ｓ（主語）ｅｓｔＰ（述語）のｅｓｔ（～である）に現前する代わりに、Ｓ・Ｐの関係の背面・根底に伏在しており、そのＳとＰの間に働きながら、気（ルーアッハ）を息吹かせつつ、ＳとＰの結合を解体したり、また別に新たにS^1・P^1やS^2・P^2の関係を織り成すのである。このことは、エヒイェに隠れている「わたし」（アニー）が、エジプトとヘブライ人奴隷の関係（エジプト王はヘブライ人の主人である）を差異化し（差異化には、間をつくる力、ヘブライ的には気〈ルーアッハ〉が働く）解体し、ヤハウェとヘブライ人との新しい関係（ヤハウェはヘブライ人の主人〈アドナイ〉である）を形成することなどの例によって示されよう。また諸々の預言者の行為や言葉は、この点で数多い例を提供しうる。そしてここでさらに注目すべきは、ヘブライ思想にあって出来事は、同時に言でもあるので、上述のように歴史の解体と更新は、同時に言語表現として示されうるという点である。この点にはこれ以上立ち入ることはできないが、エヒイェが自他の差異化により実体存在（ギリシア哲学でいうウーシア）の自同性を解体し、新しい関係構築のこと（言・事）的動態であることが第六の特徴とされよう。そのような実体解体のエヒイェ的性格は、出エジプト記の文脈内では「金の子牛」事件において典型的に語られているのである（三二章18−35節）。すなわち、民はモーセの不在中に擬生文明エジプトから奪った金を鋳て金の子牛像を造り、それを自分たちの神として契約を結んだと語られている。では、金の子牛とは何か。簡単にいえばそれは偶像である。この偶像は、後に民が侵入したカナンにおけるバアル宗教の主バアルの疑似像と似た性格を帯びている。バアル神は元来降雨の神であるが、同時に女神アシュタルテを伴い肥沃をもたらす豊穣神である。後代にヤハウェ信仰に拠る預言者エリヤが、バアル偶像神を奉ずるイスラエル王アハブの妻でフェニキア人のイゼベルおよびその預言者たちと戦った物語りは、余りに有名である。その頃は、イスラエルの首都サマリアにアハブによってバアル神殿が建てられていた。この農耕神は定住生活のシンボルである。その農耕による定住生活は、遊牧生活よりも生産力を増大させ貧富の差をもたらす。さらにそこでは農民に加え商人や職人が生まれ、それら諸階級を支配する王が官僚や軍隊の機構を整備し、遊牧の神を祭る幕屋に代えて神殿を造営し、都市が形成・拡大される。そしてますます都市を中心とする祭政一致の支配は財（ウーシア）を蓄え、その自同的な体制を堅固にしてゆく。(14) 従って金の子牛事件とは、実体的自同性とその支配およびそのイデオロギーである存在神論を類比的に意味しえよう。そして事件の結末として、金の子牛とそれと契約した民は、ヤハウェの怒りにふれて滅亡したと語られる。そのことは、ハーヤーとエヒイェが他者排斥の実体的自同と存在神論を超出し、突破する動態であることを示す。出エジプト記の文脈で言いかえれば、エヒイェはエジプト文明の下に抑圧された「回教徒」ヘブライ奴隷を、その擬生と擬死の自同性から解放させる脱在なわけである。

このようなエヒイェに基づき、われわれはエヒイェの諸特徴を収斂し一つの脱在的思想にきたえあげようとエヒイエロギアを、現代の「アウシュヴィッツ以後」の世界とその存在神論に対して構想するのである。このエヒイエロギアの着想を与えたハヤトロギアの表現は、教父学の泰斗故有賀鐵太郎博士によって造語されたものである(15)。ここでは博士のハヤトロギア思想を詳細に述べるわけにはいかないが、物語り論、アウシュヴィッツ的存在神論など上述の問題意識を展開させ、さらに物語り論的一人称の語りの実践を表現する意味では、三人称的ハヤトロギアより、一人称的エヒイエロギアの方が用語として適切だとも思われる。それはさておき、最後にこのエヒイエロギアによるアウシュヴィッツの脱在の展望について簡単にふれてみたい。

5節　現代の野蛮に抗して

アウシュヴィッツとは、回教徒の製造所であり、「回教徒」とは死を奪われた擬生者であった。そこでわれわれは、自らをも含めた現代の回教徒へ本来的な死と生をとりもどす展望を、アガンベンに拠って証言をテーマにして考察してみたい。

従来から証言のアポリアとして語られていることは、①ガス室の中で死んだ人々のみが、死を体験しガス室内の死を証言できる。②これに対し、生き残った生還者たちは、ガス室内を体験せず目撃もしていない以上、アウシュヴィッツの死の証人になりえない、というアポリアであった。しかし、われわれはアガンベンを通し、如上のアポリアが問われる事実のレヴェルではなく、「回教徒」の真実の状況に着目した。すなわち、ガス室やビルケナウの死体製造所で殺される以前に、生きながらすでに生と死さえ奪われた人々、抹殺の前にペンと紙を与えてももはや自らの生・死の体験を証言できない「生ける屍」の真実に注目した。確かに生き残った者は、ガス室内の死者たちが体験した事実としての死の証人にはなれない。けれども、彼らは回教徒とはどのような者であるか、どうして人間が非人間にまでつき落とされたのか、そして自らも回教徒ぎりぎりの境界線まで追いやられ辛うじて回教徒からの脱出体験あるいは回教徒にならなくてすんだことの体験をくぐり抜けており、さらに回教徒を通じて反面教師的に人間の尊厳とは、他者の他者性とは何かとの自覚を深め、レーヴィのように問い続け、証言し語り続ける者だといえよう。以上の意味で、生の事実と人間的真実を区別しなければならないであろう。こうして彼らは人間と非人間、生と擬生、死と擬死、言語をもつ者と言葉を奪われた者などの間のグレイゾーンに立ち、証言し真実を顕わにする。彼らの証言や語りの行為は、死と擬死、言語と非言語などとしてのグレイゾーンを差異化し、人間とは何者か、他者の他者性とは何かを開示しうる行為なのである。

以上の点を証言主体という観点から考察してみよう。まず生き残った証言者は、自ら回教徒ではないので死を奪われた生を直接に証す証言主体にはなれない。つまり真の証言者はむしろ回教徒の方なのである。だが生存者は、回教徒に言葉を貸し与えて彼の代りに語る。その意味で回教徒から証言を委託された「代理人」であるともいえる。ここに証言者が証言主体になれないという脱・主体化が語られよう。しかし、証言者の証言不可能性（脱主体化）において、もし証言者がそこで証言を断ち切れば、アウシュヴィッツの忘却、人間の忘却による抹殺を狙う全体主義の思うつぼとなろう。そこで証言者は、回教徒について執拗に証言を迫られる（主体化）。こうして証言者は、単に事実としての絶滅収容所の悲惨と非人間性を語るというのではなく、人間と非人間、主体と脱主体、忘却と想起、体験と非体験などの間、境界を証言し、主体をとりもどしつつ、他方で他者・人間の真実を示す差異化を生き続ける。それは奪われた生と死のため、他者のため、擬生と擬死から生と死を奪い返すためであり、こうしてアウシュヴィッツという存在神論の正体を示し続ける「残りの者」となりうるであろう。

エヒイェロギアは、エヒイェによる、知性も意志も含めての自己差異化を各人に呼びかけ、現代の全体主義的世界にあって擬生的文明（奪生）と擬死的砂漠（奪死）との境界、つまりグレイゾーンを見出す。そのエヒイェロギアの体現者は、上述の証人のようにそのグレイゾーンに生きつつ、そこを腑分けし差異化して語りつつ、その都度その腑分けの最前線に立って自同的文明の正体を暴露しようとする。その差異化は、今日では国民国家と難民、食の独占的市場操作と飢餓、医療産業社会の生死の操作と操作される貧民の生死、情報操作と無知、地球のエコロジー破壊と生命全体の危機など列挙にいとまもない程の擬生と擬死の圏域の示しとなり、告発あるいは学びとなる。

その示しと学びや告発の歩みは、牛歩の脱在的姿をとるであろうが、それは、例えば物語り論的性格を帯びうるであろう。すなわち、エヒイェロギアは、アウシュヴィッツ的全体主義によって葬られつつある様々な広義の「回教徒」の物語りの発掘と傾聴に努め、それらの物語りを「他者の家族的類似」の視点で吟味・結集する。しかもその結果が自同的物語になり自己を絶対化し、他者の物語りを解体しないように、不断にエヒイェ的に他者への脱在に向けて自己放下する。われわれは、この自己放下を、西欧の真正な神秘主義思想（M・エックハルトなど）から学ぶことが多いとだけ今は指摘するにとどめたい。こうしてエヒイェを根源的に自覚体現しつつ、現代の存在神論とその物語を暴露し突破しうる新しい物語り創成に脱在してゆくのである。それが啓蒙の理性の野蛮化が帰結した擬生と擬死のアウシュヴィッツの差異化とそこからの甦り、「死・生の奪還」に通じてゆくかどうか、さらにそれが啓蒙的理性に代わる新たなエヒイェ的知性の到来を喚起するか否か、総てはアウシュヴィッツの審問を前にしての自己放下の深さにかかっているのではなかろうか。

註

（1）　M・ホルクハイマー、T・W・アドルノ『啓蒙の弁証法』（徳永恂訳）岩波文庫、二〇〇七年。
（2）　『否定弁証法』（木田元ほか訳）作品社、二〇〇六年。

（3）P・リクール『時間と物語』Ⅲ（久米博訳）新曜社、二〇〇六年。哲学的な「何」（what）による「わたし」の記述は「わたし」の一般化におわるのに対し、真の物語りこそ、人間の正体（who）を示す。この点について、H・アレント『人間の条件』（志水速雄訳）ちくま学芸文庫、一九九四年、二八五―三二一頁。

（4）野家啓一『物語の哲学』岩波書店、一九九六年、第一章。

（5）ホルクハイマー、アドルノ、前掲書、四三八―四三九頁。

（6）Wiesel, Elie, *La Nuit*, Les Éditions de Minuit, 1958, pp. 174-175. 引用者による訳。

（7）G・アガンベン『アウシュヴィッツの残りの者――アルシーヴと証人』（上村忠男・廣石正和訳）月曜社、二〇〇一年、一〇〇頁。

（8）同書、一〇八頁。

（9）プリーモ・レーヴィ『アウシュヴィッツは終わらない』（竹山博英訳）朝日選書、一九八〇年、一〇七頁。グレイゾーンにおける言葉の砂漠の状況をよく示している。

（10）同書、二一五頁。

（11）アガンベン、前掲書、一三二―一三四頁。

（12）「立てる体制」については「総駆り立て体制」に関する次著を参照。M・ハイデッガー『ハイデッガー全集79　ブレーメン講演とフライブルク講演』（森一郎ほか訳）創文社、二〇〇三年。

（13）この点に関しては拙書『他者の甦り――アウシュヴィッツからのエクソダス』創文社、二〇〇八年、『存在の季節――ハヤトロギア（ヘブライ的存在論）の誕生』知泉書館、二〇〇二年を参照。

（14）パレスチナ・ユダヤ教における都市の自同化とその脱在の消息については、八木誠一「倫理の根底にあるものの発見」（麗澤大学比較文明文化研究センター編『比較文明研究』第一一号、二〇〇六年所収）。

（15）「有とハーヤー」『有賀鐵太郎著作集4』創文社、一九七一年。

第二章　「アブラハム物語り」「出エジプト記」とその思想的系譜

――キルケゴール、レヴィナスらの解釈、およびヘブライ的脱在論

われわれは第一章で『オデュッセイア』を解釈しながら「アウシュヴィッツ」的根源悪と存在神論を考察し、その根源悪の超出の手がかりをエヒイェロギアに垣間見た。

第二章では、エヒイェロギアの構想を深めるため、『オデュッセイア』と対比的な「アブラハム物語り」の哲学的諸解釈と物語り論的解釈(1)に踏み込み、「出エジプト記」の解釈も加えて一層他者の地平が現出するように考究を続けたい。

それではまず『オデュッセイア』と「アブラハム物語り」がどのように異なった自・他者論を示しうるかを念頭におきながら、今は考察をアブラハム物語りのテキスト（「創世記」一二〜二四章）に集中したい。なぜならこのテキストは、アブラハムの漂泊の生を語りつつ、アブラハムの息子イサクの犠牲（ホロコースト）という絶対矛盾的な苦難の物語りを頂点として含み、全体として根底的にエヒイェ・ハーヤー的脱在の痕跡・手がかりとなっているからである。そこでわれわれはまず衝撃的なイサク犠牲のシーンを引用し、それを念頭においてアブラハム物語り全体の解釈を始めたい。

二二・1　これらのことの後で、神はアブラハムを試された。神が、「アブラハムよ」と呼びかけ、彼が、「はい」と答えると、

2 神は命じられた。「あなたの息子、あなたの愛する独り子イサクを連れて、モリヤの地に行きなさい。わたし
が命じる山の一つに登り、彼を焼き尽くす献げ物（ホロコースト）としてささげなさい。」
3 次の朝早く、アブラハムはろばに鞍を置き、献げ物に用いる薪を割り、二人の若者と息子イサクを連れ、神の
命じられた所に向かって行った。
4 三日目になって、アブラハムが目を凝らすと、遠くにその場所が見えたので、
5 アブラハムは若者に言った。「お前たちは、ろばと一緒にここで待っていなさい。わたしと息子はあそこへ行
って、礼拝をして、また戻ってくる。」
6 アブラハムは、焼き尽くす献げ物に用いる薪を取って、息子イサクに背負わせ、自分は火と刃物を手に持った。
二人は一緒に歩いて行った。
7 イサクは父アブラハムに、「わたしのお父さん」と呼びかけた。彼が、「ここにいる。わたしの子よ」と答える
と、イサクは言った。「火と薪はここにありますが、焼き尽くす献げ物にする小羊はどこにいるのですか。」
8 アブラハムは答えた。「わたしの子よ、焼き尽くす献げ物の小羊はきっと神が見てくださる。」二人は一緒に歩
いて行った。
9 神が命じられた場所に着くと、アブラハムはそこに祭壇を築き、薪を並べ、息子イサクを縛って祭壇の薪の上
に載せた。
10 そしてアブラハムは、手を伸ばして刃物を取り、息子を屠ろうとした。
11 そのとき、天から主の御使いが、「アブラハム、アブラハム」と呼びかけた。彼が、「はい」と答えると、
12 御使いは言った。「その子に手を下すな。何もしてはならない。あなたが神を畏れる者であることが、今、分
かったからだ。あなたは、自分の独り子である息子すら、わたしにささげることを惜しまなかった。」

13 アブラハムは目を凝らして見回した。すると、後ろの木の茂みに一匹の雄羊が角をとられていた。アブラハム
は行ってその雄羊を捕まえ、息子の代わりに焼き尽くす献げ物としてささげた。
14 アブラハムはその場所をヤハウェ・イルエ（主は備えてくださる）と名付けた。そこで、人々は今日でも「主
の山に、備えあり（イエラエ）」と言っている。
15 主の御使いは、再び天からアブラハムに呼びかけた。
16 御使いは言った。「わたしは自らにかけて誓う、と主は言われる。あなたがこの事を行い、自分の独り子であ
る息子すら惜しまなかったので、
17 あなたを豊かに祝福し、あなたの子孫を天の星のように、海辺の砂のように増やそう。あなたの子孫は敵の城
門を勝ち取る。
18 地上の諸国民はすべて、あなたの子孫によって祝福を得る。あなたがわたしの声に聞き従ったからである。」
19 アブラハムは若者のいるところへ戻り、共にベエル・シェバへ向かった。アブラハムはベエル・シェバに住ん
だ。

（「創世記」二二1–19。傍線の箇所は、他の解釈・翻訳の可能性がある。）

1節　「アブラハム物語り」のコンテキスト

ここである物語りテキストが、他のテキストと関係する二つの連関を予め指摘しておきたい。一つは、ある物語りがそれに先行しさらに持続する物語り群にはさまれ、大きな物語りの流れの中の一エピソードを占める筋立て的連関

である。例えば、アブラハム物語りは、世界創成神話、アダムの失楽園物語り、ノアの洪水神話などに先行され、その後に子孫のイサク、ヤコブ物語り、出エジプトや諸王朝の物語り、捕囚、ユダヤ教成立の物語りなどが続き、いわゆる旧約的物語りの一環をなす。この物語り連関は、過去―現在―未来という物語りの時間軸に沿って構成され、大きな筋、歴史性をもつ。これを筋立て的物語りの連辞（syntagme）的で通時的（diachronique）性格の連関と一応理解しておきたい。ただし、ここでいわれる時間軸は、一様な時間の線状的進行ではなく、出会いの時によって分節化され、その時々が一期一会的でかつ未来と過去へ拓ける、不連続の連続的流れとなることに注意したい。二つ目は、ある物語りがそれと同型・同義的物語り、あるいは反義・矛盾的物語りジャンルと並行して相互に比較・参照される場合である。それは並行的ポリフォニックな連関である。例えば、後述するように、イサクの犠牲を転回点として他者との相生を披くアブラハム物語りは、有名な「天使との格闘」を経て諸国民との共生を披くヤコブ物語りや、奴隷からの解放を語る出エジプト物語りと根源的なプロットの共鳴性・同義性をもつが、他方で王国建立に拠るイスラエルの自閉的自同性を主張する民の物語り（「サムエル記上」八）やサウル物語りと反義的矛盾的プロットを示す。これらの同義的ないし反義的な物語り群は、相互に参照され反面教師的に解釈の深まりに寄与しうると思われ、また物語りの読者は、これらの物語り群のうちから彼の実存的境位に共感する特定の一つの物語りにコミットしうる。その意味でわれわれは、アブラハムによるイサクの犠牲の物語りに特にコミットするのである。この物語り連関を範例（paradigme）的で共時的（synchronique）な連関と今のところは呼んでおきたい[2]。

そこで次に、アブラハム物語りをめぐって今少しその連辞（シュンタグム）的意義について（一）、次にその範例（パラディグム）的意義について（二）考察してみよう。

一　物語りの連辞的、通時的連関

連辞的、通時的な観点からアブラハム物語りを読むと、1　狭義の固有なアブラハム物語り（「創世記」一二～二四）と、2　それを含む広義のコンテキストとしての旧約物語りに分けて考察できよう。まず1の視点の概観から始めよう。

1　アブラハム物語りは、神話から区別される族長の歴史物語りジャンルに属する。歴史と言われるからには、編年体的記録と異なって、そこに特別なメッセージや見方が秘められている。そのメッセージが端的に窺えるのが物語りの冒頭（一二1-3）で語られる次のような神の命令にほかならない。「汝の故郷の地から、汝の親族から、汝の父の家から離れ、わたしが示す地へと向かえ。わたしは、汝を大いなる民とする。汝を祝福する。……汝において地上の全部族（ミシュパート）は祝福を交わすであろう」。この神の命令が与えられた時、アブラハム（この時の名は、まだアブラム）は、メソポタミアのユーフラテス川上流地域のハランに定住していた。ハラン以前には、そこから千キロメートルも離れたカルデアのウルに住んでいたのである。従ってアブラハムの物語りの始まりは、彼が故郷という自己同一性から根こそぎにされ、逆に彼にとって未知の土地への漂泊遊牧の旅を受容するという、いわば脱在的在り方の告知なのである。それは引用句中の表現「～の～から……わたし〈神ヤハウェ〉が示す土地へ……」に窺える。彼は神命を受けて、ハランからシリア砂漠を通り、未知の土地カナンへと旅立つ。カナンのシケムでヤハウェ神が歴史的物語り中初めて人間に、つまりアブラハムに顕現し、その土地贈与の約束をしたので、それに対し祭壇を築く。彼は一族とさらに南下し、ネゲブの荒野まで漂泊する。そこで飢饉に遭い、肥沃なエジプトに下った。けれども美しい妻サライをエジプト王に奪われるという窮地に陥るが、その危機を経て再びネゲブからシケムを通りベテルにまで北上する。そこでは甥ロトと家畜用の緑地争いが生じたので、アブラハムはヨルダンの沃野をロトに譲り、自らはへブロンにあるマムレの樫《かし》の木の下に天幕を張り居住する。そこでヤハウェから彼の子孫に対する、「エジプトの川から大河ユーフラテスに至るまで」（一五18）という驚くべき世界大の土地贈与の約束を授かる〈第一回目の契約〉。しかし正妻サライは子宝に恵まれず、代わりに異邦人の婢女ハガルがイシュマエルを身籠る。この正妻と婢女との間の争いの後、再びヤハウェから二回目の契約を受ける。その内容は、老女サライによる長子イサク出産、そのイサクなどの子孫に対するカナンの土地贈与の約束、アブラムの改名〈アブラム〈高貴な父〉からアブラハム〈諸国民の父〉へ〉、サライのサラへの改名、割礼の義務化などである。その後、ヤハウェはロトの定住したソドムとゴモラ地方をその不法ゆえに滅ぼそうとする。そのヤハウェに対してアブラハムは、義人を罪人と共に滅ぼさないように交渉する。アブラハムはその後、フィリステ人の地ゲラルに移住する。その異邦人の土地で再び王にサラを奪われるという危機を脱し、ベエル・シェバ〈南北の交通の要衝〉に寄留する。そこがイサク誕生の地となる。またそこでヤハウェ神から「イサク犠牲」と思われる命令を受け、彼および部族最大の危機を迎える。その危機を脱して後に生涯を故郷で終え、亡妻サラの眠るヘブロン近郊のマクベラの洞穴に埋葬される。

以上が物語りの荒筋であるが、物語りの重要な特徴を二点挙げておきたい。第一点は、この物語りはアブラハムの漂泊の旅を筋とする、ということである。そのプロット(3)は、先述のように非定住的脱在的な根こぎの在り方であるといえる。実際、一方でアブラハムは、メソポタミア、カナン、エジプト、フィリステ人の地などの異郷、異文化、異邦人の土地を越境するが、決してオデュッセウスのように故郷回帰〈ノストス〉を目指さず、むしろどの地をも故郷としない非回帰的運動を生きる。しかも絶えず死地に陥るような危機的で自己解体的なその旅は、彼の自己無化的《ケノーシス》存在特徴を際立たせる。第二点は、そのようにアブラハムを根こぎにしつつも彼の漂泊の生を支え、彼のケノーシス的生に子孫と土地を約束し、さらに諸国民の父としての未来を約束し祝福を与えたのはヤハウェであった。このヤハウェこそ、歴史の中に介入し人間の生を差異化し、契約を通して新しい歴史を創造するという脱在的性格を示している、ということである。この点は、後に考察する。ただ注目すべきは、アブラハムの脱在性が、ロトに対する土地の譲与や異邦人の妻ハガルの最終的受容（二五17）、あるいはソドムとゴモラという異邦の都市の不法な人々に対する執り成しなどに窺えるということである。

そして以上の二点が集約的に語られる物語りの決定的転換的プロットこそ「イサクの犠牲（ホロコースト）」なのである。

2　以上の狭義のアブラハム物語りは、さらに広い旧約的物語りへと語り継がれ、旧約物語り全体に重要なプロットとして作用している。従って狭義のアブラハム物語りこそ、そのコンテキストである旧約物語り全体を活かし、そこにまた独特な連辞的・通時的連関を創成している。

先述したように、旧約物語りは「創世記」一～一一章の神話物語りから始まる。世界と人間の創成、アダムとエバの失楽園、カイン殺人事件、ノアの洪水、バベルの塔などの物語りは、決して空想的なお伽噺ではなく、差異化する存在観、言語行為論、対話的男女観を含む人間論、根源悪、契約論、創造的歴史観など今日の哲学的社会学的文学的視点にとっても豊かなテーマや思索を含むドラマとなっている。そうした世界や人間理解の枠を最初に結晶化してアブラハム物語りが語られ、それに族長物語り、イサクとヤコブの物語りが続く。その子孫はエジプトで奴隷になるが、モーセによる出エジプトを通し、アブラハムに顕現したヤハウェ神の内実や意味がシナイ契約と律法（トーラー）授与とを伴って新しく語り継がれる。そこから王朝の開設と諸王朝によるヤハウェ神からの離反、およびその離反を終末的意識を以て克服しようとする預言者のドラマが語られる。しかし結局イスラエルは滅亡し、捕囚の地に捕われ、やがてそこから解放され第二神殿を中心としたユダヤ教が創設される。そのユダヤ教も対ローマ反乱で滅亡し、その間抹殺されたイエスが新しい協働態の基となってゆく。そのイエスは「アブラハムの生まれる前から〈わたしは在る〉（egô eimi）」（「ヨハネ」八58）と宣言し、アブラハム物語りを基に革新的な物語り（新約）創成の機縁となる。こうした旧約物語りは、一方ではユダヤ教のラビの解釈を通して、他方では西欧キリスト教の思想家および実践者の解釈を通して、多様で新たな物語りを今日まで生み続けている。この物語り全体の核心的メッセージや特徴を一言で示すことは不可能ともいえるが、やはり絶対的他者（神）と人間との協働、およびその協働を根拠とする人間的他者相互の共生・相生のプロットであるといえよう。実に相生とは、共生を超えて、相生かし相生かされ相生くという協働態なのである。

以上のような旧約的連辞的物語りの流れにあって、ヤハウェを語るアブラハム物語りを承けつつも、ヤハウェ神の脱在（エヒイェ）の神名開示という視点で、脱在を飛躍的に語り直しているのが、出エジプトのモーセ物語りであろう。この点を念頭におき、今は範例的共時的視点に拠り、アブラハム物語りの諸解釈の比較的考察に移りたい。

二 物語りの範例的、共時的連関

アブラハム物語りに平行的で類型的ないし反義的な物語り群の中でも、ヤコブ物語り、出エジプト物語り、エレミヤ預言書などは、特に各々に固有な性格があるにせよ、ケノーシス（自己無化）と再生、および相生という類比的特徴を示す点で際立っている。しかしわれわれは現代に生きる自らの実存を反省し、現代の生とこれらの旧約テキストおよびアブラハム物語りとの「地平の融合」を企てたい。従ってこれらのテキストに関する、旧約内での範例的比較は後まわしにしたい。そこでわれわれはまず、キルケゴールから始まり、レヴィナス、デリダを経て、関根清三や本論者に至る現代西欧、および日本のアブラハム物語りに関する諸解釈をまず範例論的に考察したい。その場合、次の三点が注意される。第一点は、現代の解釈者各々が自らの実人生の物語りを生き、それを背景にして、しかも互いの解釈を参照して新しいメッセージを再創成している点である。第二点は、われわれも範例的共時的視点において、彼らの同時代人としてその解釈と物語りを参照しつつ、自らの物語り的自己同一性の創成を期するという点である。第三点は、キルケゴール、レヴィナス、デリダ、関根清三などの解釈の考察の後に、本論者の物語り論的解釈をなすという歴史的順に即して考究する以上、連辞的視点もわれわれの同時代人的範例的視点に混入することは避けえないという点である。さらに最後の筆者による物語り論的解釈は、他の諸解釈の脱在的差異化として範例論や連辞論の枠組みを迫り出すという点である。

それではキルケゴールから始めよう。

1　キルケゴール。アブラハム物語りを解釈した著『おそれとおののき』[4]は、キルケゴールとレギーネ・オルセンとの婚約、彼による婚約破棄、彼女のＦ・スレーゲルとの婚約というドラマ、つまり一八四〇～四三年にわたるキルケゴールの物語りのコンテキストで成立している。それでは彼の生の物語りを辿りつつ、次に彼の「アブラハム物語り」解釈を参照していきたい。彼はレギーネと婚約中にマギステル学位論文『イロニーの概念』を書き、主体的人格がソクラテスのように「無限的で絶対的な否定性」を生きてこそ真理に到達する、と主張する。この否定性を宗教的に徹底するとすれば、レギーネとの婚約はどのような帰結を迎えるのであろうか。彼女との婚約破棄は、千差万別の解釈を呼び込むほど謎に満ちている。しかしキルケゴールにとっては、単にモラル化した近代市民社会の秩序・倫理や、そこでの小市民的結婚の幸福に浸ることはできず（婚約破棄）、神との絶対的で単独者的な関係を徹底することこそ（倫理的段階から宗教的段階への移行）、真理にいたる否定性の実現にほかならなかったのではあるまいか。そのことの消息を『おそれとおののき』において検証してみよう。

キルケゴールはまず、アブラハムに対する神の言葉を命令と理解し、「あなたの息子を、あなたの愛する独り子を、イサクを連れてモリヤの地に行け。わたしがあなたに言う山の一つに登り、彼を全焼の犠牲（ホロコースト）としてささげよ」の黙想を深める。しかし彼は、イサクをホロコーストにしようとするアブラハム（と彼の行為）は、殺人者（殺人）なので倫理レヴェルでは全く理解できず、神との関係（信仰）でしか理解できない、と言う。

それでは倫理と信仰はどのように異なるのであろうか。彼にとって倫理的なものは、普遍的であらゆる人に妥当する以上、その〈外〉はない。つまり倫理的目的を倫理の外にもたない。だから世間の掟の外に生きようとする実存的単独者、個別者が倫理的であろうとすれば、倫理的普遍の中に自己表現し、自らの個性を止揚して普遍的なものにならなければならない。それが人間の至福である。従って個別者は、普遍に従うべき時にも、なおかつその個別性を主張する時に罪を犯す（アブラハムのように）。この倫理的立場は、ヘーゲル的な普遍的理性、内在的倫理の思想である。これに反してアブラハムこそ「神に対する絶対的義務」という逆説、すなわち「個別者は個別者として、絶対者（神）に対して絶対的に関係する」限り、普遍的なもの・倫理的なものよりも個別的なものが高いという信仰の逆説に生きることになる。だからアブラハムによるイサク犠牲の物語りに顕著な彼の重い沈黙とは、アブラハムが、多数の人々のように掟やルールを守って正当化の議論をする倫理的言説や、その人間関係の中にいないこと、逆に神との絶対的関係の中にのみ在ることを示すのである。しかし、イサクを全く諦めて人身御供にしようとしたアブラハムに、神は再びイサクを授与して祝福する。

キルケゴールは、以上のようなアブラハムによるイサク犠牲物語りの中に、イサクの殺人（喪失）を神意にかなう聖なる行為とする逆説と、その逆説を媒介に神がアブラハムに再びイサクを贈与するという二重の逆説のプロセス、弁証法的な展開、つまり内在的理性から信仰への超出を洞察したのである。そしてこのアブラハム的信仰の逆説、つまり一度神のために全面的に諦め放棄したものを神から与え返されるという弁証法を、自分とレギーネとの関係に当てはめた。そのきっかけは教会でレギーネにあいさつを受け、彼女が依然キルケゴールを愛していると錯覚したことであった。こうして彼がアブラハム的弁証法を、自分とレギーネとの関係、すなわち彼女との婚約、婚約破棄、レギーネの再贈与（愛の回復）という関係に当てはめて著したのが『反復』であった。

しかしレギーネが他の男性と婚約したということを知って、キルケゴールの弁証法的理解、自分のいわば独善的な物語りは破綻したわけである。そこで彼は『反復』を書き直さざるをえなくなった。しかし彼はこの破綻を通し、愛の反復を深める新しい物語りを創作していった。その一例が、知識の伝達としての歴史を超えて、単独者的実存として今・ここで神・キリストと出会う同時代性の物語りであり、彼は同時代人キリストとの時・所を超えた共生の地平を近代市民社会に披いたといえる。レギーネとの恋愛の失敗こそ、彼の自同的独善的弁証法の彼方に、アブラハム物語りの解釈の徹底による「続き」の物語りを可能にしたといえる(5)。

2　E・レヴィナス。ユダヤ人レヴィナスの物語りの核心は、『存在の彼方へ』の扉の言葉がよく示している。それはまず大きな物語りとして「国家社会主義によって虐殺された六〇〇万人の者たち、そればかりか、信仰や国籍の如何にかかわらず、他人に対する同じ憎悪、同じ反ユダヤ主義の犠牲になった数限りない人々」と共に在るレヴィナスの物語りであり、小さな物語りとして「最も近しい者たち」と共に在るレヴィナスの物語りである。この物語りを背景とする時、彼はキルケゴールのアブラハム論を承けつつ、それを逆転する解釈を示す(6)。レヴィナスは語る。キルケゴール的実存とは、人間的主体とそれが披く内面性の次元である。つまり内面的な罪の痛みと苦悩を秘密とし、規定とする絶対的個別的なものである。この唯一的主体性は、美的段階と倫理的段階でなく、罪人の救いのため苦しみ、死にゆく真理（キリスト）と関わる内面的信仰において見出される。この内面的信仰こそが、孤独の内で罪人を神に導く。だから苦しむ真理は、外部性や他者との一切の関係（例えば倫理）を内面のドラマに変えてしまう。神は倫理の秩序を超え出る。

これに対しレヴィナスは、彼の大きな、かつ小さな物語りにおいて、貧しく異邦人であり、一糸もまとわぬ「顔」、つまり他者の「わたしを殺さないで」と言う呼びかけとそれへの応えとしての責任を倫理の（始めのない）始めとする。そして「他者に対する責任の意識としての倫理、身代わりをたてる可能性をあたえることもなく」、各人を責任に縛りつける無限の要請としての倫理は、各人を一般性の中に解消するどころか、彼を審問して個別化し、唯一無二な個体、自我として措定すると考える。この「顔」である他者による自我への審問は「選び」であり、主体性はこの他者に対する責任、つまり倫理によって成立する。従ってレヴィナスによれば、如上の意味での倫理を無視し、内面の真理への信仰を絶対視したキルケゴールは、悪の都ソドムとゴモラの義人を救うべくヤハウェに執り成しの交渉をしたアブラハムの倫理的物語りを取り上げることができなかったわけである。そして宗教的単独者キルケゴールの言説は、エチカ無視の暴言であり、国家社会主義ナチス第三帝国成立の温床になったのである。レヴィナスは第三帝国による「ショアー(ユダヤ人絶滅)」の他者抹殺に抗し、如上のように顔・他者への責任を説く。他者は有限な「わたし」に還元できない無限者であり、他者の無限に責任をとる時、神なる無限者が、実体として顕現するのではなく、彼の栄光が過ぎ越すのだという。であるから、レヴィナスにあっては、他者の他者性の根拠としてユダヤ教的な超越神の臨在《シェヒナー》が窺えるのである。

3 J・デリダ。デリダは、キルケゴールとレヴィナスを参照しながら「アブラハムによるイサク犠牲」の物語りからまず二つの責任論を物語る。(7) 一つは絶対的責任で、アブラハムが絶対的他者である神に対してのみ負う義務であり応答である。二つ目は一般的責任であり、公衆の前で言葉によって正当化され応答される。そこでは私的秘密は公とされる。アブラハムはイサク犠牲の神命を理解できないまま、イサクに死を与え、しかもこのイサクの死を神に与えるという二重の神への贈与によって絶対的他者に応答する。それは誰も代わることのできない絶対的に個別的な行為である。従って公衆の前で説明し、正当化することはできない。アブラハムの沈黙の理由はそこにある。他方で一般的な責任、つまり倫理的立場からするとアブラハムの愛児殺しは殺人罪にほかならない。そこにデリダは責任のアポリアを見る。すなわち一般的責任を負えば、絶対的責任を放棄しなければならず、逆もいえるというアポリアである。この二つの責任論のアポリアはまた、一方の他者に応えれば、他方の他者に応答できないとも言い換えられる。アブラハムは神に応えるゆえ、イサクや僕たちに沈黙し続けなければならなかった。デリダはこのアポリアを、次のような命題によって乗り越えようとする。Tout autre est tout autre. この表現はデリダによれば、トートロジーではない。最初の tout は、「誰かある他者」を意味する不定代名形容詞（un adjectif pronominal indéfini）であり、次の tout は、「全く、全面的に、絶対的に」という意味の副詞である。同様に最初の autre は、「他者」を表わす名詞であり、次の autre は、形容詞または属詞ということになる。だから如上の表現は「各々全ての他者は、絶対的な意味で他者（的）である」と訳されよう。デリダはそこで論を進める。神が、絶対的な意味で他者を表わす名または象徴（figure）であるとすれば、各々の他者は神のように全き絶対的意味で他者である。その意味で、アブラハムと神との関係は、われわれの日常生活に引き戻され、わたしとわたしの隣人や家族との関係であるといえる。その場合、隣人や家族は、神のように超越的で秘密の存在なのである。こうしてデリダは、宗教（神）と倫理（隣人）との区別を解体し、日常の各瞬間の決断において、人がアブラハムのように、隣人である他者に絶対的責任をとるべきだとする。われわれの生の日々がモリヤの山なのである。しかし如上の倫理は、ある特別な他者に応答する時、その他の他者には責任をとれないというアポリアをつきつける。

以上からデリダの主旨に沿うと、われわれの一人ひとりは、如上のアポリアに面しつつ、日々の他者の先行的呼びかけに対する応答として、極めて限定的で不平等な責任・〈わたしはここに〉を語ることしかできまい。しかしそのことは、責任をとろうと実体的に自己を立ち上げる主体（キルケゴール的な絶対的主体）を解体し、むしろそれに先行する他者の地平の拓けをもたらすだろう。そして実は、このように語るデリダ自身が自ら絶対的で実体的な主体である代わりに「主体の脱構築」の物語りと成って、あるいはまた次々と脱構築を語り出す言説を通して、自ら脱主体的物語りとなって他者の地平を語り続けるのだとも言い換えられよう。

4　関根清三。日本の卓越した旧約学者関根は、まず旧約学者ヴェスターマンのキルケゴール批判をとり上げる(8)。ヴェスターマンによれば、アブラハム賛美の15〜18節は後代の付加であり、この物語りは「苦難を見定める神賛美」

が目的だとする。しかし関根は、この神は「血なまぐさい子殺しを命ずる神」であって、むしろ物語り作者がこの神を語ることによって何を言いたいかを問うべきだとする。そう言うのは関根がH・G・ガダマーの「地平の融合」の立場に立って、旧約テキストの地平と現代の解釈者の地平の融合による新しい生（の物語り）の次元を目指すからである。

そこで関根は「アブラハムによる愛児の献供」の物語りにおいて、アブラハムは契約成就として与えられた愛児イサクを私有化して神を見失う誘惑と戦い、神の命令に従った、つまり自分の愛児への執着を捨て、イサクを神からの純粋な贈り物として受容理解して神を見失わなかったと解釈する。そして14節の「見」の内実に関して、真に人のためになるものを神と共に見る人は、そこで神との内面的交わりに入る。つまり神が見られるのであると理解し、そして地平の融合の立場から「人の生が、小なりといえども、いつか垣間見た絶対に身を拓き抜き、この世の相対の背後にその働きを見続けるか、或いはただこの世のものに愛着して、かのものを忘却するか、そのことが不断に問われている」(9)と現代につなげるのである。このメッセージは、関根倫理学の根幹をなす語りかけではあるまいか。

以上のようにわれわれはアブラハム物語りを、イサクの犠牲物語りに焦点を当てて、まず連辞的通時的に検討し、次に範例的共時的に考察してきた。特に範例的な意味でこの物語りを解釈した現代的解釈は、地平の融合を企てるわれわれに多様な視点や問題性を示した。そこで次に、そのような視点や問題点を列挙し思索しつつ、続くイサクの犠牲物語りに関する物語り論的解釈および考究深化の手がかりとしたい。

三　イサク犠牲に対する解釈学的な諸問題

第一章の考察に加えて二における連辞的考察を伴う現代の範例的解釈に対する考察から、さし当たり次のような解釈学的問題群を指摘することができよう。

1-a　儒教や仏教的伝統にある東アジア世界あるいは現代の非宗教的ないし世俗化世界において、それらのコンテキストの中で、キルケゴールやレヴィナスの考えるような宗教的（ユダヤ・キリスト教）実存と倫理の区別に意味はあるのだろうか。あるとしたらそれはどのような根拠で言えるのか。

1-b　「アウシュヴィッツ以後」[10]（アドルノ）の世界は、ニーチェよりさらに深刻に「神が死んだ」世界である。大戦のショアーにおいて他者に対し神の沈黙がますます深まったこと、従って神学の崩壊が如実となった世界にあって、キルケゴールの神、レヴィナスのユダヤ教の神（の栄光）、フォン・ラートなど聖書学者が提示する一神教の神概念や価値は、そのままで今日、他者の他者性の根拠となりうるのか。

2　1-aのようなコンテキスト内で現代を生きるわれわれ（東アジア人かつ現代人）の日常的他者関係に着目すれば、宗教的実存と倫理の区別はデリダの語るように均《なら》されなければならないだろう。しかしその場合、これは1-bにも関係するが、日常的に出会うその他者の絶対性の根拠が問われよう。他者を虫ケラのように圧殺する根源悪（アウシュヴィッツがその象徴）の只中で、それに抗して、デリダにおけるようにわたしの隣人が、自らの絶対的他者性と彼への責任を無力なわたしに要請する時、この問いは深刻かつ緊急となっているのではないか。

3　ここで2の問題をパラフレイズしてもう少し省察を深めて問うてみたい。「アウシュヴィッツ以後」の現代文明にあって、技術による生命操作やエコロジー的破壊、政治的民族主義的抗争、経済マーケットの全体的支配、情報や仮想現実世界の拡大、宗教的熱狂主義などの多様な全体主義とその物語が、重層的に入れ込み合って自同的世界を形成している只中で、われわれは全体主義を告発、解体しうる解釈学をどこに構築するのであろうか。

そうした全体主義は、人間をもののサンプルと化す。そしてアウシュヴィッツでの人の屍[11]、チャップリンの「モダン・タイムズ」における歯車的労働者、マルセルの「機能の束」としての人間などの例に見られるように、それは人をものとして語り処理する。それはまさに他者抹殺機構であるが、その只中でどのように人間の唯一性や他者性が尊重される解釈学的鍵が見出せるのであろうか。

4　前述の問題の根底には、人間による他者否定や自同化という普遍的な根源悪・罪の問題が深刻に伏在している。レヴィナスの言う存在の努力（conatus essendi）のような、個から集団にわたる実体的自同性[12]への傾動（存在論）、アドルノのオデュッセイア論の語る自己保存的文明（人間中心主義）、エックハルトや親鸞の語る無明および主我的自同性（宗教的実存論）、デリダが暴くロゴス中心主義（理性論）、マルクスなどが洞察した社会的人間疎外の機構など、これらは多義的に多方面から根源悪を指し示し、その超克の方策を求めているかに見える。その根源悪の究明は、実存的レヴェルと権力および体制的レヴェルに大別されるように思われる。その際、如上の根源悪に汚染されて在るわれわれ自身が自らの罪悪をどう自覚し、どのように他者の地平に志向できるのか、がまず問われるであろう。また逆に他者こそが、恩恵のようにわれわれの自閉的自同を披くという根源的な問題性をも忘れてはならない。さらに現代文明において、巨大な権力システム（経済、情報、民族、宗教などの権力）の自同性に対して、無力な個々人がどのように対面すべきかは、地球化時代における人類的課題にほかならない。

5-a　他者を全く同化するか、または抹殺する根源悪と連関して、他者がどのように他者として認められ他者に成ってきたか、という他者の歴史が重要となる。その際、他者の歴史という限り、何も他者に関する具体的かつ普遍的固定的定義を前提としないわけである。むしろ他者・隣人に成るという視点が強調される。その視点からすると、古代東方専制国家（バビロニア、古代秦帝国など）にあっては、神々の子孫である王や皇帝以外は、奴隷として人間的尊厳を認められなかった。古代のギリシア、ローマでは、奴隷や女は市民的同胞や隣人ではなかった。またユダヤ教、イスラム教、キリスト教にあって時代と地域によっては、他宗教の人は異邦人であった。西欧の植民地時代（十五〜十六世紀）から黒人やインディオが奴隷化され商品とみなされた。十八世紀のアメリカ独立革命やフランス革命を通し、白人の間の隣人性や人権は理念として宣言されたが、十九世紀の列強帝国主義時代には、植民地の人々の劣等人種視が強まった。それから二十一世紀に至るまで、アンチ・セミティズムの犠牲者（ポグロム、アウシュヴィッツ）、戦争などによる難民、ナショナル・ヒストリーをもつ大国から排除抑圧される少数民族（アメリカ・インディアン、アイヌ、ティベットの民など）、定住外国人、従軍慰安婦等々、他者性を奪われた人々が怨嗟の声をあげ、人間の尊厳への問いをつきつける。そして以上から、人が人間として認められること、隣人に成ることの歴史が、人間が歴史を物語る際には、歴史のいわば構成的核心的要件であることが認識されよう。その意味で、どのように他者の物語りを創造的に語り継ぎうるかが重要な問題となる。

5-b　しかし二十世紀から、他者の射程に関してある質的ともいえる飛躍が見られる。それは例えばデリダが語るように、神と人間、さらに宗教的実存と倫理の区別だけでなく、人と動物の区別をも除き、動物の他者性をも視界に入れようとする方位である。古代にはアブラハムが、イサクの代わりに雄羊をホロコーストとして献げた事例に窺えるように、宗教的祭儀における聖獣の犠牲が行われ、犠牲であるにしろ動物にある畏敬がはらわれたのである。これに対し、現代の経済的利益追求の優先時代にあっては、動物は食肉産業、ペット化、実験用材料などとして受難の時代を迎えている。あるいは日本的アニミズムにあって、植物の他者性も考慮され始められねばならないのだろうか。いずれにせよ、人間の生活的権益の暴力的な拡大によって、動・植物の種的絶滅が加速されていることは事実であろう。

6　本章は、以上の諸問題をアブラハム物語りを解釈・思索する際の根本的参照点とするが、アブラハム物語り解釈作業において、フォン・ラートやヴェスターマンなどの旧約聖書学の歴史研究的方法に全面的に依存するのでなく、物語り論（narratology）的解釈に拠る。というのも、「アウシュヴィッツ以後」には、あらゆる哲学思想や芸術と同様に、やはり旧・新約神学や歴史的方法を支える歴史意識などが、西欧的ロゴス主義との関連において審問されなければならないからであり、対して物語り論が重要であるのは、アウシュヴィッツ自体をも含めた他者抹殺の物語が、これから発掘される小さな抑圧の物語も含めて他者再生の物語りへ語り直されなければならないからである。

それでは、その他者再生につながる物語りや物語り論的解釈とはどのような特徴をもち、どのように働くのであろうか。

2節 「アブラハムによるイサク犠牲」と物語り論的解釈

一 物語り論的解釈とは？

そもそも物語り論的解釈とは何であるのか。この問いに対してわれわれは本質論的定義で答えることによって解釈のダイナミズムと多様な可能性を奪いとることを避けたい。そのため非本質主義的な、ウィトゲンシュタインの言う「家族的類似性」(13)に即して、物語り論的解釈についてその諸特徴をまず示しておきたい。

1-a 物語りは、読者や聞き手（以下、読者に統一）にとって他者である。それは一体何を意味するのであろうか。物語りの読者は、人間的な他者関係にあって自己の生の状況や実存を自覚し、新しい生を手探りしつつあるか、あるいは潜勢的にたとえそれが全くの偶然と見えようが、物語りに感動し新しい生に超出する在り方に在る、といえる（その意味では、人間総じてがそうなのであろうが）。こうして物語り的他者によって人は触発されうる。すなわち、彼は物語りから自らの生を転回させるようなプロットを読み出し（聞き取り）、そのプロットを中核として新しい物語りを創作し、ポリフォニー的で開放的な物語り的自己同一性を創っていけるであろう。だからそれによって同時にまた新しいポリフォニー的な多彩な人間関係に入りうるのである。しかし、場合によって、物語り的他者を軽視し、拒絶し、さらには独善的に語り直すのも人間であり、その自閉的な自己物語は罪業的・悪魔的色彩を帯びえよう。

1-b いずれにせよ、読者がこのように物語りの筋や登場人物に感動し、そこからプロットを新しく引き出す時、つまり読者が物語りを能動的に受容する時とは逆に、今度は物語りが読者を拒絶するか、あるいは受け入れるかという方位が同時に実現している。それが物語りテキストと読者との相克をも含めた出会いだからである。テキストが読者を受容する場合、その出会いにおいてテキストは、自らの中に解釈を更新しうる間《あわい》・空・無の空間を湛えて現われているといえる。それは逆説や筋立ての断絶、誇張や撞着語法、キャスムス構造など表現を差異化し穴をあける空間といえる。その間・無的空間は、読者の読み込みや読み変えなどの自己変革的解釈を許容する穴場であり、テキストと読者との、いわば地平の融合を目指して共に呼吸する場であるともいえる。ここにテキスト解釈が言語にだけ尽くされない間、行間、そこに息吹く息、気、霊（ヘブライ語ルーアッハ、ギリシア語プネウマ）の次元が垣間見られる。

今はこの気息や霊性の話は措くとして、他方で人間がテキスト的他者を受容せず、またそこに受容されないこと、つまり自らの自同性への自閉という悪や罪性の問題にも注意しなければならない。物語り論的解釈にはこのように、テキスト的他者を排斥し、自分の自同的物語のみを拡張する罪業的解釈もまた根底的に伏在しているのである。

1の視点をさらに深く考究してみよう。

2-a　物語りの時間性について。読者は物語りを解釈し、新しいプロットをそこから引き出し、それによって自分の物語りの流れを語り出す。その流れの中心は、現在の他者との出会いにおける新しいプロットである。その現在は、様々なひだと奥行きをもって過去へそして未来へと広がり、やがて想起を中心に物語りと成る。その際、物語りの筋は、ある過去↓現在↓未来へと流れるゆるやかな時間軸に沿って展開する。ここでゆるやかな時間という理由は、物語り的筋の時間的流れが物理的時間、斉一的線状的な流れではなく、他者との出会い・新しいプロットによって結節されるカイロス時、質的時間の流れだからである。

以上の時間性の成立の筋を具体的に概観したい。例えば、日常的な出会いの現在時から考察しよう。今、わたしの眼前に愛する女人が現前する。彼女はわたしにとってかけがえのない存在で、わたしは彼女に求愛する。彼女も啐啄同時的にわたしに応える。その今は一瞬であると同時に、時間的深さや広がりや様々なひだをたたえる奥行きを秘めて展開し続ける間（あわい）である。その意味で現在時・今は瞬間なのである。この間《あわい》が、その今から過去の方に開ける。最近公園を散歩しながら愛の空間に互いに入ったと感じたこと、それ以前に、わたしが交際を申し込んだこと、そして最初に彼女の微笑を見た時、彼女の目に花が近づいたことを次々と想起していく。さらにこの今に、わたしが彼女と相生する未来が期待される。結婚の生活に入り、様々なことを共有し、子供を育み、やがて荒廃した東北地方にボランティアとして働く、そして開かれた協働態を創る等々。以上のように今の現在時は、過去と未来に向けて広がり、その広がりは同時に他者との様々な出会いの事件を、時のひだに包んでわたしに運んでくる。だから現在という瞬間は時計の今のような抽象的な数値で表現されえず、わたしの生の実存的な広がりとして質的にも相異なる様々な位相を秘めて展開する動態といってよい。この今が、過去と未来に広がるだけでは分散していってしまうであろう。けれども彼女との運命的な出会いという今のプロットが、収斂点として留まる以上、過去と未来は現在に統合され、わたしの実存が成立する。この実存的な今を生きる時間は想起を通して線状的な流れとしてわたしの生の物語りを創る。すなわち、想起によって過去から現在までの流れが物語りとして成立する。そしてわたしと彼女が生命として不断に成長し、他方で脱在である以上、過去から現在までの流れと物語りは完了せず、未来へと超出し結ばれ、ここに過去→現在→未来の筋立てをもつ、わたしと彼女とのゆるやかな物語りが誕生するわけである。ただし、この物語りが常に別の他者に拓ける時間であることは、彼女がわたしの想起を超えた想起できない過去からの贈物であり、また二人の生が予測・期待を超えた未来の異時元に超出することを根本的にふまえなければならない。その意味で物語りには、いわゆる始まりも終わりもないのである。

　このような時間性（実存的時間と人生の想起できない過去から予測できない未来への流れとしての時間）をさらに

哲学的に省察するために、実存的時間論の創始者であるアウグスティヌスとその著作『告白』を援用してみよう。アウグスティヌスにとって彼の生を転回させる新しいプロット、つまり彼の究極的な出会いは、わたしが彼女に出会った先の事例と重ねれば、受肉のキリストだったわけである。その彼の出会いの現在は、回心の出来事である。彼の回心は、人々のために真理への道を拔き、人間と連帯したロゴス・神の子キリストとの出会いである以上、彼はその出会いで「永遠の今」(Nunc stans) にふれたといえる。そしてその回心の今において、そのプロットを核にしてアウグスティヌスの過去に分散していた時の諸々のひだ、すなわち友人関係の破綻、名誉や愛欲の追求などによる自己分裂の諸位相が顕となり告白され浄化されて現在のアウグスティヌスの回心の物語りを形成する。と同時に、現在から未来にかけての、友人たちとの和解と相生、『告白』などの著作の創作、修道的協働態の形成などの未来時が次々と拓けてくる。その未来時は多様な他者との出会いを運んでくる。このような時間性は、曲解も含めて後にフッサールを通じハイデガーが仕上げる実存的時間に影響したといってよいであろう。このアウグスティヌスの現在の回心の間《あわい》としての実存的時間が殊に想起の観点からすると、過去から現在の流れとなり、そしてその流れが希望を通して未来へと結ばれ、ゆるやかな線状的時間とそれに沿う自伝的物語りと成るのである。しかし、その告白の自伝的物語りが自同的物語となならないのは、物語りが想起を超えた過去から希望さえ超えた未来への流れにおいて拓かれ変容してゆくべく、常に永遠の今の吟味を受けるからであろう。

他方で、このような個々の実存的時間をも含んで流れる巨大な歴史的時間とその構造をどう考えたらよいのであろうか。アウグスティヌスはこの点に余りふれていないので、筆者はここでイスラエル預言者の生きた歴史をとり上げて概観してみたい。

実存的時間の原点、現在(という間《あわい》に生ずる出会い)の現出(anwesen)は、イスラエル民族の歴史にあっては、預言者が今日に民全体に告知するカイロス的時であり、言葉の告知の出来事にほかなるまい。この預言者による告知の出来事を通して民全体は、神の言葉、神と出会うのである。その現在時から民は過去を想起する。すなわち、バビロニア捕囚に至るイスラエル王朝のヤハウェからの離反、王国建立の背反、シナイ契約の締結、エヒイェに拠る出エジプトなどの過去が拓けてくる。この王国建立の過去からバビロニア捕囚の現在に至る民族の歴史は、一般に民の背教とそれに対する神罰という筋立てにおいて「申命記学派」によって物語られたとされる。しかしイスラエルの歴史はそれに完結せず、現在時から未来時が拓かれていく。それは預言者の神・エヒイェが、民に自己差異化・脱在を促すエネルギーそのものだからである。こうして民のバビロニアからの帰還、第二神殿の建立、新たな終末論的な契約などの未来が拓けてくる。そこに民族の背教と神の恵みと民の再生という劇的ドラマが、脱在に促されて過去から現在を通し未来に至る歴史として語り出され語り直されるのである。その歴史が、民族主義的物語、つまり始めと終りをもつ選民物語の自同に自閉しないのは、預言者を通して常に神の言葉によって吟味され、始めと終りがそれらの彼方へと突破されるからである。

以上のような実存的時間やカイロス的歴史は、まず現在の間における他者との出会い・プロットにおいて、現在の間が未来と過去に拓ける。その場合、もし想起を中心にすれば、過去→現在が物語りとして誕生し、さらに脱在を通して未来に結ぶ個人の人生や民の歴史が過去→現在→未来という仕方で語られ、同時に脱在を通してまた過去の始まりと未来の終りが突破され語り直される。ところでこのエヒイェ的脱在は、過去→現在を単に未来に自己超出的に結ぶだけなのであろうか。

2-b 物語りの未来性について[14]。脱在が記憶・想起と結びつくとき、過去が現在を突破変革し、その変革された現在が、新しい未来として高揚した形で先駆的に先取りされて、さらに過去→現在の時間を突破変容する未来を創造する。例えば、精神分析医と対話するクライアントが、何度も語った自己物語りに新しいプロットを感知する時、そのプロットは彼（女）のこれまでの過去→現在（の物語り）を突破し、未来に成熟する自己を先駆的に先取りし、その未来から「過去↓現在」時とそこに自閉する自己に脱在を働きかける。こうして先駆的に先取りされた未来は、不断に現在（過去）を異化し、現在に噴出しつつ、現在を未来に引き寄せる。そうした未来↓現在（過去）の物語りと物語り的同一性を創成する先駆的プロットはまた次々と新たに生まれつつ、既成の完結した文法や自同的言語システムの中に同化・解体されないエネルギーを秘め、無から有を創造するように新たな開闢の実存的今と歴史的カイロスを披き続ける。

この未来が現在に到来する実存的時間と物語りの事例として、われわれは先述に続きアウグスティヌスの『告白』[15]を挙げることができよう。われわれはすでに彼が回心において、受肉のキリストとの出会いを通して永遠の今にふれたこと、その回心の瞬間は彼の過去と未来の時間のひだを様々に拓いたこと、その拓きにおいて想起を通じ、彼の過去↓現在↓未来の流れにおける人生と物語りが展開したことを洞察した。その分散の統一に加えて、彼が母モニカとオスティアで経験した一種の神秘的体験は、まさに未来時が過去—現在とその物語りを創造変容さす仕方での、未来の現在への到来なのである。実にアウグスティヌスと母モニカは共に語りつつ精神的に高揚し、諸々の事物を超越し、「そこで神あなたが、真理の糧でイスラエルを牧し、そこでは生命が知恵である欠けることのない豊かな土地」（『告白』第九巻、一〇章、24節）に達したとされる。その永遠の知恵の喜びに満ちる未来時が、その後のモニカの死をも超えてアウグスティヌスのアフリカでの信仰の成熟や他者を歓待する相生的生活形成の種子となる。

こうした未来↓現在↓過去の流れは、歴史的スケールで眺める時、例えばイエスの神の国運動に顕著である。すなわち、イエスは「時は満ち、神の国は近づいた」（「マルコ」一章15節）と宣言し、終末的未来の到来を告知した。その告知と共にイエスの神の国運動の現在的展開は、過去の律法支配に拠るユダヤ教の歴史を止揚し、終末的性格を帯び、律法に代わる信仰、福音的生活、罪人や遊女との共食、異邦人の歓待などとして具体化したのである。以上のようにイエスの終末的働きに基づく未来からの物語り創造は、後に福音書文学、殊に譬え話の創造と成り、歴史と地理の限界を超えて語り継がれている。それが今日に至るまで時代に応じた霊感的プロットとして働き続け、開かれた実存的な自己同一性や民の歴史的自己同一性創出の機縁となり続けるわけである。

2-c 物語り的自己同一性と身体性について。アウグスティヌスの物語り（告白）的自己同一性の成立のプロット（回心）において、重要な構成的要件は身体性である。その身体性を代表するのは、『告白』にあって「節制（continentia）によって、わたしたちはそれから多に分散した一に結びつけられる」（十巻二九章40）と語られているように節制である。実際、節制による自己同一性の成立を語るこの二九章から「肉の欲」（三〇〜三四章）、「目の欲」（三五章）、「この世の傲り」（三六〜三九章）と順に分析考察され[16]、これらの身体的情欲が裂き分散させたものがそこで集められる場として「あなた」と呼ばれる、永遠の生ける真理とその現在への到来が最後に語られる（四〇〜四三章）。この物語りの筋は、回心による新しい自己同一性の回復が、身体的情欲と傲慢による分散（根源悪）にもかかわらず、生ける真理とその場における統一としての節制（身体性）を機縁とすることを示している[17]。このような物語り的自己同一性の構想は、キルケゴールやブルトマンのように、聖書物語りの（非神話的）メッセージに面して、いわば全時間を一瞬の決断にかけて、実存的主体的決断を促す実存論的解釈に対して、そこで身体がどう働き変容するかという身体性の問題をつきつけよう。そしてこの身体性は、次に述べるように、人間の新しい協働性と連動しているのである。

2-d 開かれた物語りへ。前述のような身体性を構成要件とする物語りの創成に際し、日本における身体理解の、ある側面に注意しなければなるまい。今詳細に議論しえないが、その一特徴に母体回帰的な融合・癒着性が挙げられよう。例えば、天皇中心の共同体的ナショナル・ヒストリーは、万世一系の血縁関係を頂点として、臣民全体を「天皇の赤子」として組み込み同化する閉ざされた身体的物語と言える。そうした物語的自同性を他者への開放系に向けて語り直すためには、異へ自ら（の身体）を常にさらし続けることが必要であろう。異とは、異文化、異邦人、異性、異郷、異界、異人、異形（の身体）などを意味する。それは個的レヴェルでも、集団的レヴェルでも必要である。その解放的身体の物語りの一例を「キリストの身体」に見ることができる。その磔刑におけるイエスの身体は、暴力により無力にさらされ、何の防御もなく赤裸であり受動性そのものとして一切を受容する象徴である。そこから、社会的身分や人種宗教など一切の他者排除の差別を自らの中に止揚して「ユダヤ人もギリシア人も、奴隷も自由人」も受容し一つの身体とする「キリストの身体」(18)の物語りが創成されるのであり、それは端的に他者の場にほかならない。

この物語り的自己開放性の構造とダイナミズムの根拠を1‐bと関係させ、やや詳しくテキストの中に探ってみよう。

3‐a　まず連辞的見地からすれば、物語りは斉一的時間軸に即さず、カイロス（出会いを機に分節化される時）的出会いによって分節化されていよう。従って、その分節点は物語りの筋に逆説や断層、意味の矛盾などの異化的な間、空、無を創る。その間・無こそ、解釈や読み込みに対しテキストの開放性の一因子となる。

3‐b　次に範例的共時的見地からすれば、物語りテキストには同義同型的物語り群とそれに対立する異形的物語り群が含まれている以上、両者の間・空間がテキストの他者受容の場になりうるし、また各々の物語り群が類似的であっても、その一つ一つの物語りはそれに固有な筋などをもつので、その相違によって相互に差異が見出され、それもテキストの自己開放の契機となる。

3‐c　さらに、連辞系物語りの流れと範例的物語りが交差する場も、創造的な解釈を受容する場となる。例えば、「人の死は各々かけがえのない形をもち影響を及ぼす」という連辞的文章のその「人」の項に、ソクラテス、イエス、ヒトラー、隣のおじさんなどの範例項のどれを選択するかによって、文章が全く異なってしまうような場合が例示されよう。

3‐d　またわれわれが解釈するアブラハム物語りはヘブライ語で語られている。そのヘブライ語にはやはり物語りを言い直しうる特別な間・無の場とも言うべき拓けが存するのである(19)。その事例は後に検討するのだが、ヘブライ語は母音が付されていない子音で分節化されずにすき間なくベタに書かれている。従って読者はこのテキストに母音を付して初めて、名詞や句や文章を分節化できる。その際、母音の付し方や分節化の相違によって異なった文章や解釈を構想できる。例えば十誡中の第十の掟は「隣人（rēaʿ）の家を欲するな……」（「出エジプト記」二〇17）と書かれている。これはカント的な道徳律のように、普遍的に人のものを盗るべく欲するなという道徳ではない。まず日常的に接する近き他者・隣人のものを欲しないということから共生を始めようという意味である。そして隣人（rēaʿ）は、子音上全く悪（raʿ）と同じ言葉である。そこから悪、根源悪とは、カントが言うように「普遍的命法の代わりに自己愛を求める倒錯」という一般論ではなく、眼前の一人の隣人への倒錯的関わり方に存するという風に解釈が進み、一人の人との関わり方は、あらゆる人々との関わりの根源・端緒であって、その限りそれこそ共生の重さと価値を秘めるのだという風に、物語り的プロットが形成されていく。

3-e 最後に、ある物語りは、それを取り囲み、呑み込もうとするより大きな物語や既成のイデオロギーに対して、あるいは類似的であるゆえにそれに融合されてしまうような巨大な物語に対して、葛藤や距離や拒絶などの差異化を経験しよう。この〈外〉の物語との間・差異・無も自覚して語らねばならないであろう。

読者は、以上のように他者としてのテキストの中・外に間・無、つまり多様な解釈を可能にする場を洞察し、物語りを不断に語り直していく創造に生きることができる。その解釈的プロセスは、正→反→合に止揚完了してしまう弁証法ではなく、否定・反の中に他者の声を読み取り、不断に否定を媒介に、自同的物語を完結させる始めと終りを突破し、異・他者に自らを開放していくアドルノ的な否定弁証法と言えよう。

二 物語り論的解釈の実践

今は一での物語り論の諸特徴を念頭において「イサクの犠牲」の物語りを、物語り論的に解釈していくカイロスである。

まずわれわれが読者としてテキストに対面する時、テキストが孕む先述の無の場・間に実存をおくように努める。それはどういうことであろうか。それはテキストが示す様々な筋の逆説、矛盾、断層、思想的破綻、文体や語の異常な重複、特異な表現、（ヘブライ文なら特に）多様な読みの可能性などのテキストの差異化・異化作用に注目し、そこに如上の解釈学的な無の場の痕跡を見出す作業である[20]。それがまた他者としてのテキストの他者性そして他者の地平との出会いに通底する第一歩の作業なのである。それではその諸々の異化作用発見の作業に着手しよう。

1-a　1節の「試す・試みる」（nissāh）の意味について。文字通りには神がアブラハムを試みるのだが、物語り論的にはテキストを読む読者を神が試みるとも読めまいか。

1-b　2節で際立つ点は、息子イサクに付くアブラハムの所有形（お前の）および「お前が愛する」という強調である。二二章全体では、息子の語が十回用いられている。これらは、長男で独り子のイサクのアブラハム（部族）に対するある重要性を語らないか。

1-c　同じ2節後半は、前置詞 l^e の読み方次第で二様の読み方が可能となる異化を示す。

（i）従来の訳「彼（イサク）を山々の一つの上で全焼の犠牲として（l^e）そこに上げよ」

（ii）別の解釈「彼を山々の一つの上に、（アブラハムと共に）全焼の犠牲（を献げること）のために（l^e）そこに彼を上げよ[21]」

われわれ読者は、アブラハムが（i）わが愛子の犠牲か、（ii）否か、どちらの解釈をするかをまだ知らされてはいない。だから、彼と共に苦悩せざるをえない。

1-d　3-4節前半に至るまでのアブラハムの三日間の沈黙が異様であり、テキスト中の淡々としたアブラハムの行為描写の長さも、他の節の長さに比し顕著である。この三日間が上述の「試み」の時なのであろうか。

1–e　5節でアブラハムは山上での祭儀の後に、再び連れの若者たちの許にイサクと共に戻ると語る。果たしてそうか。

1–f　8節におけるイサクに対するアブラハムの応答も、三様の解釈が可能である。

(i) 従来の訳「わが子よ、神が全焼の犠牲のための子羊を、彼（神）のために見出すであろう」

(ii)「神は、全焼の犠牲の子羊をわが子であると見（なし）た」

(iii)「神よ、わが子が彼（子）に代わる全焼の犠牲の子羊を見出すように」

このような多様な解釈の異化的可能性は、1–c の試みに苦悩するアブラハムの絶体絶命の迷いと窮地をさらに深く示す。

1–g　10節はアブラハムの決定的決断、つまりイサク犠牲を示す。その意味は何か。そしてそれに関連してヘブライ的表現は、3–10節が語るように、アブラハムの内面的苦悩や実存的決断といった近代的内的信仰の境位は示さない。逆にヘブライ的表現はむしろ、行為に拠る自己超出そのものが信仰であるような行為的脱在の次元を披いていまいか。とすると、その意味は何か。

1–h　11節からの天使の第一回目の呼びかけシーンの中で、14節が謎の句である。

(i) 14節前半は「ヤハウェが見るだろう」

(ii) 14節後半は「今日でも、ヤハウェはその山で見られるだろう」と直訳される。

(i) の場合、ヤハウェは何を見るのか。(ii) の場合、今日とか山とかいう言葉は何を示しているのか、そして両者に共通な「見る」の未完了形は何を意味するのか。さらにまた重要な異化的表現として、ヤハウェが見られるという「見る」動詞の受動形は何を意味するのか。この14節と連関して、天使がイサクを子でなく若者と呼ぶ12節もある異化と言えよう。

1-i　第二の天使の声（15-18節）は、イサクがアブラハムに再贈与されるという祝福を物語る。われわれはヴェスターマンのようにこの箇所を後代の付加とせず、物語り論的視点で解釈すると、18節「地上の諸国民はすべて、あなたの子孫によって、互いに祝福する」が共生の地平を披く異化的表現のように思われる。この表現は一二章3節「地上の氏族はすべてあなたによって祝福される」という表現と相似形である。但し、二二章18節の「諸国民」は、ヘブライ語の gôyîm の訳であるのに対し、一二3の「氏族」のヘブライ語は mišᵉpāḥōṯ である。[22] その相違は何を意味するのか。

1-j　アブラハムは、犠牲にしようとしたイサクと共にベエル・シェバに戻ったのか、あるいはイサクはアブラハムとは行動を別にして独立したのか。19節は謎をつきつける。

以上のような「イサクの犠牲」物語りの異化作用を検討しながら、今やわれわれはテキストの無的場に参入し、アブラハムのこの物語りに関して物語り論的解釈を遂行したい。テキストとわれわれ読者との地平の融合を目指して。

2-a　1-aに対応。アブラハムへの神の「試み」は、物語り論的には読者であるわれわれへの試みとなる。われわれの生のプロットの転換を迫る。でなければ、どうして読者は物語りに参入して、他者と出会い、他者に不断に開かれる物語り的自己同一性を創出できようか。従ってこの「試み」は、読者を全的に揺るがし転回させるような解釈学的、実存的、脱在論的、倫理的な試みである。

それではどうしてアブラハムへの試みなのか。それはイサクが試みに関係するからである。その関係の理由を次に問うてみよう。

2-b　1-bに対応。それは第一に、イサクはアブラハムの愛子だからである。第二には、長子としてアブラハム部族に神から授けられた祝福の唯一の担い手であるからである。第三に、「お前の」という所有格が示すように、アブラハムとイサクは集合人格的にまた血縁地縁的身体的に一体だからである。だからイサクの死が、アブラハム（部族）の未来を破綻させ、さらにアブラハムにとってそれは死に等しい。こうしてイサクは、いわばアブラハムの一身同体として部族の未来なのである。そしてそのようにアブラハムにとってかけがえのない愛子に関して、次のように二通りに理解できる神の異化的命令が下るからである。

2-c 1-cと対応。もしアブラハムが1-c（i）のように神命を解釈すれば、自らの愛子イサク殺しという恐ろしく耐えがたい殺人者の運命の甘受、神と彼（の部族）との関係の破綻、神の祝福の約束の撤回となる。実際、われわれが範例的レヴェルで検討したキルケゴールから関根に至る解釈は、ここから出発したのであった。そして、アブラハムと読者がキルケゴールのような解釈に立てば、宗教的実存の絶対化とレヴィナスの言う倫理の無視が帰結する。各人は信の立場から、自分のレギーネを放棄しなければならないのである。それだけなら宗教的独善に陥ってしまわないか。しかしアブラハムはイサクを手放すまいとする場合、1-c（ii）のようにイサクと共に犠牲を献げるという解釈を選ぶであろう。それは関根も言うように、神の贈与を私することになり、さらにアブラハム（部族）による神の祝福の私有化および他部族・他国民を征する物語り的自同性が帰結しよう。そういうアブラハムに対し、読者の誰がこれ以上関心を持とうとするであろうか。こうしてアブラハムは宗教的絶対性と自己（部族）の絶対化の隘路に立って迷い苦悩する。

ここでこの2節は読者に対し、現代のわれわれにとっての今日的「イサク」、自分にとって唯一絶対とも言えるものごとは何かと逆に問うてくる。それを他者のために犠牲にしうるか否か、と問うてくる。その場合、倫理を軽視するような絶対的立場と自己中心的な立場との隘路をどのように過ぎ越せるのかが深刻な問題となる。われわれはまさにその自らの問いを、このテキストからつきつけられ、またつきつけるのである。

2-d 1-dと対応。現代人はアブラハムとイサクを個人主義的人間観に拠って、別々な独立した人格と最初から決めてかかるが、果たしてそうであろうか。先述のようにアブラハムとイサクは集合人格的な意味で一心同体であると考えられる。身体性の視点からいえば、二人は一つの身体を担うのである。さらにイサクの死は、アブラハム自身の死に等しいのである。この点をふまえて、われわれなりにアブラハムの沈黙の三日間を解釈してみたい。その三日間はまず2―cで考察したように、イサクに死を与えるか、神の命に背くか、さらにその二者択一の隘路からどのように抜け出すかという苦悩によって、アブラハムの存在が差異化されるカイロスだと言えよう。ではそのアブラハムの存在の差異化とは何を意味するのか。それはデリダの言う「イサクに死を与える」「その死を神に与える」をさらに差異化して、「アブラハムが、自らに死を与える」という自己解体までも意味しまいか。すなわち、あのモーセのように死を神に願ったのではないのか（民数一一15）。イサクを殺した後、自己の生は無意味になる以上、生き残りたくはない。そこで神が自分に死を与えるか、自分が自分に死を与えるかという形態は別にして、彼の死は、愛子イサクの死と神への裏切りという絶対的アポリアを超える第三の方途であろう。

ところで、アブラハムの死は、もう一歩進んだ考えと出来事を起こさずにはいられない。そのことに、先述のアブラハムとイサクの一心同体が介入して来るのである。すなわち、アブラハムとイサクが一心同体であるなら、アブラハムの解体とは、自分に祝福として授けられた約束の子イサクの解体をひき起こすことになる。すなわち、自分の血縁地縁の意味での身体イサク、神の祝福が身体化され部族に私物化される実体イサク、そのイサクに執着するアブラハムの身体ともいえる自同・自我の解体である。そのことを言いかえると、イサクを生き残らせたままアブラハムは死ぬことはできないことになる。結局、アブラハムの死はイサクの死を含まざるをえない。こう考えると、如上のような三日間の彼の沈黙の苦悩の深さに、われわれは畏怖に似た感に襲われざるをえない。

こうしてある決定的な出来事が現成するのが三日目となる。そして読者も自らの解体の予感に追いやられる。

2―e　1―eと対応。アブラハムはまだ自己解体を明確に決意していないことを、若者たちの許に帰るという言葉が示している。この言葉は自己解体に直面して、なおそれに反抗するアブラハムの意志を示しているかのようである。それは決意直前の最後のあがきなのであろうか。[23]

2-f 1-fに対応。以上のようなアブラハムの三肢的方位を孕む苦悩を前提にすると、8節における三様の解釈の可能性は、彼の苦悩の三肢的方位を反映する。1-f(ii)は、明らかにイサクの犠牲《ホロコースト》を告知する(1-c(i))に対応)。1-f(iii)では、いわばアブラハムが自己責任放棄の形で、イサクにホロコースト祭儀の司式を任せる形となっている。つまり、イサクと共にホロコースト祭を執行することを意味する(1-c(ii)に対応)。それでは1-f(i)はどうであろうか。われわれはこの従来の訳の真意を「わが子よ、神はわたしアブラハムを(従って一心同体のイサクをも含め)、ホロコーストの犠牲として見出すであろう」と解釈する。もちろんイサクにそれが理解できるわけはないが、以上の三つの解釈方位に深刻に迷いながら、第三の解釈方位が拓かれてきている。われわれ読者にとっても、自分にとって最愛の者や最重要なことの放棄(それは絶対者との絶対的関係を口実として独善的になりやすい)とそれへの執着(実体的自同性の物語の構築へつながる罪業)との隘路に生きつつ、他者との出会いを披く第三の方途がここにアブラハムと共に問われているのである。もっと言えば、「わたし」は今アブラハムに成っている。わたしの自己同一性が解体・差異化寸前にある。

2-g 1-gに対応。われわれは解釈の多様を許すテキストの無的空間に参入し、神の命令の言葉に対するアブラハム自身の解釈の多様とそこにまた彼の実存の揺れを思い、彼の生を自らのものにしようとしてきた。しかし彼の実存の動きを単に心の動きの次元で解釈してはなるまい。なぜなら、物語り表現自体は、淡々と彼の行為と言葉を描写しているからである。従って、いわゆる彼のイサク犠牲という実存的決断とは、行為的な自己超出であり、むしろその根底に脱在論的レヴェルの脱自を示しうると考えられる。この点は後にエヒイェロギアとの関連で考究したい。

それでは彼がイサクを犠牲にしようとした行為は何を表わすのであろうか。先述の1-f(i)の方向において、

1-f（ii）と異なり、それはまず根底的にアブラハムの自己解体である。彼は自分の妻を妹と偽って異国の王に与えた原因となり、神の祝福を軽んじた。だから自己中心的な性格をもつ。その性格も含めその彼の自己解体は、神の祝福を私物化しようとする自分（部族）の「存在の努力」の解体であり、それゆえそれは自同性の根でありかつ自分と一心同体のイサクの解体にまで及ぶ解体にほかならない。それゆえにまた彼は、イサクに対しても刃物をふりかざしたのである。われわれはこのような根源的解体を、正式にケノーシス（自己無化）と呼びたい。そしてこのケノーシスこそ、信の極みなのである。

2-h　1-hに対応。11節からアブラハムのケノーシスに対する天使の声が語り始める。「その若者に手を伸ばすな」との言葉においてイサクは子と呼ばれず若者と呼ばれる。それはアブラハムが刃物で自らの私有性（わが子）を断ち切ったケノーシスの深さとそれに拠るイサクの自立化（若者）とを間接的に語っているとも読める。いずれにせよ、彼のケノーシスを背景にして謎のような異化的表現を示す14節に迫ってゆこう。

1-h（i）14節では、ヤハウェが何を見るのか、目的語がなく不可解であった。8節では、神はホロコーストを見る。14節では、われわれはヴェニンと共に、ヤハウェはアブラハムのケノーシス的信（神への畏れ、12節）を見るのだと解釈する。この解釈は前後のコンテキストから妥当であろう。それでは1-h（ii）で言う「ヤハウェは見られるだろう」とは何の意味か。この「見られるだろう」は神的受動形であろう。つまり神を主語・行為者として定め、その神が自分を顕現さすという能動形表現は、神の直接的な言挙げを畏れ多しとするヘブライ人に忌避されるので、代わりに受動形が用いられる。従ってここではわれわれが神に拠り神を見る、つまり神の顕現が意味されよう。それでは今日とか山とかは、何を語るのであろうか。この今日は、あのアブラハムの今日性であり、われわれが生きる今である。その山とはモリヤの山であり、しかも如上の今日の山である。このような14節全体の事件の今日性は、「見る」動詞の未完了が証してくれるであろう。

以上を要約すると14節は次のように解釈されよう。すなわち、今日も人がアブラハムのようなケノーシス的信（自同的自我の無化）、つまり神をも含む他者への畏敬を生きる時、そのことが「神が（われわれのケノーシスを）見るだろう」の意味であり、その畏敬のケノーシスにおいて今日・ここで他者の地平・共生が拓けるのであり、そのことが「神（他者の他者性）が見られるだろう」という表現の意味であろう。そしてその解釈は、直ちにわれわれを異化し、われわれの日常的生活の今・ここに今日的アブラハム事件をひき起こし新たな物語り的同一性を創出する。その際に「見る」動詞の未完了形は、われわれが未来の「ヤハウェが見る・見られる」と言う物語りを先駆的に先取りして語り、その未来から逆に今・ここにその物語りを結び実現させるということ、つまり物語りの未来志向とその現在への到来の働きを示している。

2–i　1–iに対応。第二の天使の声は、アブラハムのケノーシスに拠るイサクの再贈与を語る。そのイサクは、先述、2–hのようにもはやアブラハムの血縁的身体の子ではなく、そこから浄化された別人格の若者である。そして今や新生のアブラハムと再贈与されたイサクにおいて未来的な他者との和解や相互的祝福の物語りが先取りされて語られる。その物語りは18節に語られていると思われる。それはどのようなことか。

18節の異化作用について指摘したように、アブラハムの子孫において、「諸国民」（gôyîm）が互いに祝福する。gôyîm は単数形 gôy の複数形で、一般に、異邦人、非イスラエル人を意味する（「民数記」二三9など）。だからギリシア語七十人訳では、ethnē（「ethnos・外国人」の複数形）と訳されている。ところで一二章3節でアブラハムにおいて祝福されるのは、mišᵉpāḥōt（mišᵉpāḥāh の複数形）であって一般に、氏族、部族という親縁血縁で結ばれた族が意味される。だからやはり七十人訳では、phyrai（「phylē・部族」の複数）と訳されるわけである。この両者の相違はまさに二二章18節が、新生の「アブラハム→イサク」関係において、それまで相互に敵対し疎外し合っていた諸国民が相生する祝福の物語りを、未来から今に結ぶのだと言えよう（これは預言の意味と捉えられる）。

2−j　1−jとの対応。もしイサクがアブラハムと別行動をとり、ベエル・シェバに戻らないとすると、アブラハムのケノーシスによる親子の血縁の切断と共に両者の新しい他者関係をそこに読み取れ、部族を超える他者の地平が拓ける。

以上のテキスト解釈から、われわれは他者の場の倫理として、根源的なケノーシス、信、祝福、和解、執り成し、漂泊、責任、相生などの言葉を学んだのである。そこで次にそうした言葉が、物語り論的メッセージとしてどのように新たなプロットを構想するかを考究したい。

三　否定弁証法的物語り

和解と相生へ導く倫理的諸言語は、ある中核的プロットを媒介として新しい物語り的メッセージに創出されうる。そのプロットこそ、アブラハムのケノーシスであった。ではそのケノーシスをめぐって、どのように他者関係のメッセージが展開したのであろうか。

1−a　ヤハウェとアブラハムとイサクの関係。まずアブラハムに神からの贈与としてイサクが授けられた。この贈物一は、アブラハムと一心同体である（2節）。だからアブラハムはこの贈物一を私有化し、その贈物の意味を部族的征服による地縁血縁的共同体の拡大と見誤る（3節）。一五章では、この共同体がエジプトのナイル川からメソポタミアのユーフラテスに至る土地を支配するという共同体的拡大が神に約束される。であるから、このイサク（贈物一）は、アブラハムの実体的自同的共同体の繁栄に収斂する祝福の唯一の担い手であり体現なのである。従って贈物一としてのイサクは、実体的自閉的物語のプロットと言えよう。

1−b　われわれがすでに考察したように、神の試みはアブラハムのケノーシスを通じ、この贈物一を解体する。それは血縁地縁的なまた融合的な身体としての共同体の解体であり、アブラハムの死とも言える。こうして彼はケノーシス信・無の場に立たされる。

1-c　アブラハムのケノーシス的信において、再創造物としてのイサクが彼に再贈与される。この贈与二としてのイサクは、もはやアブラハムの古い閉ざされた一心同体的身体、つまり彼の私有物でも部族的共生の担い手でもない。むしろ新しい開かれた身体性であり、それを言いかえれば、彼とその子孫は、異邦人、諸国民を歓待する相生の場となり、相生の物語りや倫理を語り出してゆく。

2　以上の1a～cに至る肯定↓否定↓再肯定の荒筋は、一見ヘーゲル的な正↓反↓合の弁証法に似てある全体的統一に止揚し、そこで統一され完結されて終了したかのように見える。これと似て例えば、キルケゴールにおけるレギーネとの婚約↓婚約破棄↓新たなレギーネの愛の獲得という反復は、ヘーゲル的弁証法の影響下にあるように思われる（実は、キルケゴールの偉大さは、その反復の失敗を、後々までも愛の弁証法として内面的に引き受けたところに存するのだが）。

しかし1におけるa～cの展開は、不断にケノーシスを媒介として無限に持続する物語り論的弁証法とも読み取れよう。その意味でアドルノの「否定弁証法」（Negative Dialektik）と類似していなくもない。その点を次に今少し考察してみよう。

アドルノによると、ヘーゲルの弁証法の核心は「否定の否定は肯定である」という命題に存する。(24) これはフィヒテ、シェリング的な「正↓反↓合、These → Antithese → Synthese」のトリアーデを「否定」を媒介に同を中心に組み換えた弁証法である。しかしその場合、同の非同としての「否定、否定的なもの」とはあくまで概念であり、普遍の中での特殊例であり、one of them とも言える。従って如上のヘーゲル的命題は、概念的に「同の非同は同である」とも言いかえられる。

そこに貫徹するのは同一性の論理となる。こうしてヘーゲルの弁証法は、意識概念の全体システム・体系に、非同的なもの、否定的なもの、客観的実在で非概念的なもの、個別、異などを回収・止揚する「肯定弁証法」と言える。その知は絶対的に措定された「思惟の思惟」という同語反復である。そこでは、全体知の閉鎖系の中で弁証法が働く結果、矛盾や否定が原理的に全体システムに解消される仕掛けになっているのである。そうなる理由は「ヘーゲルはカントや、プラトンも含めた哲学の全伝統と同様に単一性［統一］を偏愛している(25)」からである。

このヘーゲル的弁証法に対してアドルノは「否定の否定は肯定ではない」と言う。なぜなら、この二番目の否定とは、理解しえないもの、非概念、非同一的なもの、個別であるゆえに、弁証法は意識概念の内に止揚・肯定されることはないからである。こうしてアドルノの弁証法は、非完結的、非同一性的な性格を帯びる。その真意はどこにあるのだろうか。それは彼の次のような言葉に窺えるであろう。「弁証法はその経験内容を（否定の否定は肯定であるという）この原理の中にではなく、同一性に反対する他者の抵抗のうちに持っている。弁証法の力はそこから来る(26)」。従ってアドルノにとっては理性・意識よりも他者が優位に立つのであり、その他者の声を否定において聞き取ることが真意である。こうして同一化の弁証法および哲学を批判する「限定的否定」を遂行し続け、他者との相生の地平を披くことが、否定弁証法の真意であると思われる。この未完了的な作業は、従って単なる懐疑論や同一性の哲学に陥らずに無限に続く。

以上のように考えると、われわれの言う、ケノーシスを媒介に自同的存在や意識および私有を他者の贈与の地平に向けて脱在突破していくというエヒイェの物語り論的弁証法が、否定弁証法の真意と重なることが確認されるであろう。そこで今しばらく物語り論的否定弁証法について考究してみたい。

ここでは再びアブラハム物語りをめぐり、その連辞性や範例性などを否定弁証法的視点から考究したい。その後すでに示唆されているように否定弁証法的物語りに伏在するヘブライ的脱在論の考究にいよいよ取りかかりたい。

3-a 連辞的視点で見ると、アブラハム物語りは、創世の神話を歴史物語りに切り換える最初の歴史物語りである。われわれはこの物語りの核心的プロットを、アブラハムのケノーシスに求めた。その弁証法は、同↓否定↓他（他者の地平への結実）という命題で表現されよう。とすると、ケノーシスを媒介に否定弁証法的物語りが成立する。その場合イサク犠牲の物語りは、その原物語り（Urgeschichte）であり、それはそこから非同一的自己開放的な物語りとして旧・新約聖書の物語りが創成されていく核心であると言えよう。続くイサクの物語りにあっては、エサウの長子権と彼への祝福（同）が、エサウ自身と父イサクの油断や誤認（否定）によって、ヤコブ（他）に与えられ、そしてこのヤコブが受けた長子権と祝福が諸国民に開かれる長子権と祝福に変容されるという筋（他者の地平）が見出せる。続くヤコブの族長物語りにあっても、祝福により富んだヤコブ（同）はそこに留まらない。彼はエサウとの再会による死の危機（否定）を天使との格闘を通して切り抜け、諸民族の父イスラエル（他）に変容する。その物語りの流れの中で、モーセ物語りは、エジプトの王子として育てられたモーセ（同）が、ヤハウェとの出会いと砂漠への脱出（否定）を通じて、イスラエルの民、他者の協働態創出のために働く（他）。さらに大きな物語りコンテキストにおいては、このイスラエル協働態が王国を形成し（同）、しかしシナイ契約からの離反による捕囚（前五八六～五三八年）（否定）を経て、ユダヤ教神政的共同体（他）の形成に向かう。しかし、この神政的ユダヤ教は、自閉的律法システム（同）に変化する。それも、イエスの磔刑と彼の神の国運動の破綻（否定）を通して、原始キリスト教協働態（他）成立の一構成要素に成る。

以上のような仕方で、物語りの語り直し語り継ぎを経て旧・新約文学が徐々に連辞的通時的方位に形成されてくる。だから、新約が旧約文学とはかなり質的な差異を以て書かれたとしても、ある物語り的連続性の下に旧約のアブラハムに言及している点に注目しなければなるまい。その際アブラハムは、ユダヤ教的自同の予期できない彼方からいわば新たな終末や来世から語りかけ、今・ここに読者に対して否定弁証法的に働く原型、原歴史としての終末的天上的パラダイムになっている。すなわち、富んで傲り住《くら》した金持ちは陰府で苦しみ、これに対して貧しいラザロは死後アブラハムのふところで安らう（「ルカ」一六19以下）。イエスを信頼し僕の癒しを願う異邦人百人隊長は、天国でアブラハムと共に宴席に着く（「マタイ」八5以下）。これらの話は、天上のアブラハムが貧しい者や病人を配慮するように読者に勧告し、彼自らそのような人々や異邦人とさえ相生するという語り口で他者の地平を天上的未来から今に結ぶ。他方「ヘブライ人への手紙」（一一8-19）は、イサクの犠牲も含めたアブラハムのケノーシス的な漂泊の生を語りつつ、読者に対しアブラハムの生を天上的未来の現存として勧める。そのアブラハムの子イエスは（「マタイ」一1）、神の国運動を興し「そこではもはや、ユダヤ人もギリシア人もなく、奴隷も自由なものもなく、男も女もない」他者の協働態を創出した。従ってイエスにコミットする者は、やはりアブラハムの子孫なのである（「ガラテヤ」三15-29）。しかしアブラハムに顕現したヤハウェに対して、モーセがさらにヤハウェの神名を開示して飛躍的に異なる物語りを創出したように、新約文学は、アブラハムとモーセが出会ったヤハウェの体現者としてのイエスを物語り、非連続の連続の物語りを創成している。いずれにせよ、新約の物語りは、過去のアブラハムの生を天上あるいは終末後の未来に先駆的におき、そこからイエスと共に、今・ここに生きるわれわれ読者に対し、否定弁証法的に他者のメッセージ・倫理を物語るのである。

3-b　範例的視点からすると、すでに連辞的物語り群の流れにおいて明らかなように、否定弁証法的範型構造をもつ物語り群が見出される。読者はまず旧・新約の物語りを辿りつつ、同型的ケノーシス構造あるいは反義的自同的構造をもつ対極の物語り群を並行的に見わたしつつ、そのどれかの物語りに彼の実存や問題状況に即してコミットすることができる。さらに並行的な物語り群の対比、矛盾、差異などを考慮しつつ、自分がコミットした物語りと他の物語りとをつき合わせることができる。

3-c　このようにテキストの連辞的物語りの流れにおいても、先行する物語りと後続する物語りの間に逆説などの差異あるいは質的転換が見出されるし、他方でその範例的物語り群の間にも様々な差異が見出される。そしていずれにせよ、読者がコミットする物語りとは、連辞的流れと範例的物語り群の軸とが交差する無、空の場であると言える。読者は、如上の様々な意味でのテキストの差異空間やカイロス的文節を通してこの空の場にその身（実存や理性あるいは意志全体を含む身体的在り方）をおき、さらに未来に物語りを先取りしつつ、その未来から今・ここに物語りを創出する。勿論そこに否定弁証法の障礙となる根源悪の物語りをも分析し告発する作業は、常に緊急課題となることは言うまでもない。

以上のような物語り創出は、一方で物語り的自己同一性の形成を介して自己・他者の問題を呼び起こし、他方でアブラハム的漂泊が示す否定弁証法は、それが示しまたそこに支えられる従来の存在論とは異なる脱在の地平を示唆していると思われる。従ってわれわれ読者は、自己・他者の諸位相と否定弁証法が固有に示す脱在の層を次に発掘したい。

3節　「アブラハム物語り」から「出エジプト記」へ——エヒイェロギアの誕生

一　ヤハウェ、ハーヤー、エヒイェ

ここで物語り論から脱在論の発掘に向かう参究に対して、人は疑義や奇異な感を覚えるかもしれない。しかしその発掘の必然性はこれまで指摘してきたように、アブラハム物語りなど物語りそのものの中に孕まれているのである。そこで今は、アブラハム物語りとヘブライ的脱在（エヒイェ）との連動の手がかりと目論見について、まず物語り論

的に考究したい。

1　まずアブラハム物語り全体に言えることであるが、われわれがすでに指摘したように（2節二の2-g）、アブラハムに関する描写は、彼の実存的在り方、心理の動き、内面、心（プシュケー）に向かうよりも、彼の行為を彼自身の解説をあまり加えずに単純に描いている。従ってアブラハム物語りのケノーシス的弁証法は、物語りの人物や出来事の根拠に、人間の内面や実存というよりはむしろ行為的展開、行為的自己超出さらにその行為を支える身体的脱在の在り方を指示していると考えられる。

2　二二章14節が、アブラハムのケノーシスによるイサク犠牲の場所モリヤ山にちなんで挙げる神名は、エローヒームでなくヤハウェである。ヤハウェ名の由来については諸説紛々であって確定し難い。けれどもヤハウェ・Yahweh（YHWH）は、存在動詞三人称完了形ハーヤー・hāyāh（HYH）と同一語源に由来するという説が説得力をもつ。ハーヤーの使役形（ヒフィル形、三人称単数未完了）がyahyeh（YHYH）であって、ここにhāyāh→yahyeh→Yahwehの系譜が成り立つからである。とすると、アブラハム物語りの転換的プロットであるケノーシスが、ヤハウェ（ハーヤー的脱在）と連関することが窺えるのである。

3　また14節の「ヤハウェが見る、見られる」という未完了動詞によってアブラハムが今日のわれわれに現存し、彼の否定弁証法的生がわれわれの体験の現在にもたらされるのであった。その意味でわれわれは、ヤハウェ（ハーヤー的脱在）を媒介としてヘブライ的脱在に参入し、アブラハムが披いた相生の物語りの今日的可能性を脱在論的場から考究しなければならないであろう。

4　ところでヤハウェをヘブライ的脱在ハーヤーと決定的に関連付ける物語りこそ、モーセ物語りとも言える「出エジプト記」三章14節を核とするエピソードである。そして連辞的視点からすると、ヤハウェの名はモーセに初めて開示されたとされる（「出エジプト記」六3）が、他方でアブラハムにもすでに語られていた。従ってヤハウェの名に関しては二つの物語りは連続的であるといえる。他方で両者のどこに不連続的断層があるかと言えば、やはり「出エジプト記」でヤハウェの内実が神名「エヒイェ・アシェル・エヒイェ（'ehᵉyeh 'ăšer 'ehᵉyeh、以下簡略化して、ehyeh asher ehyeh と記す）」と開示された点であろう。しかしこの点よりもアブラハムとモーセの物語りは、範例論的に見ると、否定弁証法的構造をもつ点で同型的と言える。大きな民族的物語りとしては、エジプトにおけるヨセフを中心としたイスラエルの民の繁栄（同）→ファラオによるイスラエルの民の奴隷化・滅亡の危機（否定）→モーセによる出エジプトを介した民の解放と新しい協働態の成立（他）という構造が見られる。モーセ物語りとしては、先述のように王家におけるモーセ（同）→犯罪者モーセの窮地とエジプト脱出（否定）→ヤハウェ（相生の神）との出会いと協働態創設に向けての荒野の漂泊（他）という否定弁証法的構造が見られる。このようにしてアブラハム物語りと出エジプト記は並行関係にあり、連辞的視点と範例的視点の交差において、二つのケノーシス物語りをヤハウェ→ハーヤー→エヒイェという脱在の地平に向けて解釈し比較できると思われる。

それでは次に出エジプトのテキストが示すハーヤー的脱在を考究しつつ、それに拠ってアブラハムの存在の謎に迫ってゆこう。

二　ハヤトロギア――エヒイェロギアの系譜

ギリシア的思考法に対比されるヘブライ的思考法を、ハヤトロギアと呼んだのは有賀鐵太郎博士である(27)。その名称はヘブライ語存在完了動詞三人称単数「ハーヤー」とギリシア語ロゴス（言、理性、理法、論などの意味）との合成語である。博士はこのヘブライ的思考法の研究を、Th・ボーマンの「ギリシア人の思惟との比較によるヘブライ人の思惟」を紹介しながら進めているように見える(28)。そこでわれわれも大略ボーマンの研究をまず紹介してみたい。

1―a　ボーマンの方法論は、どちらかというとヘブライ語の語や文章を資料として駆使しながら、言語分析を土台にしている。彼はヘブライ人の動的な考え方をヘブライ語動詞に見出す。静止的な意味も活動と切り離せない。例えば qûm は「立っている」と共に主に「立ち上る、敵対する」を意味する。そこから動作と静止は対立的ではなく、一つに統一されて一方が他方の結果となる。例えばヘブライ人は、建築物に関してギリシア人のようにその美しい静止した調和や外観よりも、どんな材質でどんな人間的行為によって作られたかという動的なプロセスに驚嘆するという（「出エジプト記」二五～二八など）。だからヘブライ的思考にとって運動も生命的活動もない存在は無に等しい。状態形容動詞も同様であって、例えば 'ôr では、照らす（leuchten）、明るくなる（hell werden）、明るい（hell sein）という風に、生成と存在は切り離せない。また名詞文は、ギリシア語ならコプラ（である）を用いて主語と述語の同一性を示すが、ヘブライ語ではコプラとして存在動詞は用いられない。そこで、ボーマンはこのハーヤーに、ヘブライ語動詞の諸問題が集中していると考える。特に神の「ハーヤー」（＝脱在）が問題となる。その「脱在」は、イスラエルの民と契約を結び歴史に動的に介入する。例えば神の言葉は、「～に向かって」ハーヤー（発出）する。彼の霊がハーヤーするとは「突如圧倒的に強力に活動的に人間に働きかける」ことである[29]。ハーヤーは、こうして存在、生成、活動の諸性格を統一し、人格の実存において最もよく理解される。そして「出エジプト記」三章14節の神名「わたしは在ろうとして在らん者」は、ボーマンによると如上の諸特質をもつハーヤーを如実に示し、ヤハウェにのみハーヤーが帰されることを語るという。

1-b　有賀博士は、ボーマンの例示にない「コヘレトの言葉」七章24節を一事例として、ハーヤーの意味を明解に示す[30]。この七24の英訳は "That which is, is far off, and deep, very deep" であるが、博士は That which is の is がハーヤーである以上、それは That which has come into being の意味であり、結局一切の現象を意味すると解釈する。共同訳では「存在したことは、はるかに遠くその深い深いところを誰が見出せようか」と訳され、博士の意に従っているようにみえる。ともあれ、実に地上の賢者でも、一切の現象については無知なのである。この解釈こそ、コヘレトにふさわしい。

以上のようなボーマンのヘブライ動詞研究を基に有賀博士は「出エジプト記」三章14節の神名「エヒイェ・アシェル・エヒイェ」の解釈に入るのだが、それを紹介する前に神名の文法的説明を加えておきたい。「エヒイェ」は、ハーヤーの一人称単数未完了形で「わたしは在るだろう」の意味にとれる。二つのエヒイェ動詞をつなぐ「アシェル」は、関係代名詞とも接続詞とも取れ、前者の場合は「わたしは在るだろう、そのわたしは在る」となり、後者の場合には、「わたしは在らんとするのだから、わたしは在る」という程に訳される。

博士曰く「注意されていいことは、その主語は 'ehyeh の中に隠されていて、特に〈われ〉('ānōkhî) なる代名詞がここに用いられていないことである。主体がまず存在して、それが働く、と考えられているのではなく、むしろ働くことのうちに主体が自らを啓示するのであって、主体・即・働き・即・主体なのである。しかし、それは単に現象的作用［過去——筆者注］のうちに神が内在すると理解されてはならない。……それは常に 'ehyeh なる未完了形を保つところの、将来的創造的働きである」[31]と。

こうしたハヤトロギアは、思想史的に語れば、その後ギリシア的オントロギアと出会いキリスト教の教父思想や後世の西洋哲学を展開させるインパクトに成るのであり、ハヤーオントロギアとして変容したと博士は指摘する。

1-c　以上ボーマンと有賀博士のハヤトロギア理解を概観したのであるが、ここで彼らとの対比でわれわれの解釈の特徴を列挙しよう。われわれは、先述（第一章）で概説したようなエヒイェロギアを構想したいのである。

（i）われわれのテキストへの参入は物語り論的接近に拠る。勿論、ボーマンや有賀博士のヘブライ語資料の言語的分析や歴史神学的解釈法を参照するし、現代聖書学の諸成果を思想的レヴェルで採用しつつ解釈する。われわれの物語り論的解釈の特徴は、先述したので今は繰り返さない。

（ii）われわれの解釈はそれが解釈である限り、ガダマーの地平の融合論を基本的に参照する。しかし一層根底的に解釈の前提とするのは、前述のようなアドルノの「アウシュヴィッツ以後」のこと（言即事）である。すなわち、アウシュヴィッツが示す「ショアー」（絶滅）以降、ヨーロッパは、芸術も哲学も語れず、さらに人は存在しうるかという問いさえつきつけられている。それほどに他者の他者性（倫理や文化の根拠）がアウシュヴィッツ事件によって破壊されたのである。従ってわれわれがテキストを解釈し、そこから他者のメッセージを引き出す際、アウシュヴィッツの破壊という審問に耐えうるメッセージだけが残る。これがわれわれの「アウシュヴィッツの審問」および「アウシュヴィッツ的解釈学」の意義である。

（iii）とすると、われわれはハヤ－オントロギアさらに「存在―神―論」（オント－テオ－ロギア）という全体主義の一つの温床となった西洋神学や哲学を再検討し、他者論や相生の可能性を探るわけである。本書でいう「存在―神―論」とは前述のように、一口に言えば、ある絶対者（理性でも技術でも神でもよいが）によって存在の全体を意味、価値づけ支配する自同的理論を言う。それは他の思想や価値を排する精神的暴力であり、政治権力や文明の技術力と直に結びつきそれを育てる[32]。

（iv）このような他者の地平や相生の倫理を探る物語り論的解釈は、解釈自体がすでにある倫理性や倫理的方位を孕んでくると言えよう。だから解釈が向かうテキストとして、アウシュヴィッツを許容しそれに敗北した西欧思想や文明論あるいは文学を安易に採用するわけにはいかないのである。そこで日本でもほとんど注目されないヘブライ語そして旧約テキストをケノーシス的倫理構築の視点で、また構築に向けてまずとり上げるわけである。ハヤトロギア、さらにエヒイェロギアの意義はそこにも見出せよう。

2　以上のような先行研究やわれわれ独自の方法論に立って、エヒイェロギア探究に向けて「出エジプト記」三章14節を中心に物語り論的解釈を実践しよう。

1モーセは、舅でありミディアンの祭司であるエトロの羊の群れを飼っていたが、あるとき、その群れを荒れ野
の奥へ追って行き、神の山ホレブに来た。
2そのとき、柴の間に燃え上がっている炎の中に主の御使いが現われた。彼が見ると、見よ、柴は火に燃えてい
るのに、柴は燃え尽きない。
3モーセは言った。「道をそれて、この不思議な光景を見届けよう。どうしてあの柴は燃え尽きないのだろう。」
4主は、モーセが道をそれて見に来るのを御覧になった。神は柴の間から声をかけられ、「モーセよ、モーセ
よ」と言われた。彼が「わたしはここに（ヒンネーニー）」と答えると、
5神は言われた。「ここに近づいてはならない。足から履物を脱ぎなさい。あなたの立っている場所は聖なる土
地だから。」
6神は続けて言われた。「わたしはあなたの父の神である。アブラハムの神、イサクの神、ヤコブの神である。」
モーセは、神を見ることを恐れて顔を覆った。
7主は言われた。「わたしは、エジプトにいる私の民の苦しみをつぶさに見、追い使う者のゆえに叫ぶ彼らの叫
び声を聞き、その痛みを知った。
8それゆえ、わたしは降って行き、エジプト人の手から彼らを救い出し、この国から、広々としたすばらしい土
地、乳と蜜の流れる土地、カナン人、ヘト人、アモリ人、ペリジ人、ヒビ人、エブス人の住む所へ彼らを導き上
る。
9見よ、イスラエルの人々の叫び声が、今、わたしのもとに届いた。また、エジプト人が彼らを圧迫する有様を
見た。
10今、行きなさい。わたしはあなたをファラオのもとに遣わす。わが民イスラエルの人々をエジプトから連れ出

すのだ。」
11 モーセは神に言った。「わたしは何者でしょう。どうして、ファラオのもとに行き、しかもイスラエルの人々
をエジプトから導き出さねばならないのですか。」
12 神は言われた。「わたしは必ずあなたと共にいる。このことこそ、わたしがあなたを遣わすしるしである。あ
なたが民をエジプトから導き出したとき、あなたたちはこの山で神に仕える。」
13 モーセは神に尋ねた。
「わたしは、今、イスラエルの人々のところへ参ります。彼らに、『あなたたちの先祖の神が、わたしをここに遣
わされたのです』と言えば、彼らは、『その名は一体何か』と問うにちがいありません。彼らに何と答えるべき
でしょうか。」
14 神はモーセに「わたしは在らんとして在るだろうという者だ」と言われ、また、「イスラエルの人々にこう言
うがよい。『わたしは在るだろう』という方がわたしをあなたたちに遣わされたのだと。」
15 神は、更に続けてモーセに命じられた。
「イスラエルの人々にこう言うがよい。あなたたちの先祖の神、アブラハムの神、イサクの神、ヤコブの神であ
る主がわたしをあなたのもとに遣わされた。
これこそ、とこしえにわたしの名
これこそ、世々にわたしの呼び名。
16 さあ、行って、イスラエルの長老たちを集め、言うがよい。『あなたたちの先祖の神、アブラハム、イサク、
ヤコブの神である主がわたしに現れて、こう言われた。わたしはあなたたちを顧み、あなたたちがエジプトで受
けてきた仕打ちをつぶさに見た。

17 あなたたちの苦しみのエジプトから、カナン人、ヘト人、アモリ人、ペリジ人、ヒビ人、エブス人の住む乳と蜜の流れる土地へ導き上ろうと決心した』と。
18 彼らはあなたの言葉に従うであろう。あなたはイスラエルの長老たちを伴い、エジプト王のもとに行って彼に言いなさい。『ヘブライ人の神、主がわたしたちに出現されました。どうか、今、三日の道のりを荒れ野を行かせて、わたしたちの神、主に犠牲をささげさせてください。』
19 しかしわたしは、強い手を用いなければ、エジプト王が行かせないことを知っている。
20 わたしは自ら手を下しあらゆる驚くべき業をエジプトの中で行い、これを打つ。その後初めて、王はあなたたちを去らせるであろう。」

「出エジプト記」は全体として、奴隷イスラエル人が、ヤハウェと出会ったモーセと共にその死地からエジプト帝国を脱出し、自律的協働態を形成する物語りである。そこでこの物語りの根源的プロットとなるモーセとヤハウェとの出会いのエピソードに解釈の焦点を当ててみたい。

アブラハムの子孫は、東洋的専制国家エジプトの奴隷に成っていた。それは前十三世紀のファラオ・ラメセス二世の時代であった。古代奴隷制国家においては、奴隷は財産であるので闇雲に虐待され抹殺されることはないが、イスラエル人奴隷は数もふえ反乱の潜勢力をもち帝国に脅威となった。そこでファラオは、イスラエル奴隷について出産時に男の子ならみな殺すこと、穀物の貯蔵都市建設に際し必要なレンガ造りのためのわらを与えないこと、反乱阻止のための密告と密告者の昇進を命じ、民を抹殺しようとした。古代のショアーである。そこから解放物語りは始まる。そこで次に物語りの異化作用を大略指摘して、エヒイェの諸特徴を示したい。諸特徴を示すというのは、エヒイェの本質論的定義をする意図ではなく、ウィトゲンシュタイン風に、エヒイェの文法とその用法を家族的類似として示すことである。その意味で、テキストの異化を探してみよう。

第一に、至高の絶対者である神が、民の許に歴史の中に降下すること、第二に、エジプト人としてもイスラエル人としても自己同一性を喪った牧人モーセに奴隷解放を託すこと、第三に、「エヒイェ」の反復を含む謎の神名の開示、第四に、国家を形成している有能で富んだ民でなく、なぜ奴隷のような卑小で徳もない無意味な人々に至高の神が関わるのか、第五に、奇妙な十の言（一般に十誡と言う）を民に与えたこと（「出エジプト記」二〇）、第六に、なぜ奴隷の民に過酷な荒野の漂泊を四十年もの間課したのか、第七に、民が金の雄牛（肥沃の象徴）を鋳造しその偶像崇拝によってヤハウェに対して反乱したこと、などが注目される。

3　以上のようなテキストの異化に参入しつつ、エヒイェの諸特徴を挙げてゆこう。

第一の異化が、ヤハウェはギリシアのオリンポスの人間じみた神々と異なる超越神であるにもかかわらず、人間の歴史的世界に関わり、「モーセと共に在る」「民をエジプトから導き上る」という働きを示すことに注目される。それはエヒイェが、先に分析したように、自己の存在から超出して他者と関わること、すなわち自己を差異化し超出する未完結的脱在の特徴を示そう。「エヒイェ」という未完了動詞が特にそれを証している。第二の異化は、この自己を差異化する脱在が、モーセのような他者をも異化し、自らの差異化の働きの協働者とするという差異化のダイナミックな特徴を示す。その差異化に巻き込まれたモーセは、自己同一性とは、エジプトが象徴する文化やイスラエルが象徴する同一血縁の民族への同化、そこへの実体的編入にあるのではなく、むしろエヒイェ的脱自的差異化の未完結的持続にこそあることを知っていく。これはモーセの漂泊的生の全体が証することなのである。というのも、エヒイェ的自己同一性とは、空間的に定着した文明・文化の伝統や血縁地縁関係が束縛する空間にあるのではなく、未来から呼びかける声、新しい物語り創出の誘いに応えて前進する遊牧民的脱自の歴史や地理的越境において生成するからである。第三の異化的神名の特徴については、ボーマンや有賀博士の先行的研究が示す特徴にまず注目したい。ただ

「エヒイェ」の反復について言えば、それは神名の意味を解りにくくする働きを示す。それはどういうことか。

古代世界にあって相手の名を知ることは、相手の霊や魂の力が宿る名を所有しそれをコントロールしてその力を利用できるいわば魔術を意味した。だからヤハウェが完全に神名を知らせる場合、ヤハウェは、民に名を知られることによって、民の意のままになる魔術的神に堕しうるのである。それでは神と民との自由な他者的関係は、神が民の意に従う強制の関係になってしまう。従ってこの神名のエヒイェの反復は、神名の開示でありかつ開示の拒否という両義性を示そう。つまり、民に名を明かしつつ魔術的神を拒否する意味で名を隠すわけである。旧約の神が現われかつ隠れる神（Deus revelatus et absconditus）と言われる所以である。この顕現と隠れも、エヒイェの自己差異化に拠る。第四の異化は、エヒイェの差異化的脱自が、他者に向かうという特徴を示す。しかもその他者志向は、他者が富や美や有能な資質さらに浄い心や徳性をもつから心ひかれるのではなく、逆に数少なく奴隷のように卑小であるからという理由による。つまり、条件付きでなく無条件に他者に向かう特徴を示す（「申命記」七6以下参照）。このような他者関係は後に、「愛」（agapē）と呼ばれ、さらに愛に基づく契約関係である。第五の十誡に関わる異化は、詳細は後にまわすが、この他者関係へのエヒイェ的思考が、平等で相互に人権を認め合う契約的協働態創出の倫理さらに法制度となるという特徴を示そう。そしてここで重要な点は、われわれがエヒイェロギアを語る理由の一つでもあるが、それは倫理や倫理的行為さらに倫理的物語りが、エヒイェに由来しエヒイェ的差異化・分節化の結実であるという点である。すなわち、脱在論は倫理学と異なる領域や次元に属さないという点である。さて第六の異化は、第五の特徴とも連動するのであるが、荒野の四十年にわたる漂泊こそ、真正な協働態形成の場であり時であることを示す。すなわち、荒野とは、一方で人間の定着の土地、都市、文明と、他方では生命なき死の砂漠との狭間に広がる。その都市や文明では蓄積された富の不平等な配分による身分差や労働の搾取に拠る貧・富の差が拡大し、それと共に権力者（王）が出現し、権力者の周囲に芸術的文化が開花する。その意味で都市は、更に権力と結託する宗教、つまり外面的祭儀中心の神政的体制やそのイデオロギーなどの支配が民を抑圧する場所である。そこで他者関係は神政的権力の不義によって征圧される。荒野は、そうした権力関係や非人間的思想から解放された場であるにしても、他方では、砂漠の死と赤裸に向き合わなければならない場所でもある。従ってエヒイェによって解放された民は、文明の擬似的生と砂漠の死、文化と野性、文字伝承と口伝、壮麗な神殿とみすぼらしい移動式天幕、神政体制と族長制、都市と遊牧という差異の間、つまり辺境を辿りつつ、文明と都市の汚染から離れ絶対的赤裸と無のうちにエヒイェ的ヤハウェを瞑想し、体現し他者の地平創出の試練を生きる。アブラハムやモーセは、このような試練にみちた漂泊の生を民と共に辿り、エヒイェを体現していったのである。そこには荒野の意味がある。第七の異化である偶像・金の子牛鋳造と礼拝事件（「出エジプト記」三二）は、根源悪の問題とからむ。金の子牛とは、沃野の多産と繁栄を象徴する。実際に民が目指すカナン地方では、後にバアル神など肥沃を象徴する神々の神殿が設けられ、魔術的祭儀が広がっていく。従って民は第六の異化的漂泊とそれを支えるエヒイェを棄て、自同的文明の誘惑に屈したわけである。それは定住による富の所有とそれを護持する政治的宗教的体制にコミットすることであり、言いかえれば、エヒイェ的な差異化的脱在の生を棄て、文明というゆるぎなく実体化された自同的存在に同化され、その結果他者の根拠と協働を喪うことを意味しよう。そうした自同的存在への執着による自閉こそ、根源悪の特徴をなすのである。その意味でモーセによる金の子牛の否定・破壊は、エヒイェの特徴を際立たせると言える。

以上のようにエヒイェは様々な特徴を示すが、それらは結局エヒイェの自・他差異化の働きに収斂し、そしてその差異化の契機は常に他者であると思われる。これを物語り論的次元で語れば、エヒイェの物語りは自・他の既成の物語りを差異化し、他者との物語りを新たに語り直し語り継いでいくとも言える。というのも、エヒイェの物語りは、物語り的同一性の実体化・自同化の根源悪を差異化し語り直しうる力働性を秘めているからだと思われる。それは始めと終りによって括られる自閉的時間とそれを軸とする物語の突破である。だからエヒイェ的脱在は、物語り創出と語り直しにおいて常に新たに未来を先取りし、そこから現在の（自己）変革を呼びかけ続ける。それが例えば預言であり、預言者（アブラハムやモーセ）の物語りなのである。

以上エヒイェの諸特徴を考察し終えたので、次にそれが物語り論的否定弁証法をどのように裏打ちするのか、その脱在的な否定弁証法とはどのようなことであるのかが問われる。その問題を考究しよう。

4-a　まずエヒイェ的脱在は、すべての存在者にとって贈与である。そのことは、すべての存在者が本来的に自己差異化・脱自において他者とめぐり合う脱在であるとも言いかえられる。ところで存在者が上述の贈与を破壊することは、存在者（個から集団に至るまで）が、実体的自同性への固着（conatus essendi）へと逸脱するということなのである。というのも、その逸脱は、エヒイェの喪失であり虚無的働きであり根源悪なのだから。例えば、アドルノの言う神話から啓蒙という自己保存文明を作出する理性の反自然的働きもその悪業の一例とも言えよう（以上が実体的自同という正）。

4-b　エヒイェ的脱在はすべての存在者の脱在である限り、この存在者の実体化作用にもかかわらず、それと逆に差異化を働かせて止まない。差異化とは、均一的に統一された実体、つまり他者受容の間や空的場さえなき自同的存在内に、差異の断層や空間を創り間を拡大する作用である。従って、エヒイェは自同的存在者に空的場を創り、そこに気息、霊（プネウマ、ルーアッハ）を通し、その気によって新しい声・言葉さらに身体的人格を創出し、彼に預言者として語らせると共に、その空的場を他者歓待の場とする。これは存在者の側からすると、自分の自閉から他者受容への転回というふうな自己中心主義の炸裂であり、他者に開放された脱在者に新生する生みの苦しみであり、ケノーシス的出来事であり回心のカイロスなのである（以上が否定）。

4-c　このハーヤーによって再生した脱在者は、自己と異なる他者と協働しつつ、エヒイェの体現に努める。それは人間社会や自然がエヒイェに満たされていくプロセスであり、具体的にはエヒイェとの契約に拠る倫理的であり、かつ身体的祝祭的な世界の現成なのである。エヒイェの側からすれば、それはエヒイェの差異化の持続であり世界的生起・歴史化なのであり、それは未来が全的にエヒイェに充溢するまで止むことはない（以上が他）。

以上のようなa～cの否定弁証法に拠る思索と実践こそがエヒイェロギアであり、そのエヒイェ的否定弁証法は、物語り論的弁証法の根底に伏在して働き、新しい開放された物語りに受肉し、エヒイェ的倫理世界の現成を創出する力働性にほかならない。

それではこのエヒイェから生み出される倫理とは、どのような性格と力働性を帯びているのだろうか。

三　エヒイェロギアの倫理

1　われわれは、モーセの出エジプト物語りから倫理を学ぶ事ができる。それが正しく解放された民が相生へ向けて協働したハーヤー的漂泊の物語りである以上、その協働の倫理はいわゆる十誡であるので、ここで十誡がどのように相生の指標であるかという問いを簡潔に考察してみたい。
周知のように十誡の第一誡から第三誡は、ヤハウェと人間との根源的な関係を倫理的力働性の根拠とするように語り命ずる生の指標である。このエヒイェの視点から、例えば第六誡と第七誡とを、ユダヤ教思想家クアクニンを参照しながら考究してみよう。

第六誡「あなたは殺してはならない(33)」は、E・レヴィナスが彼の倫理的著作において、倫理的な最初の意味作用である「顔」の呼びかけとしてよく引用する。クアクニンによると、西欧中世最大の聖書釈義学者であるラビ・ラシ（十一世紀）は、この第六誡について何らの釈義も加えていない。語っていないのである。言葉を尽くして釈義するラビにとって、それは驚くべき解釈や言葉の欠如であろう。そのことは、言葉の欠如こそが、殺人を意味するからであると言う。例えば、聖書物語りにあって、人類最初の殺人、つまりカインによる弟アベル殺しは、何らの言葉もなく行われた。その「何も～ない」という言葉の欠如が暴力なのである。従って殺人とは、物語りの拒否、新しく語ることとの抹殺に通底しよう。それは言葉の根拠であるエヒイェ（の差異化）の拒否に行きつくのである。だから殺人は人の未来を封ずる。実際に十誡は左右対称で石板に刻まれ、一～五誡と六～十誡は対応し照応する。そしてヤハウェ（エヒイェ）を語る一誡が六誡と対応するなら、その対応・相互解釈の場・空において命じられている掟は、「エヒイェを殺してはならない」なのである。この点については、われわれは第一章で、ムーゼルマン（回教徒、生ける屍）をめぐって今日的考察を行った。

第七誡は「あなたは姦淫してはならない(34)」である。クアクニンによると、姦淫は「既婚婦人」との間に行われる不法で隠された性交渉である。ところで既婚婦人とは、かつては自分が産んだ子の父親を特定できる、つまり親子の正嫡関係を証明できる女性を意味する。従って姦淫で生まれた私生児は、母親から嫡子としての物語りを聞けない。つまり物語りなき者として育てられ、開かれた物語り的自己同一性を形成できず、言葉の欠如・暴力に生きる結果となる。以上のようにモーセの示す倫理は、単にモラルや規範やルールではなく、物語り的な人間の形成を通じてエヒイェ的脱在を自覚し体現し、他者の地平に立つか立たないかという極めてエヒイェロギア的なエチカのレヴェルにある。

われわれはモーセの十誡を考察して、言葉や物語りの欠如でなく創出こそが、他者へ「わたし」を結ぶエヒイェの働きに根差し、その倫理的機縁であることを自覚した。けれども、J・デリダのアポリアが示したように、他者に語るわれわれの日常は極めて限定されており、一期一会もその局所性を脱しえない。われわれはその一期一会が協働し合って相生の方向に結縁することを願うのだが、われわれの現実は愛別離苦であり、そのことに対して無力と限界を自覚せざるをえない。その無力と絶望において、どこで自己そして他者との一期一会の局所性が破れるか、そこで様々な出会いが協働できる相生的場とはどのようにしたら、あるいはどのような力動的働き（アレテー、徳）によって拓けるのか、という深刻な問いに晒される。今はこの問いの考究に参入しよう。

2—a　もし人がケノーシスにおいてエヒイェを体現するなら、彼は結局のところ一期一会の根底に他者を披くエヒイェ的地平を自覚する。彼がxに出会う時、xは彼には見えないyと出会い、そのyはまたzと出会っているという出会いの広がり・場を感受し自覚することができよう。確かに各々の一期一会は唯一回的生起であって、その全体が一挙に彼に見えてくるわけではない。しかしその各々の一期一会は、エヒイェによって潜勢的に支えられる場にあるといえる。そしてこの潜勢的な出会いのエヒイェ的場にあってその場の視点に立つと、一期一会の各々が絶対的でありつつ、共通の力によって協働相生の方位へとその絶対的唯一回性さえをも脱自して結縁を結び、響鳴《とよ》むともいえる。響鳴《とよみ》とは、共生・相生の物語りである。その響鳴は、エヒイェ的出会いの最初の発声が次々と結縁して響いて生ずるのである。一期一会的出会いから相生の物語りを響鳴ます働きは、エヒイェ的出会いの場の働きである。従って、人がこの場に自己の局所的な存在と出会いを託す時、それは他の無数の様々な一期一会と共通な場におかれ、潜勢的に協働の縁を結び、その結縁の響鳴に打たれる。そこに自らを託すことが、現実の局所的現場から超出して他の千差万別の一期一会に出会いうる結縁となる。このような潜勢的な結縁の場に、自己を託しえない我意にみちた人間が自己を託すことができるとすれば、その託しを脱在的信（仰）と言うのであり、その信において人と人の結縁は、例えそのまま現実化しないにしても、見えない仕方で潜勢的に結ばれ感応道交している。

2—b　けれども、すでに何度も示したように、このエヒイェ的ケノーシスにもかかわらず、一期一会の響鳴およびそれらの潜勢的協働を妨げる根源悪において、自閉・自同的主我の働きが、人を局所的現場に閉塞・孤立させうる。そこに分裂と抗争の修羅場が現実となる。われわれの日常的現実は実にこの罪業による血戦場といえる。この戦場においてこそ、信が力動的働き・アレテー（徳）であるか否かが問われるのである。もし信が、エヒイェに拠って他者抹殺のこの戦場において、にもかかわらず、自・他を生かすべく働くエヒイェに身をうち任せ落在しうるなら、根源悪とその自閉とを差異化するエヒイェと共に、差異化を一躍促進できよう。さらにエヒイェが過去—現在を未来へと超出し、そこにエヒイェの力動性を結縁し、その未来から暴力的な現在に到来する差異化の力に人が自らを託すなら、人は自同的現在を差異化すべく到来するエヒイェの働きを待望し、先取り的にエヒイェに協働できよう。そしてここで語られる信を基にした「できるであろう」という、未来にかけ未来を披く潜勢力こそ、希望と呼べる力なのである。そしてこの潜勢的力量は、中世哲学がヴィルトゥス（徳）として示した自同性突破の力量なのである。こうして信と希望は連動しつつ、われわれの局所的出会いがその根底からエヒイェ的出会いの結縁的場に根ざし、他の出会いに潜勢的に結ばれて現成してきていることを示し、その場の自覚と力働化・現実化をもたらす。そこに信と希望の物語りも語られうるのであり、例えば「ヘブライ人への手紙」一一章は、アブラハムが財産として受け継ぐはずの土地から出て、行き先も知らずに出発し、非所有の清貧のうちに異郷を漂泊しつつ、未来の約束に信をおき、その約束の実現と思えたイサクを犠牲にしようとしたその生を信の物語りとして今・ここで読者に語り直す。その物語りに共鳴して読者は、この信と希望というエヒイェ的倫理徳に拠って、今度は現実に成立している他者の協働態を尋ね出し、それと連帯し、さらに結集の輪を広げてゆく。それは、反エヒイェ的自同化の暴力と権力とその物語を発見し、分析し、告発しつつ、結集の経験と知を共有する勢威ともなるであろう。この共有され、蓄積され、他者によって学ばれ継がれる経験知は、エヒイェ的なアレテーとしての知恵（ソフィア）といえよう。

2-c 如上の信・希望・知恵を体現する人こそ、自閉的血縁的身体性を突破し開かれたプネウマ（ルーアッハ）的身体性を生きるエヒイェ的人格（persona）である。彼は、相生に向けて義人と共に罪業に生きる人々の回心をも希望するがゆえに、罪業の人々に対して執り成しをする。この人格は、レヴィナスが言及したように、ソドムとゴモラの不法に満ちる都市を、義人の存在を口実に救おうとヤハウェに執り成したアブラハムに躍如としている（「創世記」一八）。この執り成しは言い換えると、ヤハウェ（エヒイェ）がアブラハムを通して、重い罪を犯すソドムの人々を赦し呼び戻す働きに支えられているともいえる。このような執り成しは、善因善果悪因悪果という応報的正義の比例的思考を超えた赦しの行為であり、万人を義とし生かそうとする全面的正義と呼べる。このような執り成し、交渉能力の力量、赦しの力は、義化する正義の力を孕むのである。イエスの磔刑による贖罪や、レヴィナスの他者のための身代りなど、この正義の行為なのであり、愛（アガペー）に裏打ちされている。だから愛は祝祭的相生的力働的であり、プネウマにより集合人格的で身体的な場を切り披くべく働くのである。

以上のように、エヒイェ的倫理を考究していくと、ケノーシスを根底に、信、希望、知恵、正義、清貧、愛、さらに物語り行為そのものが倫理的力働性（アレテー）として挙げられよう。それらはギリシア的卓越性の徳とは、随分異なった倫理的世界を示すであろう。ともかくこれらの徳は、エヒイェの差異化の力によって力働性を受け、他方でわれわれの局所的生の出会いを不可視な相生の地平、つまり広大な潜勢的出会いの場に結縁し、その局所性が孤立ではなく相生の出会いに開かれたかけがえのない祝祭的現場であることを示し、結縁の輪を広げるのである。

3　このような倫理的次元を実践《プラクシス》とするエヒイェロギアについて、殊にエヒイェの差異化について最後に物語り論的見地から簡単に復習しておきたい。差異化は、物語りにおける間・空・無として他者を受容しうる拓けであった。

連辞的に考えれば、この空の拓けは、話の筋を前後裁断するケノーシスであり、あるいはある物語りの否定弁証法とそれを承けるかあるいは拒む別の物語りの筋書きとの間であり、物語り的時間の流れに質的飛躍を与えるカイロス的な分節である。それを範例的視点で考えると、多数の呼応する同型的物語り群の相互間の差異とも、あるいは同型的物語り群とそれに対立する反義的物語り群との対比的空間ともいえる。

こうして連辞的な大きな物語りの流れは、範例的な物語り群と交差しつつ、それらを多様な仕方で含みながら流れ、この物語り群によってその流れの持続の斉一化自同化を避けることができ、多彩な筋を含む他者歓待の開放的物語りとなりえる。他方で同型・異型の物語り群は互いに並行し参照し合い、入れ子となる空間を形成するが、そこに凝固せずにカイロス的な持続の中で他者を受容する拓きとなる。そのような拓けを含む連辞と範例の交差の例を、今は日本文学に求め、「連歌」「芭蕉七部集」の中の『冬の日』に瞥見してみよう。

一　狂句こがらしの身は竹斎に似たる哉　　芭蕉
二　たそやとばしるかさの山茶花　　野水
三　有明の主水《もんど》に酒屋つくらせて　　荷兮《かけい》
四　かしらの露をふるふあかむま　　重五
五　朝鮮のほそりすゝきのにほひなき　　杜国
六　日のちり〱に野に米を刈《かる》　　正平
七　わがいほは鷺《さぎ》にやどかすあたりにて　　野水
八　髪はやすまをしのぶ身のほど　　芭蕉
……

この連句の発句は「侘つくしたるわび人」の芭蕉が、自分と風狂の人竹斎を重ね合わせ、脇句二句は、その風狂人は誰かと問いつつ、破れ笠をかむる人を言挙げしてその「笠のさざんか」の風流をうたい、三は、冬の季から秋の季に転回し、四は、三の酒屋の前で首をふって露をふるい落とす馬を描き、五は、四の輝く露と「にほひ」なき、つまり艶のないすすきを対比させ、六と七は、すすきの彼方の稲刈りの情景を写して、稲刈るあたりの日没の野の庵を包む寂寥感にみち、八は、その庵主が隠者風の世をしのぶ俳諧師であることを示唆する……。

このように連句では、各句が独立しているので、付句との間に息の間、空が現成する。しかし付句は前句のある語を手がかりに、その非連続的間を連続させ、こうして非連続の連続、相互に相即参入し合う連辞的流れが創出される。

その連句を範例的視点におけば、『冬の日』の場合、各句は軽み、あるいは侘び、さびの差異を示しつつ相互に反照しながら全体として、侘び、さびのプロットが際立っている[35]。

しかもこの連句において一座という協働態が形成される点に注目しなければならない。すなわち、連衆は互いの間で交互に作者・読者になり代わって立場を入れかえながら、俳諧の精神や言語行為を媒介に協働態を形成するのであるが、その際、その場に社会的身分を超えて、下は遊女から上は貴族まで貴賤を問わず人々が参集する。

われわれは、アブラハム物語りやモーセの物語りの文学的系譜とは余程異なる文学的ジャンルを今考究し、その物語り論的自己同一性が秘める開かれたポリフォニー的な相生の場の形成にふれて、そこにもエヒイェの気息や間の取り様を洞察したわけである。

以上のように、エヒイェロギアの意味と働きの諸特徴が考察された。そこで次にエヒイェロギアに拠ってその視点から、これまでの考察で一層明らかにされた受難およびケノーシスと他者の地平の拓けに関する諸疑義に対して、1節の3ですでに提出された諸問題に応答する形で応えていきたい。

4節　現代における「アブラハム物語り」の解釈学的メッセージ

この応答部では、1節の三1～6に対応する形で項目順に省察し、アブラハム物語りの今日的メッセージを解釈学的に深めてみたい。

1　地球化時代に突入した現代文明のコンテキストにおいて。われわれ東アジア人は、a欧米的キリスト教の倫理およびイスラムやユダヤ教的一神教の「法」の枠外に生活している。bしかも地球規模で異文化、異民族、異なる政治社会体制が相互に自己の固有性を主張し、接触し、抗争し、交流しつつある世界に生きている。cさらに科学技術の進歩や革新によって、大は地球全体のエコロジーの変動から、小は遺伝子操作が促進する生命自体のコントロールや改造に至るまで深刻な危機に直面している。以上は現代がかかえる困難な諸問題の一部に過ぎないが、それらの問題は、従来の倫理的価値や人間像の変化、宗教の世俗化とそれへの反動、応用倫理学の要請、政治社会レヴェルのみならず情報や文化レヴェルでの全体主義化などの多様な現象をひき起している。従って今日、欧米的倫理と宗教的実存の区別、聖と俗の区別、一神教的な法の権威などはほぼ無意味となり、その限りで如上の現代的状況をも考慮した根本的倫理の構築が火急となろう。

他方で、われわれが非欧米的文化や非一神教的アジアの伝統、つまり自らの固有な倫理や物語り伝承に自閉できない以上、殊に日本人にとっては逆に欧米的な倫理や、一神教的物語りは、異文化、異心性、異物語りとして学ばれるべきであり、異なる他者・対話相手として対話されなければならないだろう。自己を差異化させる異は、新しい地球規模の時代の相生のインパクトになるであろうから。以上の問題意識を背景にしてわれわれは、アブラハム物語りをとり上げ、他者問題に挑んできたわけである。

2　他者の他者性の根拠について。そこでわれわれは、他者の他者性の根拠を、一神教的他者あるいは善の概念（レヴィナス）に求めるのではなく、アブラハムやモーセの物語り論的解釈を通してエヒイェに求めた。それは否定弁証法ともいえる。その一例として、まず異性との出会いによって自己が差異化される恋愛について考えてみよう。キルケゴールがその典型的例を提供してくれた。彼はレギーネとの恋愛において、いわばヘーゲル的弁証法に即して彼女との婚約（正）→婚約破棄（反）→愛の復活（合）という愛の「反復」を企図したといえる。もしこの正→反→合的弁証法が実現していたら、彼はその自同的独善的な物語のうちに自閉したであろう。しかし事態は、彼の思惑通りに動かなかった。レギーネは他の男性と婚約したのである。つまりキルケゴールの「反復」の企ては挫折したのである。そのケノーシス的挫折の中で、彼は生涯真正な愛の反復を求め続ける。これは異性との出会いの挫折（差異化）が他者の地平を拔きうることを示している。キルケゴールのこの差異化の物語りの中にわれわれは、エヒイェの否定弁証法的な働きを洞察するのである。

次に死という根源的な差異化の現象を手がかりにして、他者の根拠を考究してみよう。死は単に老衰死や事故死など肉体の死を意味しない。それはむしろ生のエネルギーの集約点としてのケノーシスに通ずる。ソクラテスやイエスの死はそのことを示す。ソクラテスにとって哲学は、「死の訓練」であった。[36] つまり、哲学は他者との問答法を通して彼らの思い込みを浄め（死）、彼らが魂に善美の徳を生むように導く「死の訓練」であった。その証しがソクラテス自身の死であった。そこに愛智の協働態が成立し、弟子プラトンのアカデメイアに継承された。イエスにとって十字架は、各人が担うケノーシスであり、それを通じ協働態が成立する。イエスの十字架上の死こそ、信、希望、愛に満ちる「神の国」到来の決定的な第一歩となった。

このように彼らの死に極まる各々に独特なケノーシス的働き（死）を通し、相生の地平が拓けた。そしてソクラテスはプラトンなどによって、イエスは福音史家などによって物語りとして語られ、その物語りは否定弁証法に即して、今日も人々の物語り的自己同一性創出の原型となり力働となっている。これらの物語りは、死が老衰ではなく他者の地平を拔くエヒイェ的事件だということを告げている。それではわれわれにとって、自同を超える新しい物語りの創出は可能なのであろうか。

3　自同的全体主義の彼方に。アドルノは『オデュッセイア』におけるオデュッセウスの故郷回帰（ノストス）の物語を、自然的神話から啓蒙に進歩する西欧の自己保存的理性的文明の原史として解釈した。[37] この実体的文明の物語解釈に対し、われわれはアブラハム物語りを対置し、そこに実体を解体しうる否定弁証法的物語り的自己同一性を読み取ったのである。従ってこのような自己保存的物語とその自同的支配の解体や超出に向けて、それらに覆い隠された辺境や地方や異郷などに伝えられた小さな多様な物語りを見出しつつ、そこに孕まれた異化の力働を蒙って新しい物語りを創出し続けることが求められよう。そうした作業は、告発・挑戦をも含む新しい倫理構築のインパクトになりうる。例えば大国のナショナル・ヒストリー（国民国家の歴史物語）に対して、難民や在留外国人や少数民族（アイヌ、琉球など）の物語りをつきつけるように。企業的全体主義の生命（アニマ）抹殺の暴力に抗して、石牟礼道子文学[38]や田中正造などの物語りが創出されたように。

4　根源悪との対面について。けれども、新しい物語りと自・他の成立を思う時には、人間（個から集団に至るまで）の根源悪、罪業に対面せざるをえない。その時、まず何よりも人は自己自身における他者疎外の傾動を自覚しなければなるまい。その自覚の深化に向け、また根源悪を体現した全体主義の解体に向けて、特にエヒイェを体現した人々の否定弁証法的物語りとそれによる物語り的自己同一性とを、個から協働態レヴェルにおいて創出し、それを共有する運動が呼びかけられる。アブラハムや良寛、マザー・テレサや田中正造、モーセや宮澤賢治などの物語りが共有されよう。と同時に、無告の人々、水俣病患者やハンセン氏病患者、BC級戦犯や慰安婦などの物語りが発掘され共有される。こうした小さな物語りにおいて、否定弁証法的解釈が推進される時、人間のエヒイェ的脱在性がいよいよ明らかとなり、他者の地平開拓の希望が高まると思われる。そのことは過去の歴史が示すところであろう。

5　他者関係の射程の広がりゆく未来。他者の射程を通時的に考えると、（1節三の5-aで言及したように）東洋的専制国家、ギリシア、ローマ時代そして中世、近世を経て現代の帝国主義や政経軍事上の大国に至るまで、各々の全体主義的支配から排斥され抹殺された人々が他者として復権されるように、彼らの小さな物語りを見出し、あるいは創出する。そのことによって、他者の射程は拡大するのである。

現代において共時的な視点で他者の射程を考えると、地球の至るところで同様な作業が求められよう。また同様に、1節三の5-bで問題化したように、動・植物の他者性は、宇宙自然史と人類史との関連において研究されなければならないであろう。それは人間中心の存在-神-論や、それをイデオロギーとする技術文明の反省や告発の契機となるだけでなく、人間も含めた自然が太古から持続している自己贈与の生命的連関の自覚と、その倫理や物語りの創出を促しうるのである。次にその創出のための解釈学の構築が目指される。

6　アウシュヴィッツ的解釈学。1節三の6でも述べたことであるが、われわれが旧約神学や現代神学や思想、あるいは聖書学的歴史研究の方法を直接採用しない理由は、「アウシュヴィッツ以後」という解釈学的に重要な事件と状況を考慮に入れるからである。すなわち、この事件は、西欧がキリスト教時代から啓蒙時代を経て構築してきた人間の他者関係と、その関係を支えてきた倫理思想や信仰、基本的人権と自由をもつ人間像、民主主義や社会主義、歴史や文明の進歩観などに対し、決定的な無意味とニヒリズムをつきつけたからである。従ってわれわれは、この「アウシュヴィッツ以後」の無意味とニヒリズムの審問に耐えうるか否かを、あらゆる思想や文学・芸術、歴史観、社会制度、信条や生などの価値や意味の尺度としたいのであり、解釈学的にはテキスト解釈の先行的大前提としてあらゆる解釈の審問基準としたいのである。これがアウシュヴィッツ的解釈学の謂であり、われわれのアブラハム解釈におけるケノーシス、否定弁証法、エヒイェロギアもその解釈の審問にかかったわけである。

以上のような考察を経て、われわれの考える物語り論的解釈は、アウシュヴィッツ的解釈学を前提とするエヒイェロギアに基づくことが明らかになってきた。今はエヒイェロギアをその否定弁証法や倫理などの特徴と共に要約し、新しく物語りが創出される時、それがどのような物語り的契機になりうるかについて簡単に考察し、本章のおひらきとしたい。

5節　物語りが創出される契機

一　連辞的性格と範例的性格

われわれがアブラハム物語りを分析解釈した時、単語ではなく言説解釈に向けてその連辞的通時的コンテキストと範例的共時的な二つの方位、軸を取り出した。連辞的言説上アブラハム物語りは、神話に先行され、後続の出エジプト、王朝物語、捕囚、ユダヤ教の物語りを経て新約物語りになだれ込んでゆく。その流れは不連続の連続であり、カイロスによって分節化されていた。範例的言説の視点でこの物語りは、ケノーシスや否定弁証法のプロットによってモーセ物語り、ヨブ記、エレミヤ預言書、イエスの受難物語りなどと並行的連関をもつ。

さて読者が新たな物語り創出に面する時、連辞性のみを強調すると、物語りが過去―現在―未来の斉一的クロノス的時間軸に沿った線状的自同的権威に閉塞してしまいやすい。ユダヤ教の選民的救済史や明治天皇制によるナショナル・ヒストリーなど、みなそういう物語である。

他方、範例のみに捕らわれると、歴史性のない同一パターンの物語群が並行的空間に一様に林立するだけであろう。硬直した諸々の法律がつくる閉鎖的な法システムなどがその例であろう。

従って読者は、連辞によって範例空間に歴史的カイロスの風穴を開けてシステムを流動化させ、逆に範例によって線状に凝った連辞に、多様な同義的あるいは反義的な小さな物語りを導入して、他者歓待のポリフォニックな場を設けるように、連辞と範例を交差させる必要があろう。それがテキストの間に参入する契機となる。

二　物語りの未来性

読者が目前のテキストの間に参入して解釈する時、そのテキストから自分の実存およびそれに関わる時代の危機を超克しようとしてある中心的なプロットやメッセージを引き出す。われわれがアブラハム物語りからケノーシスのプロットを引き出したように。そして現在の危機を超克しようと、そのプロットに基づき、先駆的に未来を先取りしてある物語りを構想する。例えば、アブラハム物語り（創世記二二14）は、今日もこれからもアブラハムのようにケノーシスを経験する者は誰もが、否定弁証法を経てある相生の地平に行きうるというプロットを示した。そしてわれわれはそうしたプロットを核心とする相生の物語りを未来の現実として先取りした。その先取りから読者は、彼の「今・ここ」へとその未来の物語りを結ぶ、つまり先駆的に生きるのである。だからわれわれの言う物語り的自己同一性とは、過去と現在から脱自し、未来を先取りし、しかもその未来が自己の自同にからめ取られないように常に他者としての未来を現在に生きるようなエヒイェ的な永続的超出であるといえよう。そこに物語り論的エヒイェ的人格が現成してくる。

三　物語り的自己同一性とエヒイェ的人格

物語りには先述のように、一方では連辞的で歴史的な流れが注目された。この歴史は否定弁証法的流れであり、その根底にエヒイェが働いている。従ってこの流れから歴史的でポリフォニー的な自己同一性の人間像、つまり歴史的人格が創出される。彼は歴史のカイロス的転回時を読み、そこから新たな時代を刻もうとする。他方で物語りの範例的空間は、多様多彩な物語り的自己同一性を生み語る場である。それらの物語りは互いに入れ子に成り、受容反発し、差異化しつつ、このエヒイェ的差異化の場に在る。この場に創出されるのが、場的な物語り的自己同一性に拠る人間像、場的人格である。その場はもはや、血縁同一民族を重視するナショナリズムの身体的場でなく、開かれた身体といってもよいであろう。各人格はこの場に参入している。こうして読者が新たな物語り的自己同一性を語り出す時は、歴史性と場性および開放的身体性とを兼備した人格とその祝祭的協働態を物語るのであり、そうした歴史的場的人格こそが、例えばアブラハムでありモーセでありイエスであり、念仏を徹底した非僧非俗の親鸞であり東北の辺境から宇宙的な相生を目指した宮澤賢治であり、そして読者をも含めた隠れた無告の人の一人ひとりなのである。しかし、われわれは人格の成立を阻む根源悪の汚染世界に生きている。

四　根源悪と倫理

言い換えるとわれわれは、エヒイェ的脱在を実体化し、それを自同化して異を排除するか、あるいは異を同化する根源悪を知っている。それが個に働くときは罪（peccatum）ともいわれ、集団・組織に働く時は悪（malum）とも呼ばれ、世界に災禍を起こし、人に苦悩や受難をもたらす。さらに人を孤立に自閉化させ、集団を全体主義化させるのであって、そうした自閉や全体主義はさらに罪悪の汚染を広げて飽くことを知らない。人が局所に生きざるをえないというアポリアにつけ込み、その局所性を自閉・自同に追いやってしまう。そしてさらに人の一期一会を結縁に導き、彼の局所的な出会いが他の出会いに結ばれてゆく潜勢的な普遍的地平を隠してしまう。われわれは先にこうした根源悪の物語のプロットをアウシュヴィッツおよびエコノ＝テクノ＝ビューロクラシー機構に看取したのであった。そうした根源悪を見抜きつつ、小さな物語りの読者は、エヒイェ的人格として否定弁証法とその倫理的な力働（自同の突破力である徳）の物語りを構想し、共有する。その共有において根源悪を告発し、未来の物語りを現在に結ぶ語り部が誕生しよう。語り部もまた歴史的場的人格なのである。そしてこの人格は、常に差異化を蒙って語るのである。

五　テキストの間隙―ルーアッハ、プネウマ、気息、霊[39]

われわれはテキストが多様多彩な異化作用を示すことを学んだ。例えば、連辞系における想起できない過去による過去の差異化、予測・予持できない未来による未来の差異化、それに拠る（過去―現在）↓未来↓現在の差異、そして範例系における同義的物語り群相互の差異やその群と反義的物語り群との差異、連辞系と範例系の差異や交差、受難のプロットと再生のプロットの差異、物語り全体の連続性と不連続性、実体とエヒイェの相互異化、自と他の出会いと背離など、無数に挙げられよう。そしてこれらのテキスト的異化作用からテキストにおける間、無の場、空を見出したのである。読者には、その間隙や無、場に身をおき、そこからテキストの筋や構造を組み換えたり、言い直したりする可能性が与えられる。しかし、それだけでは新たな物語りは創出されないどころか、読者の独善的あるいは幻想的な物語制作の愚に陥ってしまいかねない。むしろわれわれ読者は、まず自己の思い込み幻想から浄化されてテキストの声を聞かなければなるまい。それゆえテキスト解釈に当たっては、読者の側のケノーシスが要求されるのであり、そこでエヒイェ（的自覚）において在ることができるのである。その時、テキストの間、空の場に発する声、根源語を耳にすることができよう。この消息は、今は比喩的にしか語ることができない。というのも、根源語はあらゆる言葉がそこから生まれる根拠であり、力働的文法なので、それを対象化し、概念的に叙述することができないからである。さて、このテキストの無や間にエヒイェのエネルギーである気息・霊（プネウマ、ルーアッハ）が息吹く。その息吹は、音となり、言葉となる。あるいは、エヒイェのエネルギーがそのテキストの間に息吹き、音を発することが、新しい声、根源語、未来の物語りともいえよう。

われわれはこうしてエヒイェにおいて、そのエネルギーに拠る気息・霊と言葉と身体との協働を洞察するわけであるが、この息吹き、霊風、言、身体の根源的関係の考究は他日に譲らなければならない。その意味でわれわれのエヒイェロギアは、ハヤ－オントロギアではなく、エヒイェ－プネウマトロギアの方位を目指すのである。

以上のようにわれわれの物語りの創出は、エヒイェ－プネウマトロギアまでその射程を伸ばし、相生の未来を先取りしようとする。しかし、われわれがもしその未来の到来を希望するなら、傲るソドムのように不法な現代がもたらす苦難に対面してケノーシスの視点で思索と生をまず深めなければなるまい。それはアドルノがつきつける「アウシュヴィッツの後ではまだ生きることができるのか(40)」という深刻な問題を問い続けることでもある。その時、人はアブラハム物語りを、われわれとは別な仕方でどのように読むのであろうか。

註

（1）物語り論に関しては、それと「物語り的自己同一性」を重ねて人間的自己成立の契機と考えるP・リクールの次著を参照。*Soi-même comme un autre*, Les Editions du Seuil, 1990（『他者のような自己自身』久米博訳、法政大学出版局、一九九六年）。

物語り論の基本を「記憶によって洗い出された諸々の出来事を一定のコンテクストの中に再配置し、さらにそれを時間系列に従って再配列することによって、ようやく〈世界〉や〈歴史〉について語り始めることができる」とする野家啓一の次著を参照。『物語の哲学』岩波書店、一九九六年、一八頁。われわれは物語りにおいて、時が想起できない過去から現在の方向に到来するに止まらず、予測できない未来が未来として現在に到来する方位をも探究している。それは異なる他者としての未来と他者としての過去が現在という間《あわい》に到来し、現在が他者の地平になるということであり、言いかえると現在の間は、予言的方向に様々な未来のひだを、また想起的方向に様々な過去のひだを含んで展開することなのである。こうして現在が未来的他者と過去的他者へ開かれ、現状を媒介に過去が未来に出会う。そこに新しいカイロスが拓かれる。その拓けが預言であり、終末なのである。だからわれわれの物語りは、終末論や預言をも念頭に置いた物語り論となる。この点に別な視点から言及した書として『歴史と終末論』（新・哲学講義8、岩波書店、一九九八年）が未来的物語り論も含んだ論文集として卓越した見解を示している。

（2）ここでいう連辞関係（rapport syntagmatique）と範例的関係（rapport paradigmatique）は、F・ソシュールからR・ヤ

コブソンを経て確立した記号論的概念である。連辞は、諸記号の統合していく進展的な変化の方向を示し（図a↓n方向）、これに対して範例は、諸記号の同義・反義によって形成される並行的関係を示す（各記号a–nが各々並行にもつa^1–a^2……、a^{-1}–a^{-2}……の関係）。

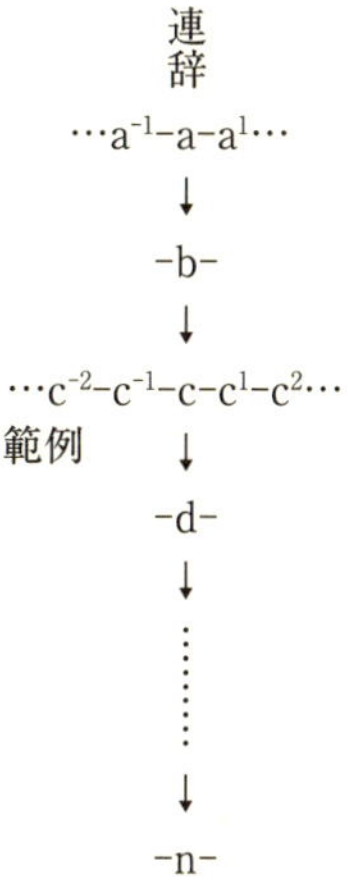

文は範例の中から記号を選択しつつ、a↓n方向に統語論的に進展していく。

本章では、この連辞—範例論の背景となる構造主義的枠組みをはずし、次に記号素を一定の物語り単位、すなわち言説にまで拡大して考える。というのも、物語りの解釈学的単位は、記号でありえず、言説文だからである。こうして物語りの通時的—共時（存在）的関係が、筋・プロットとモチーフ選択との組み合わせ関係として構想される。この連辞—範例関係を、精神分析学的言語研究に役立てた一例として次著を参照。宮本忠雄「妄想と言語」（『言語と妄想』平凡社ライブラリー37、一九九四年に所収）。

（3）　精神医学者渡辺哲夫は、妄想や離人症が、ストーリーの全体性の喪失を招くプロットの剝奪状態であるとし、それゆえ離人症者にとってプロット感知とストーリー制作は、胎児が母胎を作ってそこに住むという程の逆説と苦難にみちていると語る。だからプロットとストーリーの関係は、「生命それ自身」と個的生命体の関係にあると言う。この妄想者におけるプロット感知のドラマは、彼の次著に詳しい。『〈わたし〉という危機』平凡社、二〇〇四年。

（4）　桝田啓三郎訳『キルケゴール著作集5』白水社、一九九五年。

（5）　「同時代のキリスト」を語った「続き」の物語りとして、『哲学的断片』『キリスト教の修練』を参照。

（6）　Emmanuel Lévinas, *Noms Propres*, Montpellier, Fata Morgana, 1976（合田正人訳『固有名』、みすず書房、一九九四年）。

（7）　Jacques Derrida, *Donner la Mort*, Galilée, 1999.

（8）『旧約聖書の思想』講談社学術文庫、二〇〇五年、八三―八五頁。

（9）同書、九九頁。

（10）アウシュヴィッツ的解釈学については、本書で後に詳述するが、次の拙論を参照。「存在の乱調――E・レヴィナスと他者〈顔〉」（『共生と平和への道』聖心女子大学キリスト教文化研究所編、春秋社、二〇〇五年に所収）。

（11）この点については、プリーモ・レーヴィ『アウシュヴィッツは終わらない』（竹山博英訳、朝日新聞社、一九八〇年）、V・フランクル『夜と霧』（霜山徳爾訳、みすず書房、一九八五年）、Elie Wiesel, *La Nuit*, Les Éditions de Minuit, 1958. などを参照。

（12）自同（le Même）は、レヴィナス哲学の用語であり、存在論的には、自己保存という存在の努力（conatus essendi）であり、認識論的には、志向作用による存在の構成であり、時間論的には、過去と未来がその固有な時性を喪って現在へ統合されるという意味での現前化であって、いずれも自己存在、自我意識、自己の時間性から異質な他者を排斥し解消することにつながる。物語り論的には、自分の物語（例えば、ナショナル・ヒストリー）の創出による他者の物語りの排除につながる。自同を本書では、以上の四レヴェル（存在、認識、時間、物語り）における他者排除の意味で用いる。

（13）ウィトゲンシュタインは、家族的類似性について『哲学探究』66、67で次のように説明している。例えば、「ゲーム」と呼ばれる出来事を考えると、盤上ゲーム、カード・ゲーム、球戯、競技などが挙げられる。彼はこれらすべてに共通な本質など見ず、ゲームが互いに重なったり交差したりする複雑な類似性の網目を見るという。チェスや碁や野球やトランプ・ゲームなどに共通な不可変の定義があるわけでなく、一つの家族の人々に、顔や歩きかたや気質、眼の色などの特徴が重なり交差しているような意味で「家族的類似」があるのだ。この点をウィトゲンシュタインは、糸紡ぎの比喩によってうまく説明する。この類似は丁度、一本の糸を紡ぐのに繊維と繊維を撚《よ》り合せていくようなもので、その糸の強さは、何か一本の繊維が糸全体の長さに通っていること（本質的定義）にあるのではなく、沢山の繊維が撚られ互いに重なりあっていること（家族的類似性）にあるという風に。

（14）「未来志向の記憶」によって、現在を決定づける過去の知ではなく、現在の変革と新しい未来の想像とを現実化させる想起について語る論文として、ヨネヤマ・リサ「記憶の未来化」（小森陽一・高橋哲哉編『ナショナル・ヒストリーを超えて』

東京大学出版会、一九九八年に所収）を参照。しかしその際、記憶の喚起によって、その記憶・想起がある体制や象徴の外にあったからこそ備えていた革新の力が統御されうる危険に注意が促される。例えば、戦後、韓国などによって戦時中の帝国日本の暴力に対する記憶の喚起がなされ、日本への国家補償や謝罪が要求され果たされる場合、その記憶が「統合された国民《ナショナル・》の歴史《ヒストリー》という、共有された単一の歴史的時間性の中で語られて」（二四三頁）しまう、つまり、日本的国民国家の歴史の中で解釈され忘却されてしまうという危険である。だから記憶・想起は常に自同的歴史の統合的物語の〈外〉に記憶・想起以前の想起としてあるのでなければならない。

（15）『告白』第一一巻、一四～二九章。

（16）「ヨハネの手紙一」二16。

（17）アウグスティヌスの回心における身体性の同時的変容については、拙論「身体を張る（extendere）アウグスティヌス」（『パトリスティカ――教父研究』第13号、新世社、二〇〇九年）、加藤信朗「Cor, Praecordia, Viscera」（『中世思想研究』Ⅸ、一九六七年）参照。このようなアウグスティヌスの他者経験となる身体性に対して、日本の融合的な身体観を指摘した書として、小此木啓吾『日本人の阿闍世コンプレックス』中公文庫、一九八二年がある。

（18）「コリントの信徒への手紙一」一二13–27。

（19）ヘブライ語文の特徴については、J. Bottéro, M.-A. Quaknin, J. Moingt, *La plus belle histoire de Dieu*, Les Éditions du Seuil 1997, pp. 49–107. 第十の掟に関しては、M.-A. Quaknin, *Les Dix Commandements*, Les Éditions du Seuil, 1999, p. 245ss.

（20）テキストの異化作用とその解釈を実践した拙論を参照されたし。「ヨハネ言語空間（一九31–37）における言語身分の諸層」（『聖書と愛智』新世社、一九九一年に所収）。

（21）ここで邦訳以外に、A. Wénin, *Isaac ou l'épreuve d'Abraham*, Éditions Lessius 1999, p. 36. に拠る独訳と仏訳を紹介し、文の構造を一層明らかに示したい。

1–c（i）については、以下の通りである。仏訳、Fais-le monter la（en fumée）comme holocauste. 独訳、lass ihn dort als Brandopfer（in Rauch）aufgehen.

1–c（ii）については、仏訳、Fais monter ton fils sur la montagne pour un holocauste. 独訳、lass deinen Sohn zu einem

Brandopfer auf den Berg hinaufsteigen.

（22）　単数形は、mišᵉpāḥāḥ.

（23）　この意志の最後の内的構想を典型的に示して止まない例は、アウグスティヌスの回心直前の物語りに見られる。

（24）　Theodor W. Adorno, *Negative Dialektik*, Frankfurt am Main, 1966（『否定弁証法』木田元他訳、作品社、一九九六年、一九四―一九六頁）。

（25）　前掲、『否定弁証法』、一九三頁。

（26）　同書、一九六頁。

（27）　『キリスト教思想における存在論の問題』（有賀鐵太郎著作集4、創文社、一九八一年）の全体が、ハヤトロギアに関する問題意識に満ちているが、特に第六章「有とハーヤー――ハヤトロギアについて」を参照。

（28）　Thorleif Boman, *Das hebräische Denken im Vergleich mit dem Griechischen*, 2 Aufl. Vandenhoek & Rupecht, 1954（植田重雄訳『ヘブライ人とギリシア人の思惟』新教出版社、一九五七年）。

（29）　前掲、『ヘブライ人とギリシア人の思惟』七二―七三頁。

（30）　前掲、『キリスト教思想における存在論の問題』一八八―一八九頁。

（31）　同書、一八九頁。

（32）　「存在―神―論」については、拙著『他者の原トポス』（創文社、二〇〇〇年）の中の「序論　他者と存在―神―論」を参照。

（33）　Ibid., *Les Dix Commandements*, pp. 131-158.

（34）　Ibid., pp. 159-186.

（35）　続く連句が「冬の日」の寂寞とした侘びをかもし出している。

いつはりのつらしと乳をしぼりすて　　重五
きえぬそとばにすご〱となく　　荷兮
影法のあかつきさむく日を焼《たき》て　　芭蕉
あるじはひん（貧）にたえし虚家《からいえ》　　杜國

前句を理解・解釈して「新しい世界を投企」する連句を解釈しつつ、その解釈と禅問答における新世界を披く非連続の転を関係させた考察として、次の論文を参照。上田閑照「連句形式と禅問答」（『ことばの実存』筑摩書房、一九九七年に所収）。
（36）「死の訓練」とソクラテスの生については、プラトン『パイドン』一〇七c以下。松永雄二「ソクラテスの現存」（『現代思想3』青土社、一九八二年臨時増刊号に所収）。
（37）Max Horkheimer / Theodor W. Adorno, *Dialektik der Aufklärung*, Querido Verlag, Amsterdam, 1947（徳永恂訳『啓蒙の弁証法』岩波書店、一九九〇年）。特に「オデュッセウスあるいは神話と啓蒙」（邦訳）を参照。
（38）『苦海浄土』『アニマの鳥』などを収める『石牟礼道子全集』（藤原書店、刊行中）全体が、神道や官幣神社成立以前の日本人の心（アニマ）、それも抽象的観念ではない天草、不知火海地方に根差した魂（生命の原層）を物語る。この生命の原層は、世界全体の地方風土に拡がるアニマと共鳴するある普遍性を帯び、明治天皇制を基盤とする狭量な日本文化論をはるかに超える。この点については、拙著『旅人の脱在論』（創文社、二〇一一年）第八章を参照されたい。
（39）これらの言葉については、André Neher, *L'essence du prophétisme*, Calmann-Lévy, 1971（西村俊昭訳『預言者運動の本質』創文社、一九七一年）がルーアッハ（霊、気）とダーバール（言）との連関の中で解説している。すなわち、ルーアッハが〈生ける神〉の現存をもたらし、その神の言によって神は人間と対話的に協働し歴史を形成するという。
（40）前掲、『否定弁証法』、四四〇頁。

第Ⅱ部　根源悪から他者の証言へ

第Ⅰ部では「アウシュヴィッツ」「存在神論」「エコノ＝テクノ＝ビューロクラシー」など根源悪に関わる問いを考究しつつ、その超克の手がかりを「アブラハム物語り」や「出エジプト記」というセム的物語りの解釈に求め、その結果、ギリシア西欧的存在論に代わるエヒイェロギアとエヒイェ的人格の地平が拓けてきた。その拓けを承けて、第Ⅱ部では、別の仕方で悪の問いを深めたい。つまり、他者を抹殺するその悪が逆説的に他者の証言や他者性の拓けにどう関わるかという転換の可能性について考究したい。その考究の手法は、物語り論的であり、思索の根拠はエヒイェロギアであり、依然アウシュヴィッツ的審問に直面していることには変わりがない。

第Ⅱ部では以上の問いと工夫に拠り、参究の手がかりとしてまず、古来から苦難や悪を問い極めた典型「ヨブ記」を取り上げたい（第三章）。次に、そもそも罪悪の淵源とはどこにあるのかを問いつつ、原罪という人間全体に巣食う悪業を物語る「創世記」神話を解釈し、さらに、その物語り的解釈の哲学的思索を、西欧中世の思索者トマス・アクィナスに拠って展開し、最後に、再び「ヨブ記」に立ち返って（第四章）、根源悪から他者の証言への道筋を辿りたい。

第三章　苦難、他者、証言
――「ヨブ記」の物語り論的解釈

釈迦は人間そのものが、生老病死という苦であると洞察し、その苦からの解放解脱を東洋の知恵として今日まで示している。アジア的文化伝承に生きるわれわれは、この釈迦如来のいう「苦からの解脱」の知恵にひたすらすがって生死の苦海を渡ろうとしてきた。上座部仏教はその典型であろう。

他方今日のわれわれは、アジアにとって他者であるユダヤ・キリスト教文化が伝える「ヨブ記」(1)物語りを手にし、人間の苦難・苦しみに関わる知恵の伝承に出会うことができる。その伝承は「苦からの解脱」とは趣を異にする苦難の洞察、例えば「人間は人間らしく苦しむことができる」という洞察を示しているように思われる。

それはどういうことであろうか。

この問いをかかえながら「ヨブ記」を読み解釈することをいささか吟味してみたい。「ヨブ記」物語りは全体として前五～二世紀頃の間に編集され成立したとされる。そこで族長的な「ヨブ記」が示す受難・苦悩の物語りは、二十～二十一世紀の途方もない苦難を生き抜いた人間にとって疎遠な話と考える人もいよう。けれども、苦悩が担う時代と地理を超えた普遍性に着目すればそうとはいえまい。

われわれ一人ひとりの個人史にあっても、順風満帆の人が突然ガンを宣告されたり、離婚や愛娘の誘拐などの悲劇に襲われたり、苦の経験の無い人はいまい。さらに広いコンテキストで見れば、歴史上必ずや起こる戦争とそれがもたらす飢餓や死そして難民の悲劇、あるいは政治権力や経済支配による反対者や弱者の抑圧・抹殺など枚挙にいとまもない。さらに自然災害も人間の受難となる。日本では近年の阪神淡路大震災や新潟の中越大地震による未曾有の心的外傷（トラウマ）が記憶に新しい。一七七五年にリスボンで起こった津波や火災を伴う大地震にトラウマを受け、哲学者ライプニッツの「弁神論」（悪や苦難を神の摂理で説明する神の弁護論）を捨てた人もいる程である。いずれにしても、苦難は時代や民族を超える普遍的事実であり、驚くべきことは「ヨブ記」はそうした人間の苦難の歴史を通じて語られ読み継がれてきたということである。従ってわれわれは、「ヨブ記」物語りが世界の破局を予感させる抗争と憎悪にみちた現代にとって、苦難を乗り越える知恵のメッセージと力とを与えてくれるのではないかとさえ希望しつつ、この書を物語り論的視点で解釈してゆきたい。それは現代のわれわれのためにだけではなく、苦難に挑む未来の世代との連帯・協働のためでもある。つまり、それは「ヨブ記」物語りを読み、解釈し、未来を仰ぎ未来から語るような新しい物語りの創成とその語り継ぎのパースペクティヴに参入することであろう。だから、「ヨブ記」物語りの解釈は、ある読解法の制約や固定的解釈を超えて、その時代時代の苦悩に直面する人々にとって、常に新しい苦難の意味や物語りを開き示しうる。そのためわれわれの物語り論的解釈は、過去をふまえ現在との「地平の融合」に基づきつつ、未来に向けたメッセージの創成を志向すると同時に、未来圏からの語りかけの先取りとしてそのメッセージを今・ここに受け容れ展開を期したい。その意味で解釈は、自己超出的に新たな物語りの生成に転じ、物語りメッセージの合法則的理解を不断に転ずる転法的性格を帯びざるをえない。

大筋のところ以上のようなパースペクティヴで物語り論をおさえ、われわれの「ヨブ記」読解を始めたい。その際、読解を将来世代に語り伝えるという読解の中心的導きとして、またアウシュヴィッツ収容所の生き残りとしてその体験の悲惨をわれわれに書き残した、プリーモ・レーヴィの詩[2]を次にかかげよう。

暖かな家で

何ごともなく生きているきみたちよ
家に帰れば
熱い食事と友人の顔が見られるきみたちよ。

これが人間か、考えてほしい
泥にまみれて働き
平和を知らず
パンのかけらを争い
他人がうなずくだけで死に追いやられるものが。

これが女か、考えてほしい
髪は刈られ、名はなく
すべてを忘れ
目は虚《うつ》ろ、体の芯は
冬の蛙のように冷えきっているものが。

考えてほしい、こうした事実があったことを。
これは命令だ。
心に刻んでいてほしい

家にいても、外に出ていても
目覚めていても、寝ていても。
そして子どもたちに話してやってほしい。

さもなくば、家は壊れ
病が体を麻痺させ
子どもたちは顔をそむけるだろう。

1節　ヨブと「アウシュヴィッツ」的な現代の苦難

一　ヨブの苦難、生への呪い、苦難の義人

「ヨブ記」冒頭には、第一回目のヨブの試練として、サタンが彼に苦難を与えることが神から許される。その結果、一瞬のうちに彼の全財産と共に息子や息女がみな災難にあって死に、ヨブから一切が剥奪されたと語られる。しかしヨブはその剝奪にあっても「ヤハウェのみ名はほむべきかな」（一21）と言って罪を犯さなかった。そこでサタンはさらに神の許しをえて第二の試練を与える。今度はヨブ自身の生命が危うくなる程に悪い腫れ物で全身が被われてしまう。この物語りの発端では次の二点に注目したい。その一は、ヨブ物語りのドラマが神とサタンの間から、彼らの語りから始まること、このドラマは苦難であること、である。

このような第一と第二の死ぬような苦難に陥ってヨブは死を望み、自分の誕生を呪う有名な言葉を吐く。

わたしの生まれた日は消えうせよ。
男の子をみごもったことを告げた夜も。
その日は闇となれ。神が上から顧みることなく、光もこれを輝かすな。（三3–4）

なぜ、膝があってわたしを抱き
乳房があって乳を飲ませたのか。
それさえなければ、今は黙して伏し
憩いを得て眠りについていたであろうに。（三12–13）

ヨブの呪詛は、彼の絶望と孤独のどん底を物語っている。しかも、歴史的影響関係は確証されないものの預言者エレミヤもまったく同じと言える誕生への呪詛を吐いている（「エレミヤ」二〇14–18）[3]。この預言者も神がモーセと交わしたシナイ契約に拠って背信の民イスラエルとヤハウェ神との間の仲介に努めたが、預言は実現せず民に嘲笑され、やがてシナイ契約の無力を悟り預言職を放棄した。そしてイスラエルの民は、今やバビロニアへ捕囚され亡国に瀕している。その絶望の時代にエレミヤが発したのが、自分の誕生への呪詛であった。それにしても、こうした呪詛は単に絶望の表現だけにとどまるのか。その疑問に答えるには「誕生」についてまず考察してみなければならない。

誕生した嬰児は、母から命を授けられ育まれ、そして言葉などの諸象徴が教えられ、そこから様々な人々との出会いに巣立ち人間的交流の輪を広げ、その人となりの生が展開する。さらに生み・生まれることは、世代間の連帯や同一性の物語りを伴う。この世代を超える歴史的連帯をよく表現するのは、例えば『新約聖書』「マタイ福音書」の冒頭に見られるアブラハムからイエスに至る生みの系譜である。その系譜には異邦人や売春婦などが含まれていて、そこではイエスの自己同一性が、様々な他者に対しポリフォニックで開放的歓待的であることが語られているわけである。以上の意味で、誕生とは人間の生と脱在の故郷であり、物語り的自己同一性の原点であると言える。従って逆に、誕生の呪詛とは、自分の生のすべてを、すなわち、心の故郷、脱在の故郷、自分のアイデンティティさらに他者の脱在や他者との交流をも呪うことになり、その呪詛の前には神義論（弁神論）も成立しない。それは自・他の生の無意味と虚無化の言語行為ともいえ、呪詛する者はそれほどに生のどん底まで追い込まれているのである。

この自己喪失の境においてヨブは幸福だった過去を回想する。つまり、かつて彼は自分で自らの誕生や義人としての生の祝福を祝い、他者とその祝福を分かち合って、幸福な物語りを子々孫々に伝え得たのであった。

「どうか過ぎた月日を返してくれ
神に守られていたあの日々を。」（二九2）

「あのころ、全能者はわたしと共におられ
わたしの子らはわたしの周りにいた。」（二九5）

「わたしのことを聞いた耳は皆、祝福し
わたしを見た目は皆、賞讃してくれた。
わたしが身寄りのない子らを助け……
貧しい人々を守ったからだ。」

様々な慈善を貧者に施した。

「やもめの心をもわたしは生き返らせた。」

「わたしは正義を衣としてまとい」

だから義人だったということであろう。

「公平はわたしの上着、また冠となった。」（以上二九11-14）

「わたしはこう思っていた。

『わたしは家族に囲まれて死ぬ。

人生の日数は海辺の砂のように多いことだろう。』」（二九18）

「わたしは嘆く人を慰め、首長の座を占め
軍勢の中の王のような人物であった。」（二九25）

このようなヨブの言葉は、「諸国民の父」としての義人アブラハムを彷彿とさせる。先にリスボンの震災やアウシュヴィッツの悲劇に言及したが、そうした歴史的で広義の悪・苦に直面してユダヤ・キリスト教で問われるのは、一体神の義・正義はどこにあるのかということである。そして同様に今、自己の義人性を確信した義人ヨブにとっても、なぜ自分だけが塗炭の苦しみにあうのかがまったく不可解な問いとなる。

ユダヤ教では応報の思想が一般的であった。いわゆる善因善果、悪因悪果の思想であり、それは神の摂理・義の法則として人々の無意識に深く根差し、あるいは宗教的信念として流布していた。特に応報思想が後に律法主義と結びつくとき、律法遵守の正・否によって人の幸福・不幸、つまり神からの祝福・呪いが結果すると考えられてくる。善人は栄え、悪人は今栄えているように見えてもやがて罰を与えられるというわけである。

ところがヨブにおけるように応報の論理が破れるとき、義人の苦しみが問題となり、さらに「苦難の義人」という人間類型が形成される。われわれはその典型を、例えば苦難の義人の「詩編」四、一七、三五などに窺うことができる。ここでは「詩編」一七の一部を引用したい。

主よ、正しい訴えを聞き
わたしの叫びに耳を傾け
祈りに耳を向けてください。
わたしの唇に欺きはありません。
御前からわたしのために裁きを送り出し
あなた御自身の目をもって公平に御覧ください。
あなたはわたしの心を調べ、夜なお尋ね
火をもってわたしを試されますが
汚れた思いは何ひとつ御覧にならないでしょう……
あなたに逆らう者がわたしを虐げ
貪欲な敵がわたしを包囲しています。
彼らは自分の肥え太った心のとりことなり

口々に傲慢なことを言います……
主よ、立ち上がってください。
御顔を向けて彼らに迫り、屈服させてください……
わたしは正しさを認められ、御顔を仰ぎ望み
目覚めるときには御姿を拝して
満ち足りることができるでしょう。（一七）

このような義人の訴えに神が応えず、逆に悪人の永続的な繁栄の方が歴史の真相であるという自覚が深まると、神仏の義とか慈悲への懐疑が人々の心を圧倒する。そこに、キリスト教では「弁神論・神義論」が様々に説かれる所以がある。例えば、オリゲネスが、悪の存在は人間を教育する神の意志に基づくという教育的摂理論を展開したように。

二　現代の受難と弁神論

近現代において弁神論を破綻させる疑義をつきつけた二つの例を示しておこう。

一つは、ドストエフスキー作『カラマーゾフの兄弟』に登場するイヴァンの疑義である。彼は心に汚れなく神を信ずる弟アリョーシャに向かって、次のように語り神の義を告発する。

トルコ族によってロシアが攻められたとき、住民の前で、その母の眼前で、トルコ兵士が赤ん坊を宙に放り投げ落ちてくるところを銃剣でくし刺しにする。あるいは酷寒の時節に、親がいたいけな女の子を便所に押し込め、洩らした糞をその子に無理やり食べさせたりして虐待する。その子は痙攣して胸を叩き「神ちゃま」と助けを祈る。こうした話の後にイヴァンは「こんな価を払っても、くだらない善悪なんか認識する必要がどこにある？」と叫んで神義論

を否定するのである。

ここでは幼児の受難が物語られている。イエスの誕生の時（「マタイ」二16）や、モーセ誕生の時（「出エジプト記」一16）、あるいはバビロニア捕囚の時（「エレミヤ」三一15）にも、自己表現力もなく抗議の声もあげることのできない無垢の幼児たちが虐殺され、歴史の「忘却の穴」、沈黙の闇に葬られたのである。このような無垢の子たちの苦難こそが、神の正義に反することではないのか。歴史的矛盾の最たる不法ではないのか。これがイヴァンが神的正義に対してつきつける「幼児の受難」あるいは「苦難の嬰児」という矛盾にほかならない。

第二の例は、アウシュヴィッツの悲劇がつきつける根底的疑義である。われわれ二十一世紀の人間において、深いトラウマとして、さらに歴史的精神文化的破綻として記憶されるのは、アウシュヴィッツに象徴されるナチス・ドイツのユダヤ人抹殺事件、「絶滅の檻」（Vernichtungslager）であろう。なぜならそれはハンナ・アーレントが語るように、人間から記憶を奪い「忘却の穴」に葬る事件、つまり人間的脱在の根拠である記憶と物語りの剝奪にほかならなかったからである。

そのアウシュヴィッツ物語りに関しては、「ショアー」（ヘブライ語で絶滅）という映画や文学諸作品によって証言が残されている(4)。ここでは「ショアー」から労働用ユダヤ人として働いたフィリップ・ミュラーの証言をとり上げよう。チクロンという毒ガスの五缶分くらいで十五分以内に二千人が殺されるという証言である。

投げ込まれたチクロン・ガスは作用しはじめると、
下から上へと、拡散していくものです。
すると、その時、世にも恐ろしい闘いが始まるのです。

ガス室内の照明が切られ、まっ暗で、何も見えなくなります……と同時に、ほとんど全員が、ドアに向かって突進を始める。
突き破ろうと、ドアめがけて、殺到するのです。
死に物狂いの闘いの中で、
つらぬかれる抑えがたい本能とでもいったものでしょうか。
そのために、子供や、力の弱い者、
老人たちは、下の方に倒れ、
最も体力のある者が、上に、のしかかることになります。
というのも、生きるか……、死ぬかの闘いの中では、
父親は、わが子が、自分のうしろに、いや、自分の下にいることも、
気づかなくなるのですから。
　で、扉を開けてみると……？
人間の肉体が、ガス室の外へ落ちてきます……。
石の塊のように、落ちてくるのです……。
まるで、ダンプカーからどさっと落ちてくる、バラストのように。

今度はヘウムノ収容所の死地から生還したシモン・スレブニクが、ゲットーから収容所に至る心的体験を語った次

の物語りを引用しよう。

ぼくがいたゲットーで、目にしたものも……、……ウッジのゲットーですが……
一歩でも歩けば、たちまち突き当たるのは、死人《トイト》、死人《トイト》、死人《トイト》。[「トイト」のみイディッシュ語]
ですから、こう思ったんですよ。世の中は、こうしたものにちがいない、と。
これが当たり前、こんなふうなんだ、と。ウッジの街路を、
そう、一〇〇メートルも歩くと、死体が二〇〇も転がっていたんですから……。
人々は空腹でした。
みんな、歩いては倒れ、倒れては……、
息子は、父のパンをとり、
父は、息子のパンをとり、
だれもが、生き長らえようとしてました。
ですから、ここ、ヘウムノに着いた時、ぼくはもう……、
あるがまんまで、どうでもよい……。そんな気持ちになっていたのです。
また、こんなふうにも、考えていました。もし生きていられるものなら、
欲しいものは、一つしかない。
食べるために、パンを五つもらうことだけ……、ほかには何もいらない、と。

考えていたのはこんなことで、ほかには、何も考えませんでした。
もう一つ、まるで夢のようですが、こう空想していました。
もし生きていられるとしても、世界に残るのは、ぼく一人だけだろう。
一人の人間も残らず、ぼくだけだろう、一人だけだろう、と。

シモンの体験は死の世界の体験である。そこでは、人間の尊厳や価値の象徴である死が、徹底的に無意味化される。であるから、このアウシュヴィッツという死の製造所は、死を生きる人間性の根本的な虚無化であり、それまでヨーロッパが築いてきた哲学的文化的宗教的なあらゆる価値を崩壊させたと言える。それだけでなく、延々と築かれてきた民主主義という社会制度、ヒューマニズムや啓蒙主義とか基本的人権という価値観や体制などの崩落であった。そのことをアドルノは象徴的に「アウシュヴィッツ以後」には詩人は詩を創り、哲学者は形而上学を語れなくなったのみならず、そもそも人間は存在できるのだろうかと問うた。(5)

このことの意味を忖度するために、くどいようではあるが、再び死のある側面についていささか考えてみよう。本来人間にとって死ぬことは、彼の究極的な尊厳がかかっていると言える。というのも、それまで生きてきた生とその意義は、死において現成し結実するからである。すなわち、人の価値は棺のふたをしてから定まるというように、その人の人生の真価が死において問われるからである。一方で死を通し、宗教的には人は永生につながり、あるいは一般的に生者に死と生の意味を示しうるとも語られ、その意味で死は生者と死者との協働や交流の超越的世界を実現しうる。キリストや釈迦の死はそうしたものであった。さらに死者の生前の栄ある物語りは、子々孫々にわたり協働態に語り継がれ、生の理念やモデルなどを示してその未来を豊かに拔きうる。ここでもまたキリストや釈迦の死の物語りはそうしたものであるといえよう。これに対しアウシュヴィッツでは例外を除き、人間は生ける屍として扱われ、その死は一つのサンプル、ものと化した。機械や用具がつぶれ解体するという風に、一人ひとりの死は、喪に服されることも物語られることもない無意味とされた。一章ですでに示されたように、エリ・ヴィーゼルという収容所経験者は、自己の生に上述のような死をその眼で見、『夜』という作品で語っている。

解放された人々が最初にした振舞いといえば食糧にとびつくことでした。それ以外頭に浮かびませんでした。復讐や親のことなどどうでもよく、ただパンしか頭になかったのです。空腹がすぎたときさえ、復讐を考える人など誰もいませんでした。翌日、何人かの若者たちがワイマールを走りまわってジャガイモや着物を集めたり……そして娘と寝たりしましたが、復讐の念などあとかたもなかったのです。

ブーヘンヴァルトでの解放から三日後、わたしは食中毒にかかり病院に移送され二週間の間、生死の境をさまよいました。ある日のこと、やっとの思いで起き上がることができました。向かいの壁にかけられていた鏡で自分を見てみたかったからです。ゲットー以来自分を見たことはなかったのです。鏡の奥には、一つの死体がわたしをじっと見つめていました。わたしの眼に映ったその眼差しは、それ以来わたしにはりついて離れようとしませんでした。

このようにヨーロッパの文化、宗教、倫理、歴史全体が死滅したことをヴィーゼルの物語りや「アウシュヴィッツ以後」が示しており、今日それをどう超克するかが根源的な問いとなっているといっても過言ではない。日本も太平洋戦争やアジア戦争（満州事変、日中戦争など）において明治以降構築した国民国家の価値観や自己同一性とその物語が問われた。というのも、自ら他者であるアジア諸国と民衆を抹殺した負の権力を行使したからであり、アウシュヴィッツ事件と重なる面を持つからである。そういうことも含めて地球化時代の世界全体が苦難をはらみ、また自然も人間中心主義によって破壊され、パウロが語ったように、声にならない呻き声をもって、人間と苦難を共有しているといってもよい（「ローマ人への手紙」八9以下）。こうした世界史的なアウシュヴィッツ的苦しみのコンテキストの中でわれわれは「ヨブ記」を読み、そこからどのような苦しみからの甦りのメッセージや物語りが創成されるか、あるいはまったくできないかをこれまで問うてきたわけである。

2節　ヨブの受難

一　ヨブの友人たちの応報思想とその神

四章以下では、ヨブの見舞いに来た三人の友人が登場し、まずヨブと共に七日七夜地に座した後に、ヨブの苦しみの原因を彼らの応報思想に従って解釈し、ヨブに対してその解釈通りに罪を認め回心するよう説得し始める。彼らの応報思想的解釈に対して、ヨブの立場は「苦しむ義人」論であって両者は対立する。まず友人エリファズの説得の幕が切って落とされる。

考えてみなさい。罪なき人が滅ぼされ
正しい人が断たれたことがあるかどうか。
わたしの見てきたところでは
災いを耕し、労苦を蒔く者が
災いと労苦を収穫することになっている。

彼らは神の息によって滅び
怒りの息吹によって消えうせる。（四7–9）

これはヨブの苦難を応報説で解説しようとする説得にほかならない。
次に友人ビルダドの説得が始まる。

神が裁きを曲げられるだろうか。
全能者が正義を曲げられるだろうか。
あなたの子らが
神に対して過ちを犯したからこそ
彼らをその罪の手にゆだねられたのだ。
あなたが、全能者に憐れみを乞うなら
また、あなたが潔白で正しい人であるなら
神は必ずあなたを顧み、あなたの権利を認めて、あなたの家を元通りにしてくださる。（八3–6）

ビルダドによれば、ヨブの子たちも、たとえヨブが彼らのために聖別をし罪の浄めの燔祭を献げたとしても、彼らに隠れた罪悪があるから罰として皆死に絶えたとされ、応報思想が反復される。ただしヨブが罪を悔い反省し神との和解や罪の浄めの手続きである祭儀をなすなら、その権利や地位が回復されるという。
このような応報思想とそれによる改悛の勧告や回復の考えについて、フィリップ・ネモはそれと精神分析学の知との類似を指摘する。[6] すなわち、精神分析の技術は、例えば人が幼い時に心にトラウマを負う体験をし、その結果、長じてこの無意識的トラウマにより神経症が発病した場合、それを治療する知である。具体的には精神分析医は患者の親代りになって、もう一度、患者に幼児体験を反復させるべく隠れていたトラウマを対話や催眠術を通して意識化、言表化させるのである。患者は、そうしたトラウマの言表化によって癒しに向かいうる。それが精神医学の技術知である。同様に、ヨブの友人たちはヨブの無意識の罪業の在り処を指摘し、神という精神科医と対話し、無意識の罪業を浄めや和解の祭儀を通して言表化し自覚し承認・告白しつつ、罪の赦しを得るべきだというわけである。その際、友人たちは精神科医の助手のように神の神学者として振舞う。こうして神学者たちの助言・勧告に従えば、応報的な神は現在の災難を元通りの状態に回復してくれると言うのである。これは宗教的な技術知と言えよう。しかしこのような善悪応報の神は、この技術知を構成した神学者たちによって作り上げられ合理化された神であると言える。それを証明する言葉を、友人ツォファルが語っている。すなわち彼は、「わたしの悟りの霊がわたしに答えさせる」（二〇3）と。この「わたしの」という所有格に拠る悟りとは、真正な神に由来しない人間の知であろう。つまり、応報思想とその法則を支配する神とは、人間知によって構成された神学にほかなるまい。ユダヤ教のコンテキストにおいては、この応報思想は律法主義的応報思想となる。律法を守る者は神の選民の一員として救われ、律法を破る者は選民から除かれ救われないという。この自同的な物語はユダヤ民族において語り継がれる。

　こうした友人たちの思想とその神に対して、ヨブは苦難の義人論をかかげて挑む。しかし応報的に裁く裁きの神の前でヨブの挑みは絶望的である。

　力に訴えても、見よ、神は強い。
　わたしが正しいと主張しているのに

口をもって背いたことにされる。
無垢なのに、曲がった者とされる。
無垢かどうかすら、もうわたしは知らない。生きていたくない……
神は無垢な者も逆らう者も、同じように滅ぼし尽くされる。
罪もないのに、突然、鞭打たれ
殺される人の絶望を神はあざわらう
この地は神に逆らう者の手に委ねられている。神がその裁判官の顔を覆われたのだ。
ちがうというなら、誰がそうしたのか。（九19-24）

友人たちも今やヨブの論敵であるだけでなく、他者ヨブの苦悩に共感できないで自分たちの自閉の世界に安泰に収まりかえっている。だからヨブは、論敵ビルダドの神学的物語の自閉を批判する。


あなた自身はどんな助けを力のない者［ヨブ］に与え、どんな救いを無力な腕にもたらしたというのか。

どんな忠告を知恵のない者に与え
どんな策を多くの人に授けたと言うのか。

誰の言葉を取り次いで語っているのか。

誰の息吹があなたを通して、吹いているのか。（二六2-4）

ヨブは、彼らの思想的弁論の背後に、自らを神に祭りあげた偽りの神と悪意の息吹を吹かす悪霊とを洞察し始める。

そしてヨブは次のように彼らの正体を暴く。

略奪者の天幕は栄え
神を怒らせる者
神さえ支配しようとする者は安泰だ。（一二6。傍点引用者、以下も同様）

「神さえ支配しようとする」とは、どのようなことであろうか。それはヨブの友人たちがしたように、自分たちの神のイメージや理念を口実にして、自分たちの神物語や神学を作為し、それに拠り他者を説得して他者を精神的にまた実際上に支配しようとする欲望にほかなるまい。まさに人間中心主義である。そしてその背後にはサタンが隠れ潜む。それではサタンとは？

二　サタン論

サタンのサタン性を示す鍵になる言葉は「ヨブが利益もないのに神を敬うだろうか」（一9）である。その裏には、利益とならないなら神に仕えない、人間に利益をもたらさない神は、神でないという自己中心主義が潜んでいる。それを言わせるサタン性は、神とサタンとの対話に明瞭に読み取れよう。すなわち、一7と二2には奇妙な対話が反復されている。ヤハウェ神がサタンに「お前はどこから来たのか」と問うと、サタンは「地上を歩きまわり、ふらついていた」と答える。

ここでサタンは突如として登場し、由来、起源、故郷を問う神の問いをはぐらかして答えていない。例えば親が深夜帰宅の中学生の娘に向かって「何処に行ってたんだ」と聞く。「あちこち歩いて来たんだよ」という答えでは答えにはならないというふうに。同様にして「創世記」三章の冒頭から始まる失楽園のドラマにあって「被造物の中で一番狡猾な蛇」、サタンと伝えられる存在が突如登場し、その起源、出所由来について何も語られていない。

それは一体何を告げているのであろうか。

それはあきらかに、サタンが自らの根差す故郷や由来・出自をもたないという否定性を告げる。出自を示さないということは、その存在の始まりをもたないこと、自らの物語りを語れず、従って自己同一性を創りうる物語り的根拠をもたないという否定性を示そう。それは他者と交流しうる自分、人格性をもたないこと、責任をとって生き語ることができないことである。さらに言えば、他者を語る文法や言葉をもたないということなのである。以上の「ない」は虚無にほかならない。

例えば先述のようにイエスの出自に関してマタイやルカは生みの系譜を代々示し、イエスの自己同一性が異邦人や売春婦に開かれた場を秘めることを示唆している。イエスの脱在と物語りに関し責任の所在を明白に示している。これに対し、サタンのサタン性は、存在と物語・言葉についての無根拠性、言いかえれば、存在や言葉や生や他者関係の虚無性を示すといえる。

この無根拠性、虚無性とは、さらにどういうことを意味するのだろうか。その手がかりは、エバに対する蛇の誘惑の言葉に見出せよう。つまり蛇は「あなた方［エバとアダム］がそれ［善悪の知識の実］を食べるその時……神のようになるだろう」（一5）と女に語る。こうして虚無性とは、人間が神を否定し、自ら神となるという他者関係の転倒であり否定なのである。その始めの他者関係の転倒は、創世記神話にあって神と人間、男と女、人間と自然の関係の全的破綻をもたらした。それは「創世記」失楽園物語り（三章）から明らかに読解されよう。こうして人間中心主義とは、とどのつまり自ら神となり自・他関係を征服支配する点に帰着しよう。

従って応報主義思想とその神を構想・固持して自らの世界を構築するためヨブを批判抹殺しようとする友人たちや

律法主義的応報主義を絶対とするファリサイ派の背後を支えるのは、神をも利用するサタン性なのである。

このサタン論を現代的コンテキストにおけば、アウシュヴィッツに直結しよう。なぜならE・レヴィナスも語るように、アウシュヴィッツとは、人間の絆の決定的な虚無化であり、さらに脱在の虚無化（存在神論）に始まると言いかえられよう。そこから基本的人権や人間の尊厳、文化などに対する価値観は崩落の一途を辿ってゆく。また人間中心主義は、技術知（プロメテウスの火）を利用して、産業革命を契機に物質文明を生み出し、西欧的帝国主義は自然のみならず、他の文明や地域の財を収奪する目的で他国を支配し、そこに戦争が勃発した。さらに今日の強国は生命、情報、金融の全体主義的操作、地球改造にまで触手をのばす。それがわれわれの現代の終末的危機的物語である。

三　ヨブによる神への挑戦とそこに開示される神

以上のような終末論的崩落に直面して「ヨブ記」はどのようなメッセージと物語りをもたらしてくれるのであろうか。この問いへの鍵は、ヨブ自身が、友人たちの神に挑戦しつつ、他方で真正な神を求めてゆく道行きに見出せよう。

どうか、わたしの言うことを聞いてください。
見よ、わたしはここに署名する。
全能者よ、答えてください。
わたしと争う者が書いた告訴状を
わたしはしかと肩に担い
冠のようにして頭に結びつけよう。
わたしの歩みの一歩一歩を彼に示し

君主のように彼と対決しよう。（三一35–37）

ヨブはこの挑戦の前に十二の倫理的項目を挙げて、自分の潔白を証明している。すなわち、情欲、欺き、貪欲、姦淫、奴隷の権利否定、貧者の無視、経済至上主義、魔術・迷信、敵への憎悪、友人や旅人への非歓待、罪の隠蔽、田畑の荒廃に関して自らを無罪としている。

その上での神への挑戦は、裁判形式をとる。ヨブの「署名」とは、如上の十二項についての潔白の証明で、それに対し全能者に「答えてください」と迫る。「わたしと争う者」とはほかならぬ神のことで、その神が書いた告訴状を「肩に担い冠のように結び付けよう」とは、君主のように頭に神の告訴状を結び付けて神の告訴に挑み、神と裁判を行うという意味である。ここでヨブは義人として自己義認の主張の頂点に立つ。それは不敵な傲慢を示すのではないか。実際に二二章あたりから、絶望の最中にあって何かしらヨブの自己正当化のニュアンスがかすかに現われてくる。その自己正当化がこの三一章で極まるのである。そうしたヨブの挑戦に対して、三八章で嵐の中から神が応答し始めるというプロットになる。

そのプロットにおいて、挑戦される裁きの神の陰に隠されていた真正な神が開示されるのだが、すでにヨブ物語りの前半から、神の開示の前史ともいうべき仕方で、ある神の姿が徐々に示されていたのである。今はその前史にふれてみよう。

このように、人間ともいえないような者だが、わたしはなおあの方に言い返したい。
あの方と共に裁きの場に出ることが出来るなら
あの方とわたしの間を調停して［文字通りの翻訳は「二人の上に手をおいて」］、仲裁する者がいるなら

わたしの上からあの方の杖を、取り払ってくれるものがあるなら
その時には、あの方の怒りに脅かされることなく、恐れることなく
わたしは宣言するだろう。
わたしは正当に扱われていない、と。（九32－35）

この裁判で「あの方」とは裁く神を意味する。ところが驚くべきことに、直後にこの神とヨブとの間を調停し仲裁する者が言及される。その仲裁者は、裁くあの方とヨブとの上に手をおくものと語られているのである。当然この仲裁者は、ソドムとゴモラを滅ぼそうとした神に執り成した預言者アブラハムのような人間ではなく、神を凌ぐ神であると言えよう。その神を凌ぐ神の正体はさらに顕現する。

大地よ、わたしの血を覆うな
わたしの叫びを閉じ込めるな。
このような時にも、見よ、天にはわたしのために証人があり
高い天には、わたしのために弁護してくださる方がある。
わたしのために執り成す方、わたしの友
神を仰いでわたしの目は涙を流す。
人とその友との間を裁くように
神が御自身とこの男の間を裁いてくださるように。（一六18－21）

神の真相は、応報の神ではなく、ヨブの義の証人、弁護者、執り成す方、わたしの友という風に開示されてゆく（Deus revelatus）。そしてその真相は、ヨブの罪を償う者、裁く神とヨブの間に立って償う者として遂に示され、ヨブは彼を「この目で見る」という体験をする。

わたしは知っている。
わたしを贖う方は生きておられ
ついには塵の上に立たれるであろう。
この皮膚が損なわれようとも
この身をもって
わたしは神を仰ぎ見るであろう。
このわたしが仰ぎ見る
ほかならぬ、この目で見る。
腹の底から焦がれ、はらわたは絶え入る。（一九25–27）

以上のように解釈し来ると、この神は天上で安閑として絶対不動な存在として人間を応報の法則によって裁いたり、あるいは人間の運命に無関心な超越者ではない。人間という他者に恐ろしい程関心をもち、裁きだけの神をさしおいて歴史に介入する者と言える。そしてサタンを通してヨブに悪と苦悩を与えることを許すと共に、彼を償い生かそうとする矛盾にみちた存在である。つまり苦難と再生、非難と弁護、断罪と贖罪、怒りと憐れみ、ヨブを無化し再創造する、超越と内在を孕み、この差異的働きを自らの脱在とする自己差異化的脱在であり、かつ人間と歴史をも差異化する脱在（エヒイェ）であるといえる。(7) こうして今や開示された自己超出的に自己を差異化するエヒイェ的神が、さらにヨブを差異化するところに、ヨブのドラマのプロットが展開するわけであり、その同じ差異化の物語りをわれわれは、アブラハムやモーセにおいて洞察したのである。

3節　神からの挑戦と他者の証し

一　神からの挑戦

三一章のヨブの挑戦をうけて今や差異化する神は、ヨブの生そのものをも徹底的に差異化する。それが二回にわたる神からのヨブに対する挑戦となる。

第一の挑み（三八章）「ヤハウェは暴風の中からヨブに答えて」語るのである。この表現は神の顕現を語る文学様式であるが、なぜ神はヨブに挑むのか。

二三章からヨブは応報の神を否認しつつ、自らを苦しむ義人として弁護し続けた。そこにやはり不敵な自己の全的正当化、あるいは主我性の傲りのような残り滓が密かな基底音として響いていたのは否めまい。そうしたヨブに対して「これは何者か。知識もないのに、言葉を重ねて、神の経綸を暗くするとは。……わたしはお前に尋ねる、わたしに答えよ」と語り、今やヨブ的な「苦難の義人」像をさえ問いにさらす。そのため「地の基をわたしがすえたとき、お前は何処にいたのか。語れ、もしお前がそんなに利巧なら」と問い詰めつつ、天地創造を物語る。ヨブはその語りによって、天地創造、つまり無から有が生じた出来事の以前、歴史も言葉も、善や悪、幸や不幸、義人や悪人の区別さえもなかった巨大な無の淵におちいるのである。三八章から四〇章にかけて、天地の壮大な創造絵巻が繰り展げられて、ヨブは次のように告白せざるをえない。「御覧ください。わたしはいと卑しき者です。何と言ってあなたにお答えできましょう。わが手を口にあてるばかりです。一度言いましたが、繰り返しません。二度言ったとしても、これ以上申しません」（四〇3–5）と。この告白において、幸・不幸、義人・悪人が語られる以前の無に、世界の成立以前の無にヨブが直面していることが知られる。それは同時にヨブの自己の無の徹底的自覚であり、結局彼の「苦しむ義人」などの自己主張が消滅する境地の現成なのである。だからヨブは沈黙せざるをえない。

第二の挑み（四〇章6節以下）　神はやはり嵐の中からヨブに問う。今度はベヘモットとレビヤタンという伝説的怪獣の例がもち出される。

「見よ、ベヘモットを。お前を造ったわたしはこの獣をも造った」（四〇15）。ベヘモットとは、世界が分節化・形成される以前のカオスの時にできた巨大な怪物であって、ヨブの創造もベヘモットと並列される。

次に有名なレビヤタンというドラゴンに似た怪物が出現する。「お前はレビヤタンを鉤にかけて引き上げ、その舌を縄で捕えて、屈服させることができるか。……彼がお前に繰り返し憐れみを乞い、丁重に話したりするだろうか」。ヨブはこれらの恐竜の前に無力である。これらの原始的怪物は恐怖を与えるが、ユーモラスでもある。いずれにせよ、これまで自己弁論を流麗に語ってきた義人ヨブは、今やこれらの怪物と並べられ、カオスの隅に貧弱に置かれた卑小な存在に過ぎない。

第一回目の挑みでは、ヨブはまったく無とされ言葉も奪われた。第二回目の挑みでは、漸くヨブは存在の世界に浮上したにしても、その存在も言葉も分節なきカオスとして怪獣たちと共におかれた。そこで第二の挑みの後に、ヨブは自らのカオス的事態を自覚して告白する。

わたしは分かりました。あなたは何事もお出来になる方、どんな策をも実行できる方であることが。「無知をもって神の計画を暗くするこの者は誰か。」それなのに、わたしは分かりもしないこと、知りもしない不思議について、語ったことになります。「聞け、わたしは語ろう。お前に尋ねよう、わたしに答えよ。」わたしはあなたのことを耳で聞いていましたが、今やわたしの眼があなたを見たのです。それ故わたしは自分を否定し、塵灰の中で悔い改めます。（四二2–6）

このテキストによるとヨブが神を見たという風に、ヨブの神体験を語っている。そしてその神は、応報の神をはるかに凌ぐ脱在である。それはどのような脱在なのであろうか。

われわれはすでに、この脱在が、自・他を差異化する脱在であることを突きとめた。サタンとそれによる受難を通してこの差異化の神に出会う以前のヨブは、いわば因果応報的な神の下で、彼が主張したように義人として財を得、子宝に恵まれ、アブラハムのように将来の部族的繁栄の祝福に与っていた。しかも世間的にも義人であり、慈善や助言を貧者に施し善き市民として尊敬されていたといえよう。しかしそうした善人・名誉市民としての生は、結局善行には善き果として利益を与えるとサタンの語るような応報的神の下における生として、本当に隣人、貧者、異邦人という他者に目覚めた生であったのだろうか。というのも、後にヨブの「苦しむ義人」像が、神の審問にさらされる根本的理由は、彼の義人性が差異化する神によって差異化されなければならない性格、つまり応報的神の応報的法則を脱け切っておらず、まだ他者に根源的に出会っていない性格に求められると思われるからである。

だからそうした義人ヨブが差異化されて、一切の財や祝福を奪われた後に、彼は全き苦難に陥ったわけである。その際「苦しむ義人」論によって論敵を反駁し、その論敵の言う因果応報の法則とその主宰神を超克しなければならず、いよいよ苦しみが深まり、全き孤独の境で他者は何ら眼中になかったと言える。実際、「ヨブ記」の三八章以前には、他者の現存への言及や示唆がほとんど無いと言ってよい。しかし、この差異化の神は、ヨブに挑み、まず、義・不義以前の無を示して彼から「苦しむ義人」像を奪いとり、徹底的に彼を無化し、次に、原初の怪物と共にあるような言葉もないカオス的存在であることを自覚させた。その無化においてヨブは、自分を生み生かし言葉を贈与した者こそ、彼が探し求めた神であることを自覚できたのである。つまり、自己の生命的な脱在と物語り創成のための言葉の故郷を見出したわけである。

それは因果応報の神やサタンの法則を脱し、全き他者としての神との出会いにほかならなかった。

ヨブはこのような道程を経て、他者としての神に出会ったのである。その出会いは、他者は他者を呼ぶというふうに、他者の地平を披いてゆく。この他者の地平の拓けは、「ヨブ記」のエピローグに見られる。なぜならそこで、ヨブが自分に敵対し抜いた神学者たちのために、神に執り成しの祈りをしたと語られているからである（四二7―10）。そのエピローグが後代の編集者の付加か民間伝承の語りかという問いは別にして、「ヨブ記」におけるヨブと他者との出会いは、このように愛敵にまで広がってゆく力動性を秘めていると思われる。それは彼がベヘモットやレビヤタンという口の利けない怪物たちと言葉の零点に立ったときの最初の発語が、敵対的他者との和解と協働の方位を秘める執り成しの言葉であったことと無関係ではあるまい。つまり初体験としての言葉の働きが、執り成すという形で他者を志向する力動性と意味作用とにみちていたことが原因していると考えられるのである。この執り成しの言葉を機縁、起点として、ヨブには他者との協働の物語りを創成しそれが語り継がれてゆく相生的地平が拓けたのである。このように考えて来ると、悪としてのヨブの苦難は「苦からの解脱」というよりも、他者との出会いに向けて「苦しむことができる」という新しい物語り地平を披いたと言えまいか[8]。その「人間らしく苦しむことができる」ことは、やはり自己無化に達する程の苦悩、つまり受難の零点に立つことと通底する。それが「ヨブ記」のメッセージでありまた神からの挑みの意義なのであろう。

二　「ヨブ記」の物語り論的解釈

「ヨブ記」のエピローグは、ヨブが財や子宝を前にも増してヤハウェから贈与されたというハッピー・エンドになっている。それで「ヨブ記」は全巻完結で読了という結着になるのであろうか。われわれは本章の最初に「ヨブ記」を物語り論的視点で読むと提案した。物語りとは、一回きりで終るわけではない。もし終れば始めと終りをもつ自閉的物語となってしまう。真の物語りは、脱在の力によって、始めと終りを突破し、未来的他者の視点から、語り継がれ語り直され、また他の物語りとすり合わせて編集され常に新たに生成してゆく。一定の解釈法やストーリーのプロットや筋や法則に束縛され固定化されずに転ぜられ自己超出して脱在してゆく。その自己生成・転法的物語りの語りは、それがそのまま個人や民族やある集団の自己同一性を開き革新し、他者歓待的に転ずる創造的契機に成る。

このような意味で「ヨブ記」も、その時代と地理に、またある個人や集団に生起する苦難と苦難の超克とに即して、読まれてきた。どうして世界にこの身に、悪や苦しみが生起するのかという深刻な、あるいは終末論的な問いと共に。さらに自己が受難者であるよりも、むしろ加害者ではないかという反省と共に。こうしてわれわれは、新たな苦難の局面に対面し、「ヨブ記」を物語りとして読まざるをえない。その一章から再び始めて。その時代の苦難に関するイデオロギーや常識や説得に抗して。特にその孤独な絶望の状況にあって、さらに離人症的な状況においては、読むだけでなく、自己を開放的にであれ自閉的にであれ支える物語りを創成しなければならない。

例えば離人症にあって物語りを創れなければ、自己が解体され喪われてしまい死ななければならないという。その時にはまったく非常識的で異常なプロット「すべての人が自分を迫害し殺そうとする」を中心に幻想的物語りを創り、それでも自己のある同一性を支えなければならない。それはあたかも胎児が自分で胎盤や母胎を形成しようとするに等しい異常で必死の試みなのである。それが丁度苦しむ義人像を語ったヨブのように、まったく他者へのかけ橋なき孤絶した物語りであるとしても。

他方で物語りには、自己同一性の支えというよりも他者との対話や他者の証言、殊に、将来世代との対話や協働という性格や力働性が孕まれている。丁度言語なきカオスの零地点に立って敵のために祈ったヨブのように。その意味で将来に証言という仕方で、自分たちの苦難の物語りを語り伝え、それが祈りのように和解の協働態創成の原動力となるように願った人々のエピソードを引用したい。それは先述の労働用ユダヤ人、フィリップ・ミュラーの証言(9)である。彼がガス室で働いていた時、そこに入ってきたのは故郷の女性、友人たちであった。

このことは、いいですか。わたしの同郷人、同国の人たちに起こったんです。
その時、わたしは悟ったんです。
わたしの生命には、もう何の価値もない、と。
生きて、いったい何になるのか？
何のためなんだ？
それで、わたしは、
あの人たちといっしょに、ガス室に入ったんです。
死ぬことに決めたのです、
あの人たちといっしょに。

すぐさま、わたしに気づいて、

何人かが、近寄って来ました。
仲間の錠前屋といっしょに
家族収容所に、何度か行ったことがあったからです。
一群の女性が近寄って来ました。
わたしを見つめると、
こう言いました。
「ここはもう、ガス室の中でしょ？」
ガス室の中です。
すると、女性の一人は、なおも言いました。
「じゃあ、あんたも死のうというのね？
でも無意味よ。
あんたが死んだからといって、私たちの生命が生き返るわけじゃない。
意味のある行為じゃないわ。
ここから、出なけりゃだめよ、
わたしたちのなめた苦しみを、
わたしたちのうけた不正を……
このことを
証言してくれなければだめです。」

彼女たちは「わたしたちは灰になって、煙になってゆく」わけで、かけがえのない脱在と言葉を奪われてしまう。その苦難に代わって、フィリップ・ミュラーは証言を託されるのである。このように語りえずに死んでいった人々、しかも証言さえなく歴史の闇に葬られた人々が無数におり、その典型が無垢な幼児たちであった。そしてまた証言を語り継ぐのも、はじめに引用したプリーモ・レーヴィの詩が呼びかけるように子どもたちなのである。

「ヨブ記」も脱在と言葉を奪われ、その苦難の零点に立った人、そこから他者である敵のため発語した人、人間らしく苦しむことのできた人に関する証言であり、物語りである。その物語りを一人ひとりが各人の苦難において読み、新しい物語りを創生し語り継いでゆく。その新しさは、あまりに新しいので未来圏の言葉として響き、各人にとってあたかも現在を切り披く希望の物語りのように到来する。そこに解釈や歴史の枠および法則を超出し転じ、未来から到来する物語りの本来的在り様がいよいよ現成する。それはまた、われわれ一人ひとりのエヒイェ的脱在の差異化的在り様なのであり、出産のように苦しむことのできる脱在なのである[10]。

だから本書の諸々の物語り論に関わる論稿のアゴラには、これまでわれわれが辿ってきた「ヨブ記」物語りが、如上の差異化的脱在と言葉と共に参加し悪と苦悩について証言しているのである。

註

（1）本章が用いる聖書訳、殊に「ヨブ記」訳は、共同訳と関根正雄訳であり、釈義は大筋、関根に依存している。
（2）『アウシュヴィッツは終わらない――あるイタリア人生存者の考察』（竹山博英訳）朝日選書一五一、朝日新聞社、一九八〇年、冒頭。
（3）拙著『聖書と愛智――ケノーシス（無化）をめぐって』新世社、一九九一年、一四九―一七五頁を参照。
（4）クロード・ランズマン『ショアー』（高橋武智訳）作品社、一九九五年、二八〇―二八一頁および二二九―二三〇頁。
（5）「アウシュヴィッツ以後」の深刻な問題意識については次の書を参照した。Th・W・アドルノ『否定弁証法』（木田元他訳）作品社、一九九六年。アドルノ・ホルクハイマー『啓蒙の弁証法』（徳永恂訳）岩波書店、一九九〇年。

（6）P. Nemo, *Job et l'excès du mal*, Albin Michel, 2001.

（7）不動不変な第一原因として歴史や世界から超越し、人間の苦難の影響を受けない（a-patheia）超越者に対比される「人間を求める神」（A・ヘッシェル）、つまり人間の受難と甦り、弱さと崇高、絶望と希望などに関わる異化的な脱在神（エヒイエ）については次著を参照。

拙著『他者の原トポス』創文社、二〇〇〇年。

拙稿「ハヤトロギア（ヘブライ的存在論）の胎動」（拙著『存在の季節』知泉書館、二〇〇二年に所収）。

（8）悪の理解に関して深い洞察を示している著書として、並木浩一『「ヨブ記」論集成』教文館、二〇〇三年を参照。氏は、四〇章19節を関根訳とは異なり「ベヘモットは危険な存在で剣を帯びているが、神ご自身がそうさせている」と理解し、「悪の恐るべきリアリティに対して、神がその責任を表明している」と読み取る（一六三頁）。その意は「神は、世界がカオスに逆行しないように、悪の強大な力の発現を抑えており、世界に矛盾があることの責任を創造者として負っている。……人は差し当たって矛盾に満ちた世界を生きなければならない。世界の矛盾を見据えて、考えつつ批判的に行動しなければならない」のである（二三六頁）。それは苦難・悪にあって、それに支配されない「主体的人間」が鍛えあげられるようにとする神の配慮であると（一六六頁）。筆者の解釈の筋はやや異なるが、氏のいう神を「差異化的脱在」とし、また氏のいう「主体的人間」を「物語る人間」としても解釈できるのではないかと考える。

（9）前掲書『ショアー』三六二―三六三頁。

（10）ホロコーストが他者を解体する「忘却の穴」の物語であるとすれば、その「生き残り」は、一般社会にとってまるで理解できない「別の」世界から来た者である。それでも彼が証言するとしたら、それはどういうことか。それについてS・A・ハンデルマンの言葉を傾聴しよう。

「生き残りとは、言いえないことを言おうと試みる者であり、みずからの傷つき易さと曝露を語ることで不可能なもののために話しかけ、思考不能なものを語る者」であって、彼の証言とは、自分自身についての証言・告白ではなく「他者のための宣誓なのである」。だから、ホロコーストについて、他者のために、その〈主題化ないし表象・再現前〉が拷問の苦しみであり、最終的に不可能であるにも拘らず、人々がそれについて証言するのである。そして現代にあって各人は、各人のホロコーストを証言し続ける。『救済の解釈学』（合田正人他訳）法政大学出版局、二〇〇五年、四九五頁以下を参照。

第四章　根源悪とサタン
――「創世記」「ヨブ記」の物語り論的解釈

われわれは、フィリップ・ミュラーに自らの苦難に関わる証言を託して死んでいった女性たちの「声」を引き受けることができるのであろうか。こう問わざるをえないほど、アウシュヴィッツがつきつける審問は重いのである。根源悪は、われわれを巻き込んでさらに罪業深い人間に仕立てる。ナチス・ドイツの独裁機構によってＳＳ中佐アイヒマンがそう仕立てられたように。(1) 他方で、さらなる苦難と苦悩を引き起こす。そうした根源悪は、自・他の他者性の抹殺機構であり虚無化そのものなのであるからこそ、根源悪を考察しながら、われわれは常に他者性を深刻に問うてきたのである。

それは悪や苦難が、他者の地平の拓けと連動するのではないかという逆説的な問いでもあった。丁度ヨブの苦難が応報的神を超克して、他者である神の地平とヨブを責めた友人たちとの和解の地平を披いたように。

われわれは、このように矛盾と逆説にみちた苦悩や不条理な悪の真相を、これからも他者性の開示への問いと共に追究しつづけたい。そのために特に根源悪に関わる「原罪」について考究しよう。この「原罪」のテキスト的典拠として古来より取り上げられてきたのが、「創世記」二―三章にほかならない。そこで「創世記」の物語り論的解釈に参入し、その哲学的考察にも踏み込みつつ、再び「ヨブ記」に立ち返って、他者の地平の拓けを模索したい。

1節　根源悪の指標――「創世記」（二～三章）

一　「蛇、アダム、女」の言葉の言い換え

罪としての悪の物語りは、神が人間（アダム）を創造して後に彼をエデンの園の統治者に任命し、そこで女との出会いが実現した第二章の物語りから始まる。その物語りテキストにあって、さしあたり次の二点が注目される。第一点は、神がアダムに「園のすべての木から取って食べなさい。ただし、善悪の知識の木からは、決して食べてはならない。食べると必ず死んでしまう」（「創世記」二16）という命を与えたことである。そこには「食べよ」「食べるな」という勧め・禁止の差異化が見られる。この神命に従う限り、この差異化は生命の充溢をもたらす。他方で、それは生・死という別の悲劇的異化を呼び起こす潜勢力となっている。

第二点は、アダムの面前に女という異性が連れて来られた点である。それは一章28節に対応して子孫を増やす潜勢力である積極的な意味での生の差異化といえる。統辞論的に見れば、アダム（S・主語）＋女（P・述語）→生命的協働態の創成という表現の生成と言えよう。こうして二章では、神と人間、男と女（人間と人間）、人間と自然（エデンの園）との他者関係が、生命的豊かさを予見した調和的差異の中に働いている。いわばユートピア的な差異関係として語られているわけである。

従ってその調和的差異には、罪としての悪の侵入のすきがないのではあるまいか。あるとしたら、そのすき間はどこに見出されるのだろうか。続く三章にその手がかりが読み取れるであろうか。

いわゆる「失楽園」物語りを語る三章は、蛇の女に対する語りかけで幕が開く。そのシーンは、われわれを驚愕さ

せずにはおかない。なぜなら、蛇が言葉を語るからである。この蛇の正体については、諸説がある。蛇は古代の神話的世界では神々とみなされた。しかし「創世記」では、被造物である。またサタンでもない。サタンとみなされるのは、前一世紀の「知恵の書」（二24）に至ってからである。われわれは、蛇が言葉を語ることに注目しよう。しかもその語り方は、バラムのロバの語り方とは異なっている（「民数記」二二22以下）。ロバを語らせたのは、主ヤハウェなのだが、蛇は主に反していわば主体的に語るからである。二、三章から言葉を語るものは、神とアダムと女であると読み取れるが、それ以外の生物は言葉を持たず、逆にアダムから自分の固有名を与えられる。それゆえ蛇の言葉の根拠や正体は謎である。しかも、蛇が突如シーンに登場するが、その存在自体の起源・出自については、ふれられていない。こうしてますます謎めく蛇について、以上の物語りの筋立てで、もし一言だけでも語れるとするなら、やはりヨブのサタンのように彼の存在と言葉の無根拠性・理由のなさであろう。つまり、彼の言語用法が他者関係に由来しない、無根拠の虚無性といってもよいであろうか。

今はその点を念頭において、失楽園物語りの展開を吟味してゆこう。

蛇は次のように女に言う。「園のどの木からも食べてはいけない、などと神は言われたのか」と。この言葉は、二章16-17節の神の言葉を全く逆に言いかえている。つまり、神が発したアダムの生命に対する育成的な言葉を、逆の生命否定の意味にすりかえているわけである。それは、これまで指摘してきたように、テキストや言葉にはこのように言いかえ・すりかえの効く無規定的な場、読み込み空間、行間などの間《あわい》があることを示している。蛇は神の言葉の間に入り込んで、倒錯的表現を創成させたわけである。この蛇の言いかえを女はすぐに肯定しなかったが、ただ一言「触れてもいけない」と付言している。その付言は何事でもないような表現であるが、すでに言いかえの端緒であり、食するため手で触れて見る・取るの潜勢力を秘める逆説的言いかえとも解釈される。蛇はさらに追い打ちをかけるように、神の言葉「食べると死んでしまう」を「決して死ぬことはない」（三4）と逆転して言いかえる。そして自らの解釈を付け加える。「それを食べると、目が開け、神のように善悪を知るものとなることを神はご存知なのだ」（三5）と。ここでは園の木の実でアダムを養う神愛が、人間が神自身と等しくなることを羨む嫉妬にすりかえられている点がまず注目される。それは女を神との信頼関係から不信の関係へと転換させる決定的な甘言的すりかえである。そしてこの不信への信頼関係の転換は、その背後に「神のようになる」という神―人関係の逆転を示唆していることが読みとれよう。この関係の逆転は、「ヨブ記」のサタンの利益主義（一9）が示唆した人間による神支配と通底する傲慢にほかならない。こうして蛇による言葉のすりかえは、神愛否定、および神愛に従って生育する人間の根源的在り方の逆転異化をうながし、途方もない無秩序で虚無的な世界と人間像を幻出させる。こうして神の似像としての人間像は解体される。そこにはギリシア哲学やヘブライ・キリスト教思想に共通な人間の傲慢（hybris, superbia）の問題が伏在するが、その点は後述したい。この言葉にうながされて、ついに女は実をとって食べ、男にも手渡し彼も食すという劇的ドラマが展開する。この箇所で初めて、なぜ蛇がアダムでなく女に最初に語り誘惑したのかという疑問が生じてくる。そこで「創世記」アダム物語りにおける女性の位置づけにふれなければならない。一般に女（イシャー）は、男（イシュ）から造り出された者という箇所を、女性蔑視としてのみ解釈する向きが多い。けれども、女は男と「顔と顔を合わせる者 negedō」（二18）と語られており、男・女で一つの神の似像という人間観（一27）とともに、男と対等な対話的パートナーと解釈される。その意味で男を助けるものでもあり、従って男・女は地縁血縁関係を超えて（二24）、人格的《ペルソナ》パートナーなのである。

その女が神の言葉から背反し木の実をアダムと共に食したということは、その男の助け手としての女と彼らのパートナー関係が破綻したということを意味する。さらに言えば、女は蛇を対話的パートナーと錯覚し、共に神の如くなるという幻想的協働関係に陥ったとも解釈できよう。それが蛇の謀計であったといえよう。それはまた同時に神と人間関係の破綻であった。その破綻を、人間に向かって「どこにいるのか」と問う神とその神の顔を避ける人間とのドラマ（三8–10）が如実に示している。

次に神は、アダムに対し「取って食べるなと命じた木から食べたのか」と問い、アダムが答える。「あなたがわたしと共にいるようにして下さった女が、木から取って与えたので、食べました」（三12）と。このアダムの言語用法は典型的な二重の責任転嫁である。まず木の実を取ってアダムに与えた女の創造に対して神を批難し、神こそがアダムのなした命令違反の遠因であると抗弁している。これは神―人関係の破綻であり不幸な異化である。さらに女に命令違反の責任をかぶせる。これは人―人関係の破綻である。つまり、アダムの言語用法は、神と女に対する他者性の尊重や相互の正しい関係を否定していると言える。まさに言葉のすりかえ＝責任転嫁にほかならない。同様な責任転嫁を今度は女が行うのである。「蛇がだましたので、食べてしまいました」（三13）と。

以上の結末を見て神は、蛇、女、アダムに対し順次悲劇的な運命を予告する。蛇に対しては、蛇およびその子孫と女およびその子孫との間は敵対関係であるという。そのことは図らずも蛇の性格を示している。つまり、蛇は、われわれ人間が、対話的言葉によって世界を美しく創る歴史において、本来女が男と共にもつ創造的対話的言語使用とそれがもたらしうる豊かな生命性（子孫）を破滅させるような敵対者であり、他方で人間は、蛇の虚無化する言語使用とそれがもたらす不毛性に抗して常に闘争しなければならないということであろう。だから蛇とは、言葉に潜む間や空間を虚無的に用いること、虚無的な言語使用それ自体を意味しよう。それは言葉によって善美な世界を創る脱在的な神を支配しようという倒錯・傲慢ともいえる。「ヨブ記」のサタンがそうであったように。さらに現代のアウシュヴィッツ的根源悪がそうであるように。その意味合いでここに蛇とサタンとを再び同定できまいか。そうだとすれば、「神のようになる」という言葉や意志に魔術的なサタン的根拠が求められよう。

女に向かって神は、その孕みが苦悩をよび込み、男に支配されると告げる。それは原初的な対話的パートナーとしての男・女関係の破綻の必然的帰結であり、広義においては蛇の言語用法がもたらす人間相互の対話なき非言語的な支配―被支配という抑圧の歴史をも当然含意する予告である。男に向かって神は、自然と人間およびその労働との関係の破綻を明示する。「お前のゆえに土は呪われるものとなった。……お前は顔に汗してパンを得る　土に返るときまで」と言って。実際に、蛇の根源悪に支配される人間の利己的な経済幸福主義（古代では、人間の傲慢 hybris に相応）が、地球環境汚染や戦火による自然荒廃を招いていることも事実ではあるまいか。つまり罪としての悪と災難としての悪が、どこかで深く連動しているという洞察も荒唐無稽ではない。ライプニッツのように「物理的悪」（mal physique）と「道徳的悪」（mal moral）を区別できる時代に、われわれはもはや住んでいないのである。

以上の失楽園物語りにあって、神の言葉は最終的にエデンと現世を差異化し、人間の住居をエデンの外に定める。ここにアダム物語りは一段落を告げるが、エデン（生命の地）の外のこの世界には、直ちにアダムの子孫における殺人事件、カインによるアベル殺害の物語りが続いてゆく。言葉のすりかえ・虚無という罪の悲劇的ドラマが展開する。

これまで罪としての悪の問題を参究してきたが、次にその真相を要約し、言語哲学的に罪と苦難の関係を考究してみたい。

二　言語行為（parole）と悪について

言葉のすりかえの深刻な破壊性を考究するために、これまで間接的に示されてきた言葉のヘブライ的な正しい用法に簡潔にふれておきたい。それは「創世記」一章に窺える。つまり、神の「無からの創造」を遂行する言語行為に現われている。周知のように、創造神話にあって世界創造は言葉によって成立する。「光、あれ」に始まって、「われわれにかたどり、われわれに似せて、人を創ろう」にいたるまで、自然界、動植物、人間はみな原初のカオスからの言葉による分節化によって創成する。その意味で、世界創世神話は現代の言語行為論的な意義をやどし、古来から「言葉による創造」としても語られてきたのである。それは神話にあっては神の言語行為にほかならない。しかし、男・女一体の人間が「神の似像」(imago Dei)であると語られるとき、人間も対話的に言語行為に参与し、何らかの仕方で異性・他者に責任を負い、創造的に世界に関わってゆく脱在であることが示されてくる。言い換えると、人間(男・女)は、その言葉の差異・すき間において言葉を統辞論的に範例論的に創造的に結ぶことによって新しい言葉を創りつつ、カオスを分節化差異化する神に倣って、世界を対話的に差異化し創造してゆく脱在なのである。その対話の成果は、生命に富み調和した美しい世界である。これが正しくも美しいパロールと解釈される言語用法なのである。もう少し語れば、男の言語行為は不断に他者・女との対話のうちに、また逆の仕方で現成し、自然をも他者として遇する意味で、正しく美しい言語用法は、他者への責任、彼との相生を基準にするとも言えよう。

従って言葉を不正確に虚無的に用いる蛇とは、正に言葉の不正な使用、神という他者から人間という他者を経て自然という他者に至るまで一切の他者関係を破綻に導くという言葉の虚無的異化作用の象徴と言えよう。彼は神をも従える、人間中心主義的全体主義や自同的存在の守護神であり、核神であり、虚神(虚点)であるが、その働きはすさまじい転倒であり破壊であり傲慢であるほかにない。

こうして言語の間、読み込み空間に罪がつけ入る時、そこにパロールのすりかえにおいて虚無が働き始める。従って人間の悲劇的ドラマ(殺人、不法、抑圧、戦争、自然破壊など「創世記」一一章までに語られる災禍)の発端は、自分のユニークな美しい言語の差異化用法をすりかえたこと、ある意味で自ら蛇に成り神を従えようとしたことに存する。その神—人関係の倒錯は、決して他者に関わることのない言葉の虚無的差異化に根差し、同時に人間関係の破壊、人間—自然関係の破れを招いたのであり、世界の虚無化であると「創世記」の神話的部分は語る。そしてわれわれが、注目すべきことは、「創世記」の神話は、創造、失楽園からバベルの塔の物語りに至るまで「言葉」の用い方が一貫したプロットになっていることである。

そこで次にこの神話の罪悪了解を承けて、それを哲学的に理解しようとしたトマス・アクィナスの悪の形而上学にふれておこう。というのも、悪に関する西欧の有神論的形而上学は、結局ライプニッツが構想した「弁神論」（théodicée）に帰着するのでしかあり得ないのか否かを問題にしつつ、次に悪が脱在論的な形而上学の概念でどのように語られあるいは語られ得ないのか、さらに物語り論とどのように関係するのかを吟味したいからである。

2節　罪としての悪の形而上学的理解――『神学大全』を手がかりに

トマスが「神のようになる」という倒錯的意志の考察を、人間（アダム）論においてではなく、まず天使・悪魔（diabolus）論においてなしている点は非常に奇異な印象を与える。それの理由は後述することにして、われわれは『神学大全』の「悪魔は神のように在る（esse ut Deus）ことを欲するか否か」（第一部第六三問題第三項）を参究したい。トマスの議論は次のように要約されよう。

天使が神のようになりたいと欲《おも》ったとき、神と対等の立場になるか、あるいは神との類似を通してかの二通りの方法が考えられる。しかし、天使は神と全く対等になれないことを自然本性的に知っているので、類似的に神のようになりたいと欲った。これには二通りの仕方がある。一つは、自然本性的に神に似ることのできる点に関して類似したいという欲求で、その場合その欲求は自然で、そこには罪はない。二つ目は、本来的に神に似ることのできない点に関して類似したいという欲求で、その場合その欲求に罪がある。例えば、天地を創造する欲求とか、自力で至福を得ようとする欲求である。この点に関連して第二項「天使には、傲慢および嫉妬の罪だけがありうるのか」という問題を読むと、まず傲慢については、天使は神的善（至福、天地創造の力）に魅惑されるという。その際、その魅惑の実現において自分より上位の神の尺度・規則に従わない点で傲慢なのである。他方で神への嫉妬について言えば、神の卓越性が天使自身の卓越性を輝かせるためではなく、天使の意志に反して神的卓越の輝きに用いられることを嫉妬するという。この第二項と前述の第三項を通読すると、悪魔的天使において、罪とは結局、自分の本性の達しえない神的卓越性を、他者関係を律する上位の神的尺度に従わないで、自力で獲得しようとする欲求ないし意志の虚無的倒錯（傲慢）にほかならないことが理解される。トマスは、この傲慢に関して人間論の文脈で検討し、それをやはり諸罪の根源的発端（initium）としている（『神学大全』第一〜二部第八四問題第二項）。別のテキストである討論問題集『悪について（*De malo*）』では、傲慢を意志的虚無としている（第一問題第三項）。例えば、大工が素材を切り違えるのは、正しい尺度に即して切らないことが原因であるように、罪とは意志が理性的尺度を用いない傲慢が原因であるという。その際、この用いないことの原因をさらに求める必要はなく、用いる、用いないという意志の自由こそが、それだけで充分な理由であるとし、その意志の用いないという欠如・否定はもはやそれ以上説明はできない。その否定についてトマスは、アウグスティヌスを引用して、暗闇や沈黙にたとえられると語っている。つまり、自由ということも含めて至高の尺度を用いないという否定・罪である自由意志の欠如的否定は、心理学や社会学的な世界内的因果関係の視点では説明できず、むしろおよそ存在する世界の外、つまり世界に内在的な存在の彼方を指示すると考えられる。その際、外・彼方とは何の謂であろうか。それはトマスによれば、絶対的他者（神）を再び指名する符号であろう。従って罪とは、絶対的他者との関係に始まるあらゆる他者関係の破綻という虚無を示しながら、逆説的な仕方であれ、再び結ばれるべき〈彼方〉、他者の地平を示し続けるのである。

　形而上学が罪悪を、壮大な歴史的事件や巨大な機構体制の不備欠陥あるいは神と悪魔の闘争というマニ教的宇宙論の場面でなく、天使的ペルソナや人間的ペルソナであるこの「わたし」の極めて局所的な自由意志の場面に収斂させて考究したのは、自由意志を生きるペルソナが他者との再・結合（religio＝宗教とは、アウグスティヌス、トマス的伝統にあっては、超越的他者と人間との関係を再び結ぶの意）の唯一的突破口、手がかりであるから、といえる。

そのわたしに近い他者は、「創世記」に戻れば、異性であり親密な神であるのかも知れない。他方でトマスにあって罪・傲慢に関し悪魔論が人間論に先行したのは、われわれの自由意志における罪・他者関係の局所的な破れが、実は悪魔的範型において洞察される宇宙論的歴史や社会的悪（災難や物理的悪も含めて）の諸相・諸次元を同時にかかえるほど重いということの証言なのである。それは、局所的出会いの中に生起する他者との再・結合は、宇宙と歴史を含みうるほどの全一的射程を含むのだと言いかえられよう。これこそ、形而上学的省察の証言といえる。

以上のようにわれわれは、「創世記」の罪としての悪の言語論的考察をなしつつ、トマスの形而上学的罪悪論をも深めつつ、罪悪と苦難および物理的宇宙的悪との連動の地平にもふれたように思える。そこで今や本章のむすびとして、再び「ヨブ記」に立ち返って、言葉の差異化と悪について考究したい。

3節　悪と他者——再び「ヨブ記」へ

これまで罪悪が、意志という極めて局所的な場において生ずるが、他方でそれが人間、神、宇宙、歴史という広大な他者的次元と連動することを、その意味でまた罪悪や苦難が逆説的に他者の地平の拓けへと通じうることをも考究してきた。「創世記」物語りやトマス形而上学の証言によれば、根源悪とは人が絶対者、全能者になるという倒錯・傲慢に淵源すること、それはエヒイェ的働きの否定であり、他者性に対して盲目になる原点であること、以上の意味で、虚無化を働く差異化とも言えよう。もしこの虚無的差異化が罪悪ならば、エヒイェ的差異化は、それとどのように関係するのであろうか。

この問いを承けてわれわれは、「ヨブ記」に立ち返りつつ、エマニュエル・レヴィナスとフィリップ・ネモとの悪と他者に関わる思索を手がかりに如上の問いを考究したい(2)。

レヴィナスは「超越と悪」というテーマの下に、およそ次のように罪悪論および他者論を展開する。レヴィナスによると、ネモはヨブの不安を悪の核心とするが、その不安はハイデガーのように無（存在）を開示するのではなく、世の「終り」、つまり存在でも無でもない世の「彼方」へ（au-delà）導くという。だからその不安を核心とする悪は、世（統合、秩序、規範）に同化されず、世から迫り出してそれを裂く「超過」（excès）なのである。だからまた悪や苦悩は、世に「同化されないものの非同化性」（non-intégrabilitè du non-intégrale）とも言え、カント的悟性の統合に抵抗する異質であり、あるいは内在化させ同化させる全体主義の裂け目でもある。こうしてレヴィナスは、悪が「非場所性、あらゆる調停の拒否、反自然、怪物性、本来的にかき乱す異質（邦）的なもの[3]」としてまず現出することに注意をうながす。だから悪は、ヨブの友人たちが主張する世の応報の正義、神の弁神論や世の秩序を超過し裂き、その裂け目を通して、世とは異質（邦）的な他者の地平を披きうるという。さらに彼は悪が裂開する超過だけでなく、むしろ狙い・意図（intention）をもつという。つまり悪は、誰かが執拗にわたしを攻撃するかのように、わたしを狙いわたしを撃つ。その悪のもたらす傷のうちに、誰かを認め最初の言表が生まれる。「なぜお前はわたしを苦しめるのか。むしろ幸福をわたしにもたらさないのか」と。その言表は、存在論的差異よりも善悪の差異が先行することを告げる。つまり、存在論より倫理の優先を語る。この場合「お前」は、ヨブの神やサタンあるいは人間という他者を示すと言ってもよい。さらにまたレヴィナスは、ネモの「ヨブ記」注解には、「わたしの苦しみとわたしが他人の苦しみによって蒙る苦しみとの関係が問題化されていない」という。「ヨブ記」自体が他者の苦しみを問題化していないのだろうか。この問いを承けてレヴィナスは、神の言葉「わたしが大地を据えたとき、お前はどこにいたのか」（三八4）に着目する。その意味は「ヨブよ、お前も被造物の一員ではないのか」ということで、人間は被造物と連帯し、その被造物に責任をもつことを示しているのである。そこにレヴィナスは、わたしを苦しめる悪が他者をも苦しめており、それがわたしをまた苦しめるという仕方で、世の秩序を裂く「超過」からさらに他者の「彼方」を見る。

それは他者の「顔」に超越が輝くことに似ているという。

以上のようにレヴィナスにあっては、「わたしを追求する悪において、他者を苦しめる悪がわたしに到達する」。そのわたしにふれる悪において他者がわたしに呼びかけるのである。その呼びかけは、わたしの自同性（conatus essendi）を破り、わたしが自分の悪を嘆くよりも先に苦悩する他者に応答すべきであるかのように呼びかける。そこでわたしは他者の苦しみに応え（répondre）、責任（responsabilité）をもつ。その責任からはどんな困難にも拘らず、免責されることはない。レヴィナスは、自己の苦難を媒介に他者に責任をとり続ける倫理的主体の成立を、自・他の苦悩の関係に洞察したわけである。こうして「わたしを狙う悪」の意図において、善の拓け（une perceé du Bien）、つまり神の顕現があることが示唆される。

これに対してネモは反論し、この「モラル的主体は実際に世界を自分だけで担えるのか」と逆に問い返す。つまりレヴィナスは、「わたしの苦難」を結局重要視せず、モラル的主体に負いきれない無限の責任を負わせるのではないかという。そこでネモは、「福音書」の受難のキリストの自己無化が、われわれの苦難と連帯し、苦悩・悪の引きうけにおいて人間が孤絶していない地平を拔くという。その意味で、キリストは、倫理的主体が担う無限の責任を分ち合い、その責任を軽くして人間と共生しうると言う。こうしてネモは苦難におけるキリストと人間の連帯的地平を示すのだ。

しかしネモの贖罪的とも誤解される回答は、自己の悪や苦難を認めて責任をとり回心する代わりに、キリストあるいは他者にその責任を肩代わりさせる犯罪であり、その際、わたしの責任の重さを軽くしたキリストや他者をも共犯者に仕立てあげるのではないか、という烈しい問題性を含む(4)。

ヨブ物語りはこの問題性をどう突破するのか、あるいは突破できないのであろうか。

われわれは「ヨブ記」読解によって、ヨブが神の差異化を蒙って、その市民的社会関係・宗教的義人性という旧い自同性が無化され、いわば絶対零度に達したことを読み取ってきた。その零化された人は、他者の「独りで死なせないで」という呼びかけに「わたしはここに」と応えて他者・世界に責任を負いうる倫理的主体でもなければ、あるいはその罪が贖われ義化されうるという仕方で救済史にすでにはめこまれている罪人でもない。というのも、ヨブは神の差異化としての苦難を蒙って自らがケノーシス（自己無化）そのものに成ったからである。しかもヨブは、その無化の無意味と不条理に怒り絶望し嘆き、その果てに彼に対して沈黙する神を告訴する。しかしその告訴が神に逆転されて、彼の自同的存在の根である、傲慢をも無化されたのであった。それは同時に、ヨブを誘惑し自分に同化しようとしたサタンの自同性をも異化する差異化であった。だからヨブの挑戦やサタンの謀略でさえ、神にそそのかされてやった行為とすれば、それらの行為でさえもが、異化する神の罠にはまった差異化の出来事であったろう。こうしてヨブは、創造以前の零《ゼロ》に回帰させられる。あるいは弁護し憐れむ神によって、かろうじて創造後のカオス（かば、わに）の如き存在として復帰する。その復帰は、新たな創造的生へ向けてのまだ言葉もないカオス的零点ともいえる。ヨブは死のような苦悩を経てようやくこの零点を自覚し、そこに立って未だカオス的で言葉もない自分を受け容れるのである。それは彼の苦悩ゆえの、傲慢を砕かれたケノーシス的謙遜であり神の発見ともいえる。しかし彼の苦難は、そのような有意義なこととして正当化されるわけではない。それは別の仕方でまた差異化される。そのことは、ヨブの挑戦に答えるかに見える神が、全くヨブの苦難の原因や意味についてふれていないという点からも言えよう。言いかえれば、ヨブの悪禍、苦悩、受難による差異化が、さらに今日どのような意義を示すかについては、今日のヨブであるわれわれの道行きと共に引き受けられ、その今日的意義を求めてゆかねばなるまい(5)。

　こうしてわれわれはヨブを通して、フィリップ・ミュラーに自らの苦しみを証言して死んでいった女性たちの「声」に応えるべく呼ばれるのである。それは、根源悪と他者に関わる証言の地平を、今日にさらに披くことへの呼びかけにほかなるまい。

これまでわれわれは「創世記」物語りにおいて、ヤハウェ神の差異化としての創造的言語用法とそれをすりかえる虚無的差異化を読み込んだ。その虚無的差異化こそ、人間をあらゆる他者関係の破綻へ陥らせる罪としての悪であり、トマスはその局所的な「わたし」の罪とその宇宙歴史論的な広がりとの連動を示したのである。

このように二つの物語りを通して、われわれは差異化によって他者を示す神とその淵源としての悪の問題に逢着したわけである。だが差異化的神と悪の差異化の意義に留まるわけにはいかない。そこからわれわれをゆるがし、百尺竿頭《かんとう》を一歩進めさせるのが、「ヨブ記」の言語用法なのである。すなわち、「ヨブ記」物語りは、現象に関する事後的説明をなす学知的な叙述文ではない。それは読者に感動を与え、彼の自同を破って読者をヨブに成りきらせる差異化の言葉であり、そこにポリフォニー的な物語り的自己同一性を成立さす言語的力と根拠が秘められているわけである。それはどういうことなのか。「ヨブ記」物語りの受難をヨブと共に過ぎ越したわれわれは、エピローグの幸福な大団円にほっとすると共に、ヨブの深刻な苦難が何か雲散霧消してしまうような肩すかしを食う印象を免れえない。それはエピローグが、「ヨブ記」本体に付加された民間伝承であるという説明では、決して納得し難い肩すかし感である。むしろ、神を口実にして、ヨブが結局サタン的幸福に充足したのではないか、という疑念さえ湧いてくるのである。今日その疑念に様々な解答がよせられるのだが、その解答はエピローグをエピローグとして認める点で、つまり「ヨブ記」の完了とする点でみな同じである。果たしてそうであろうか。

われわれとヨブの苦難の物語りは終わりを告げたのであろうか。決してそうではあるまい。物語りを単に過去・現在・未来という線状的な時間軸に沿って聞くのではない。過去と現在とは脱在して未来を先駆的に先取りする。だから過去が過去に留まらず、未来の新しいメッセージへと変容して今語りうるのである。だからわれわれは今、その未来から聞くのである。そしてその未来も絶えず自らを脱在する。そこでわれわれはエピローグ（過去）が再びプロローグ（未来）に重なって、今や再度語られ始めるのを聞く。そしてエリ・ヴィーゼルの言う現代の「夜」にあって再びヨブと苦難を共にするのである。そこにわれわれがヨブと共に差異化され、傲慢が破られ、この現代的日常で他者の顔が呼びかける零点にまで連れてゆかれる。こうして物語りはいわば永続的に新たにされ、その都度ある出会いの物語りが始まるのである。差異化の神が他者中の他者であるというなら、彼は逆説的に他者と関わるドラマを生む苦難であり罪である悪に手をまわし、サタンや義人ヨブやわれわれにいつも罠を仕掛けるのである。こうしていつの時代にも、そこで受難する多くのヨブの根本的問いは、ライプニッツ＝ハイデガー的な「なぜあるものが在り、むしろ無ではないのか」ではなく、「なぜ悪があり、むしろ善ではないのか（Pourquoi y a-t-il du mal et non pas plutôt du bien?）」であった(6)。そこにおいてわれわれは、ようやくその他者論的な秘義の淵源にふれたような気がする。

註

（1）H・アーレント『イェルサレムのアイヒマン』大久保和郎訳、みすず書房、一九六九年。
アーレントによれば、ユダヤ人虐殺の責任者として悪の権化のように想像されたアイヒマンは、巨大な独裁機構の中で「思考すること」を奪われた単なるロボットにすぎなかったのである。

（2）Nemo, Philippe, *Job et l'excès du mal*, Albin Michel, 1999.

（3）Ibid., p. 154.

（4）Ibid., p. 17.

（5）Eisenberg, Josy & Elie Wiesel, *Job ou Dieu dans la Tempête*, Fayard-Verdier, 1986.

（6）Nemo., ibid, pp. 98–99.

第Ⅲ部　「アウシュヴィッツ」の深淵の過ぎ越し

第Ⅰ部でエヒイェロギアの輪郭が示され、第Ⅱ部に至ってこのエヒイェロギアが直面するアウシュヴィッツ的根源悪の正体と他者との出会いの可能性とが、「ヨブ記」「創世記」を媒介に深く問われた。第Ⅲ部では、以上の考究を踏まえ、まず第五章においてイエスの十字架死が示す人間相生の断絶がどのように過ぎ越されて相生が復活するのかという問いが、新・旧約の十字架的物語りを媒介に考察され、そこで「われは汝なり」という根源悪超出のエヒイェ的キー・ワードが示される。第六章は、このキー・ワードが人間にどのように体現されるのかを現代の文脈で問い、「異邦人」「顔」「余剰」などの言説を通して思索が重ねられる。

第五章　「アウシュヴィッツ以後」の解釈学

――「イエスの十字架死」の物語り論的解釈

1節　「アウシュヴィッツ」の審問

一　人間の出会いと相生

人間のコイノーニアやコムニオ（交わり）、共生などの可能性を根底的に規定している現代的歴史的状況と思想的枠組み、つまりガダマー的にいえば[1]、如上の人間的可能性を探求するわれわれの解釈学にとって歴史的先行理解となっていることは、「アウシュヴィッツ」ではなかろうか。

ところで「アウシュヴィッツ」という場合、それはナチス・ドイツの対ユダヤ人用「絶滅収容所」という歴史的事実を表現すると同時に、象徴的な仕方で思想的文化文明史的さらには精神史的宗教的意味を示している点を強調しなければならない。すなわち、その象徴的意味には二点ある。一つは、現代での、コソボや東ティモールやイラクなど各地域で生起した、あるいは生起しつつあるジェノサイドや戦争さらには自然破壊も含めた相生の抹殺を象徴するという点である。その象徴的広がりをもつ抹殺は当然、『古事記』物語りに基づく天皇制神話という物語的自己同一性に拠った大日本帝国のアジア戦争をも含蓄する。だからアジア戦争も、アジアに対する人種的偏見と文化的優越感を伴うアジアの「アウシュヴィッツ」といえる。こうしてアジア戦争に駆り出された日本の一般庶民を加害者・罪人に仕立て上げ、同時に被害者に追い込んだ全体主義的抹殺の出来事は[2]、今日われわれを審問し、われわれの今日的な解釈学的枠組みをなしている。

二点目は、アドルノも語るように「アウシュヴィッツ以後」は詩も思索も成立しないという意味においてである[3]。すなわち、アウシュヴィッツの暴力に対して、それまで西洋の啓蒙主義やヒューマニズム、さらにさかのぼってはキリスト教的価値観が営々として築き上げてきた人権、民主主義、平等、自由などの価値観や理念、制度や合意プロセスが立ち向かって抵抗できなかったのである。その限りで、そうした精神的世界やそれを具現してきた社会制度などは決定的に崩壊したのである。レヴィナスによれば、人間の連帯・コムニオという根源的在り方が深刻に引き裂かれたのである[4]。だからそうした崩壊や分裂は、廃墟でありそこから一歩も未来に向けて歩みだせない空虚であり、淵であるともいえる。その虚無は、宗教的視点からみれば、「神の死」（ニーチェ）に止まらず、神による人間の遺棄、つまり信ずる者がその根拠を全面的に奪われたということにほかならない。そのことは神義論の失墜であり、すでにドストエフスキーが、イヴァン・カラマーゾフの口を借りて預言していたことなのである[5]。神の死とアンチ・キリストの再来、サタンの支配というおぞましい黙示録的暗黒のイマージュが、人間の可能性に関わる解釈にのしかかり束縛しその力を奪う。如上の虚無、深淵については、本書の第Ⅰ部第一章1節で考究したので今は繰り返さない。

このようにして本書が、様々な仕方で人間の相生や出会いとその可能性を探るときには、まずどうしてもアウシュヴィッツ的審問に直面し、解釈学的先行理解として以上の様々な含蓄や象徴を示す「アウシュヴィッツ」が枠組み・土台とならざるをえない。従って以上のような、いわば一切の価値観や思想さらに制度や文化という相生の根拠の剝奪を解釈の先行理解とするとき、それは様々な反響を呼びこむが、特にわれわれのテーマ、出会い、相生、コムニオ、公共性などの成立可能性の探求にとって、絶望的な致命的な先行理解となりうるわけである。それにも拘らず、人間の出会いの可能性、協働態の成立の地平を探ろうとするとき、直ちに如上の先行的理解から、われわれ人間の出会いに関わる否定的で困難な現実にも拘らず、出会いの地平を待望しその手がかりを求める模索に対して、次のような基本的理解が生じ、応えるべき重要な問いとなってくる。

二　イエスの十字架死

まず、われわれの現実に関わる理解を提示してみたい。それは人と人の間には、根源的な断絶の淵がぱっくりと穴を開けているということである。例えば、言葉は今日の情報社会にあって、あたかも発信者と受取人の間を媒介して情報メッセージを伝達する有効な手段とみなされるかもしれない。しかし人は同時に心が通わない、思いが通じない、あるいは苦悩を訴え嘆く人に対して何の言葉もかけることもできない等々、言葉によるコムニオに絶望しているのも、まさにその情報社会の人間関係においてである。事務や事件の情報は伝達できるにしても、心の思いは伝達しようがない。つまり人間が情報関係的存在であるというのと、心身的交わりの存在であるとは、およそ意味論的にも脱在論的にもレヴェルが異なっているのである。そこで、この人間の交流を断絶させる働きや原因や機構が問われる。と共に、その断絶において対話、協働、相生が可能であるとしたら、そこで働く作用や脱在は何であり、あるいは誰であるのかが問われざるをえない。こうして人間の淵において、そこを過ぎ越す交流や出会いへの問いは、単に人間関係論、メディア論、情報論を超えて根源的な、つまり優れて言語論的脱在論的問いとなる。

次に、この問いに着手するわれわれの方法や手がかりに関わる理解を示してみたい。われわれは、その手がかりを、まずイエスの十字架事件、あるいはその物語り、さらにその文脈となるいくつかの生死の物語りに求めよう。なぜなら、十字架を核心とするそれらは優れて「アウシュヴィッツ的」だからである。まずはイエスの十字架事件、それはどういうことか。イエスの生死において、他者との交流や断絶とは一体どういうことだったのであろうか。

一般的な聖書学的合意としては、史的イエスは神の国の到来を告げ、その福音・喜びのメッセージを伝え、ユダヤ教神政体制をはみ出る「神の国」運動を興した。そこに弟子たちも参集したが、彼らはユダヤ教的な栄光のメシアの到来とそれによるダビデ的なイスラエル王国の勃興を期待し、自分たちもその地上的王国の栄光に与れると思ってイエスに従ったのであろう。しかし、イエスがユダヤ教大司祭が治める最高法院で偽メシアとして裁かれ、続いてローマ総督ピラトによって政治的反逆者として死刑の判決を受け、十字架刑によって抹殺されると、彼ら弟子たちはイエスの生前の神の国協働態とその教えを裏切り彼を見すてて離散してしまった。こうしてイエスは葬られ、神の国協働態は分裂消滅し、その後には虚しい空虚だけが残った、云々。

しかし、歴史物語りのプロットや事件は、全面的に転換する。イエスの悲劇的死後、弟子たちは突如再結集し始め、イエスを神なる「主」（キュリオス）と宣言し、そこにユダヤ教の枠組みをはるかに超えたキリスト教協働態が成立し、その宣教は小アジア、地中海を経てローマ帝国の随所に広がる。こうして今や「ギリシア人やユダヤ人、男や女、自由民や奴隷の区別のない」（「コロサイ」三11）普遍的協働態運動が世界に展開しつつ、キリストの再臨を待望する。

以上のように、イエスの磔刑死や弟子たちの背教・離散とその後の彼らの劇的な再結集の間には、説明不可能な謎、空や無が、断絶が淵のように深く穴をあけている。それは史的イエスと栄光のキリストとの間に横たわる歴史的断絶であり論理的飛躍の淵ともいえ、告白表現的には「イエスは、主である」「イエスは、キリストである」(6)という表白がかかえる絶対矛盾、非連続である。われわれとしては、先に共生、交わりに関わる問いの手がかりとして提出された、この十字架事件がかかえる如上の歴史的連続の淵、交流の断絶、非連続、無、闇が、どのように、どんなことによって、どのような物語りのプロットによって媒介されるのか、そしてそこに死んだイエスと離散した弟子に関わる交わりの連続性や関係の同一性が果たして成立しているのかいないのか、いるとしたらそれはどのようなことなのか、を問いつつ、本来の人間の淵の問いに参究したい。それは言いかえると、まず十字架以前と以後が、イエスとその存在も含めて一つの開かれた物語り的同一性をもつのか否かという問いと、さらにその問いから転じて、アウシュヴィッツが断絶した人間の絆が今日どのように回復されうるのか、そしてそもそも人間の淵をわたる交わりに働く根源的Xとは何かという問いに対する参究にまで至るのである。

三　現代の解釈学

われわれは、窮極的に如上のXへの問いの手がかりとして聖書のテキストをあつかうわけであるが、その際、解釈学を方法としなければならない。その解釈学的方法について一言述べておきたい。

聖書テキストを現代人に限らず、各時代の人々が解釈する場合に、その時代の子として彼がそこにおかれた時代や地理が前提とする習慣、信念体系、思想、イデオロギーなどを解釈の構成要素、基盤としてそこから出発しなければならない。図式的に例示すれば、ギリシア教父の聖書解釈にはヘブライ思想だけでなくプラトン主義的哲学の影響は大きいし、ルターのテキスト解釈にはスコラ後期の唯名論が、ブルトマン的聖書解釈の背景にはハイデガー哲学が、さらにボンヘッファーの聖書解釈の根底にはヨーロッパ・キリスト教の世俗化のコンテキストにおけるナチス的全体主義の迫害が窺われるという風に。もっと根本的にいえば、聖書的諸伝承やテキストが成立するその時に、すでに当時の人間の自己理解や文化的傾向が働いていたのである。われわれもまた現代的状況や特定の場におかれ、一人ひとり異なる生死をかかえ生きている。そのわれわれが、様々な過去のテキストを解釈する時、過去と現代との地平の融合が生ずるわけである。しかし、現代のわれわれが、如上の意味で自らに固有の解釈学的前提に立って、聖書テキストの解釈に入るというときは、これまで聖書テキストを解釈した解釈学的状況とはかなり異なる事情におかれているように思える。なぜなら、われわれは、聖書テキストを自己完結的な正典と考えて、その内からテキスト分析に即して釈義学的に解釈する立場を最早とりえないからである。あるいは聖書の伝承史、社会学や考古学、比較宗教史などを援用して、テキストの内在的意味や事件を歴史的に再構成することで満足できないからである。言いかえると、聖書テキスト全体の〈外〉から、強力な時代的視点（場合によってはバイアス）を以て、いわば暴力的に解釈せざるをえない。それはなぜかといえば、われわれがアウシュヴィッツ的審問にさらされているからである。ブルトマンは、科学主義的時代に面して聖書の非神話化を実行した。しかし、今日、アウシュヴィッツ的ともいえるエコノ＝テクノ＝ビューロクラシーが支配している以上、われわれはもっとラディカルである。それほどアウシュヴィッツに根差す絶望的危機的な時代や精神的状況から生ずる視点や審問で、テキストのとびらを叩くからである。以上のようにアウシュヴィッツ的解釈学と審問の帰結は大きいといわなければならない。後でまた言及し考察するとしても、今、予めここでその決定的本質的例を二、三挙示してみれば、次のようなことになろう。

一つは、われわれの歴史的な現状況に関わる救済史的あるいは実存的理解に関係する。一般に新約におけるイエスのメッセージは、神の国の到来と共に始まるとされる。諸々の奇跡は、その到来現存のしるしであるとされ、最早サタンの支配は終わったと語られる(7)。すなわち、イエスと共に神の国はすでに現存し、彼の来臨と共にそれは完成するという。あるいは、現在の歴史的状況と時を救済史の「すでに―いまだ」の間に位置づける中間時観、さらにそこにおける人間の在り方として「中間時の倫理(8)」が強調されてくる。

けれども、もしわれわれが「アウシュヴィッツ」において、神による人間存在の遺棄を、あるいはむしろハンス・ヨナスのように、アウシュヴィッツの根源悪に対して沈黙していた神の中に「全てを此岸に譲渡し無力になった神」を指摘し、そしてそこに含蓄されるキリスト教の歴史的破綻を読みとったとき、さらにはそこでまさにサタンが跳梁することを自覚せざるをえないとき、サタン支配を克服した神の国やあるいはそこでの中間時的なエチカも、そのままでは空疎なメッセージとなり、無意味となるのではないか。

さらに、如上のようなアウシュヴィッツの暴力にさらされ、「神の沈黙」に面して無力のどん底にあえぐ人々に対して、福音的要求やそれに対する実存的決断や責任を説けるであろうかという深刻な疑義が生ぜざるをえまい。例えば、ブルトマンのいう「神の意志」を告知する非神話化された聖書的メッセージに、アウシュヴィッツの「生ける屍」やレヴィナスの無力な顔が実存的決断によって応えることができるとは誰も思うまい。今や非神話化の基準である科学（時代）が二十世紀の神話になってしまったからでもある。他方で神の恩恵や全能によって応えうるという人は、アウシュヴィッツの絶望の深さに気づいてはいまい。だから、神と人間（の内面）との関係を、神からの呼びかけと人間の応答という仕方で直結させた近代的宗教的人間像は、今日の人間を苦しめる。

さらに、イエスの最後の絶叫「エリ、エリ、レマ、サバクタニ」に関わる解釈学的理解を示しておきたい。この絶叫は一般に「詩編」二二の引用で、その「詩編」の始まりは苦しむ義人の絶望にみちているが、終わりは義人を塵（死）から救いとる神への信頼と賛歌でしめ括られている以上、イエスは神賛美の終わりまで全詩編を叫びたかったに違いない。従って「エリ……」とはむしろ希望の叫びであると理解されている(9)。しかし、われわれがアウシュヴィッツの先行的理解から出発するとき、十字架上のイエスの叫びは、むしろ自らの生前の諸活動やメッセージに対する明白な懐疑として理解されうる。あるいは、自己の生前のいわば神学的意味づけを全面的な放棄して、父（アッバ）なる神への全き委託としても理解されよう。あるいはまたこの叫びは、イエス自身の歴史的言葉ではなく、後代の編集者や伝承を伝えた人々が「何かを叫んで死んだ」イエスの口に「詩編」二二をのせた編集的叫びだとしたら、その編集者は、何を意図したのであろうか。もし彼が、十字架上でイエスの生涯が決定的に断絶し終了完了し、その先はわれわれの通常の理解にとって理解不可能な深淵・無であるということの徴表としてこの「エリ……」の言葉を引用したとしたら、彼はわれわれに近いといえよう。

われわれのアウシュヴィッツという現代的歴史的解釈学的先行理解あるいは根底的なパラダイム的理解は、以上のような仕方で聖書テキスト理解に問題を提示する。そのことを確認し自覚して、次に十字架の死の前後を截断する無、淵の間にどのような連続と交わりが可能であるかという根拠と可能性に参究したい。われわれも今日人間の淵においてあるのだから。

2節　「深き淵より、主よ、あなたに叫ぶ」――「詩編」（一三〇1）

一　聖書テキストの内在的読解

われわれは、アウシュヴィッツ的先行理解という聖書の〈外〉から聖書を解釈しようとする。しかし、そうした〈外的〉立場に拠らない歴史内在的研究には、聖書テキストの内在的釈義や歴史的研究に拠って、十字架・復活に至るイエスの生涯を再構成し、そこから「イエスは、キュリオスである、キリストである」という告白に関して、あるいは離散の弟子の再参集、つまり初期キリスト教の成立に関して必然的理由や原因がまず何よりも追究・仮説され、研究の基礎とされよう。そうした仕方で、イエスとキリスト、人間と人間との淵をわたろうとする内在的研究は、どのような仮説を立てうるのであろうか。以下では、そうした説明やアプローチを概観し、問題点を考察したい。

（イ）　最も簡単だが一般的に説得力を与える説明は、史的イエスが「神の国」などの、新しい人間観や世界観の運動を興し、弟子もイエスの死後はじめてそのことを理解してイエスの運動を継承発展させたという説であろう。その説を承けた場合、生前のイエス像の歴史的再構成は多彩を極める。以下その幾つかの例を列挙してみよう。

イエスこそ、家父長制の下に抑圧されていた女性の解放者であった。だからこそ、男弟子が彼を見限った後も、女弟子は十字架の下に、さらに埋葬にまで従った。そしてイエスの死後にも、彼の現存やある種の存在を男弟子に伝え、教団結集に寄与したのも女弟子であった。

イエスは、魔術師として生前様々な奇跡を行って民衆を集め弟子を育てた。彼の死後、弟子たちは受け継いだ魔術力により奇跡を行いイエスの現存を訴え、教団を形成した。

イエスは、エルサレム神殿体制の偽善に抗して死海沿岸で生きたエッセネ派クムラン教団の「義の教師」であり、メシアの終末的来臨の待望の中で弟子と共に教団を形成した。その教団は、彼を「義の教師」として仰ぎ、彼の受難死の後も、メシアの即時的来臨を強く待望し宣教する原始キリスト教団として存続した。

イエスは、全く新しいユダヤ教のラビとして登場し、ユダヤ教の律法を超克する教え、つまり異邦人をも歓待する超民族的倫理を広め、死後もその教えは、例えばパウロのイエス体験を媒介に運動体を形成して伝播していった。[10]

（ロ）　同様な理解線上でいえば、次のようなイエス理解も主張される。生前の史的イエスを再構成することは不可能であるが、様々なケリュグマ、つまり福音宣教の内容である使信が初期教団によって形成され、イエスのケリュグマを伝える使徒や宣教者は、そのケリュグマにイエスが現存すると理解した。つまり、イエスは、ケリュグマにより現前し今日に語るわけで、従ってイエスを現前させ続けるケリュグマに拠ってこそ、キリスト教教団の歴史的自己同一性が確保される。[11]

（ハ）　イエスは、義人であり義人として神の許に昇天した。かつてエノクが神と共に歩み、神に取られ消えたように（「創世記」五24）。あるいはエリヤが火の戦車に乗って天に上げられたように（「列王記下」二11以下）。彼らは現在も生きており、アブラハム、イサク、ヤコブのように生ける神と共にいる（「マルコ」一二26‐27）。そして義人、例えばエリヤが世の終わりに再来するように（「マラキ」三23）、死んだと思われたイエスは再来して現に働いている。事実、奇跡を行った生前のイエス自身が、洗者ヨハネやエリヤの再来だといわれていたのだから（「マルコ」六14‐15）。ところで、イエスが死後生き返って再来したということは、事実上弟子たちの幻覚的幻視的幻聴的な体験にほかならないが、いわばこの幻視体験に拠って弟子たちは再結集したのである。彼らが聞いて見たことは、生前のイエスの言葉や

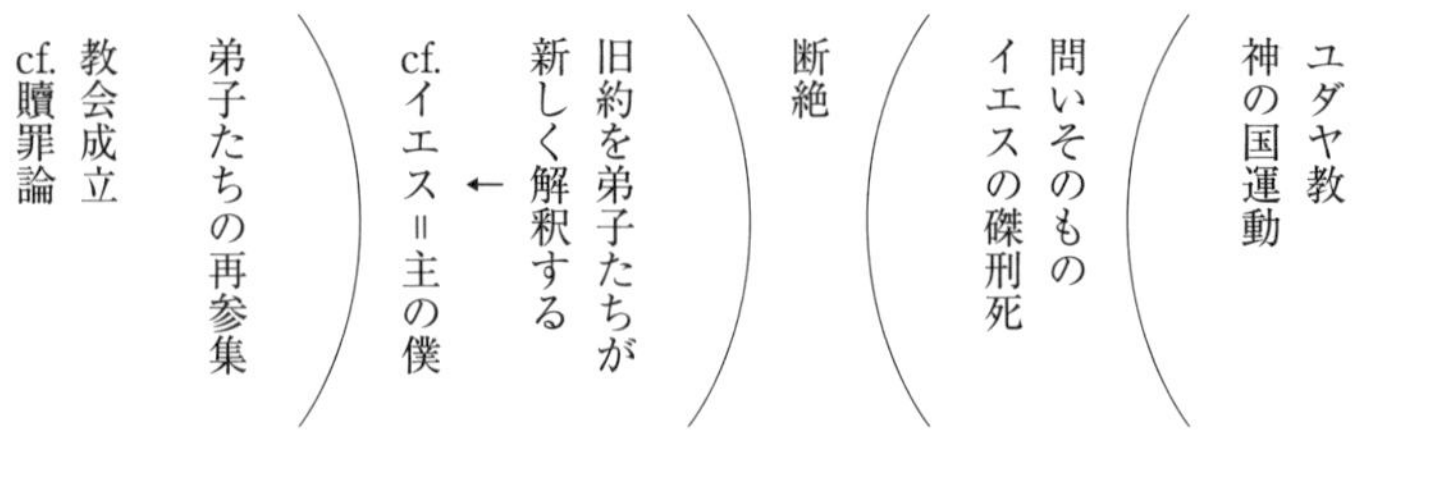

図１ 原始キリスト教の成立（大貫隆）

人物そのものの幻聴幻視にすぎない。

（ニ） イエスの十字架はきわめて典型的な解釈学的事件であって、一度離散した弟子たちが十字架のイエス（問いとなったイエス）を巡って聖書（トーラー）テキストを解釈し直して新しい生の在り方を見出して参集した。例えば、イエスは、自己の死を「多くの人々の罪の贖い」として了解した。だから第二イザヤの「主の僕」や受難のメシア像に関わる聖書の言葉こそ、イエスを予め語った言葉として弟子によって取り上げられたのであり、そう彼らが解釈することは当をえている。あるいはまた裏切ってイエスを棄てた自分たち弟子の罪もまた、罪を贖うイエスの死において贖われるのだ。十字架事件自体が大きな問いであるが、こうして弟子たちは解釈によってその問いを克服し再結集しえたのであると[12]（図１）。

（ホ） あるいは、十字架において死んだイエスは神から見捨てられている（「一コリント」一二3）。霊的キリスト（の霊）こそ、死と生の断絶およびキリストと弟子たちとの「人間の淵」・無を乗り越える理由をもっている。だから、霊に自己を託し信ずる完全なキリスト信徒は、すでに死を超え霊的に復活して救われているので、彼らには、肉体の復活などありえない[13]。彼らが霊的キリストの教会を形成する。

（ヘ） イエスの十字架刑は、彼の受肉も含めて事実としての歴史的事件ではなく、実は精神的見せかけのことである。というのも、まさに神性と人間性、精神と肉体、霊と質料は相反する二つの原理であって、受肉などは不可能である。だから歴史的イエスとは、叡智界・神的領域から神が地上に到来して、物質的な世界や身体に束縛され盲目となっている神の子たち（神性の断片）に対して、彼らが本来的な自己、つまり神性を覚知（グノーシス）するように教えさとらせるための仮の姿、つまり救済者の仮現的契機にすぎないからである。従ってイエスは、われわれが彼の福音のテキストなどを通して自己の精神を覚知し叡智界に還帰するための契機にすぎず、われわれはそのことも含め自己の神性の覚知（グノーシス）に至る修行につとめるべきである。キリスト教団とは、そうした覚知者たちの普遍的教団の一形態にほかならない(14)。

以上のようなイエス論、すなわち十字架のイエスと栄光のキリスト、あるいは挫折した背教の弟子と初期キリスト教協働態形成の使徒とのギャップをうめる説明がもつ根本的性格は、まず十字架に至るイエスの生涯と言行に鍵を見出し、歴史内在的因果論に拠りいわば連続的にイエス死後の協働態成立の謎を解こうとする点にあろう。そこでは、現代の聖書学の歴史的手法が厳格に適用されているが、他方でイエス像再構成に対するアプローチや分析が、現代のイデオロギー的諸傾向に影響されてか、粗雑であり一面的である傾向を示すものがある。第二の性格として、上述の説明方式の核心には、弟子たちによるトーラー解釈のイエスへの適用という解釈学的理解がある。しかし、なぜ、無知で栄光のメシアを信じていた弟子たちが、無の淵を超えるまでのイエス＝キリスト解釈をなしえたかという、いわば飛躍についてはは十分説得的ではない。他方で様々なイエス＝キリスト像は、解釈学的前提として現代話題になっているテーマや諸学知（社会学、政治学、フェミニズム、宗教史学など）やイデオロギーを無意識的に仮説し、それを明白に提示吟味せぬまま、イエス像の歴史的再構成と混合し融合しながら、歴史的再構成の作業を進めている印象を与える。

二　「アウシュヴィッツ」の深淵

われわれは、十九世紀〜二十一世紀にわたる戦争、革命、ジェノサイド、ショアーなどの人間の虚無化と受難の中に「神の死」および「神による人間の遺棄」、「サタン支配」を深刻に洞察し、それを「アウシュヴィッツ」事件に象徴的に重ね合わせて「アウシュヴィッツ」をわれわれの解釈学的先行理解、パラダイムとする理解を提示した。こうした仕方で同様に解釈の根源的前提が明白に看取されるのは、東洋的仏教解釈（場の理論）による聖書学的探求を推進している八木誠一などの日本の聖書学者においてである(15)。

いずれにせよ、上述のような十字架をめぐる謎を説明する諸説は、各々それなりの歴史学的思想的価値と示唆を示しつつも、淵および審問への根源的手がかりとして考究されるイエスとキリストとを断絶する淵への問いに対して、アウシュヴィッツに対して、それを越えるだけの解釈学的思想的力量はもたないように思われる。

なぜなら、われわれは、聖書内在主義的方法に拠って歴史的に再構成されたイエス像を、さらにはイエスの絶叫「エリ、エリ……」を、聖書の時代を含む二十一世紀までの人類的世界史を破綻させたといえるアウシュヴィッツによって、聖書テキストにおいて、同時にそれを超えて〈外〉から解釈しようとするからである。それはまた単に学的な解釈作業に止まらず、十字架を今日的事件として各人が担うことへと展開しよう。それこそ人間の淵ということ（言、事）の担いにほかならず、その担いと解釈学的問いは「深き淵より、主よ、あなたに叫ぶ」（「詩編」一三1）叫びとなろう。

3節　イエスの十字架死と解釈学の諸問題

われわれは、以上のようなアウシュヴィッツ的解釈学の先行的パラダイム理解を根拠にして、イエスの十字架事件に参究したい。その際、前節において列挙された諸説、諸解釈も含めて、一方で解釈学や歴史学的方法を参照し、他方でそれらがもつ問題点を再度深く掘り起こし、疑義を提出しつつ、その過程でわれわれによる「イエスの十字架」

解釈の方位と特徴を示してゆきたい。

一　イエス死後の謎

イエスはユダヤ教側からは最高法院で宗教的犯罪者と断罪されてローマ権力に引き渡され、ローマ総督ピラトによって政治的反逆者として処刑されたことはほぼ事実であろう。けれども、われわれは、イエス自身の意識内を窺って彼が自分の十字架死をどのように理解していたのかを知ることはできない。というのも、新約や旧約という文学類型があまり内面的な心の描写や意識状態に興味をもたない、行為論的言表だからである。さらに本質的なのは、四福音書が伝えるイエスの「受難物語り」は、すでに初代キリスト教の神学的理解、特に復活の視点の下で、祭儀的な生活の座で形成された可能性があるからである。例えば、最古の資料といわれるマルコの受難物語り（一四～一六章）は、イエスを神の子と証する神学的証言となっている。次に福音書のイエスによる受難予言は、その死後イエスの口に入れられた事後予言の可能性が大だからである。さらに彼の言葉そのものは、あまり「受難」にはふれてはいない。さらにまた「人の子は……多くの人の身代金として自分の命を献げるために来た」（「マルコ」一〇45）という贖罪論に関わる言葉を巡って、聖書釈義学はイエスの真正な言葉としては疑問視し論争を繰りひろげている。というのも、罪の贖罪「論」をイエスは語っているわけではないからである。他方、パウロの贖罪論的言表である「一コリント」一五3「キリストは、聖書に書いてあるとおり、わたしたちの罪のために死んだ」は、初期キリスト教の伝承であるとされる。その伝承にあってイエスの受難死は、「イザヤ」五三1－12の光の下で贖罪論的にも意味づけられたのであろう。

他方で、ユダヤ教当局の敵視や洗者ヨハネの非業な死を意識して、イエスはいわば苦難の義人としての自分の暴力的死を予想しえたとまではいえる。

従ってイエスの自己の死への理解や意識を、直接歴史的に明るみに出すことはできない。ましてやイエスが、救済的神学的意味で自らの復活・栄光について明確に予知して、弟子たちにその意識を徹底的に教え込んでいたかどうかは釈義的には確定できない。

以上の探究からも、イエスの死後、弟子たちが突如と言えるほど参集して栄光のキリスト支配を告げ、異邦人をも歓迎してゆく運動の現実化は、解釈学的には奇跡的であり、謎というしかない。

二 弟子たちの参集

従って、この謎をめぐって、様々な解釈学的疑義が生ぜざるをえない。

そこでわれわれが如上で解釈されたこの十字架事件を、さらに広いアウシュヴィッツ的パラダイムと重ねてみると、十字架事件とは、弟子たちがそれまで教えられ理解してきたトーラーやイエスの教えも含めた歴史的、文化的な、先行的理解を超える異様な不可解な謎であるといえる。つまり十字架は彼らを無に直面させ背信させ滅亡させるかのように、彼らの先行的理解や理解のモデル（神の国、奇跡、栄光のメシア、応報的思想など）を崩壊させる事件なのである。

そうすると、彼らの先行的理解を超える仕方で彼らが参集しえた理由は、一体何であろうかという疑義が深まる。その参集は、いわば無からの再創造のような性格を帯びるからである。

（イ） だから、例えば、彼らがトーラーを再理解して贖罪論などでイエスの死を解釈して参集したと仮定しても、イエスの死にそもそもかくかくしかじかのトーラーをあてはめた視点そのものは、どこから生じえたかと問われうるのである。つまり、新しい視点そのものは、旧約的贖罪論の先行理解の連続的継承を断つ全く新しい視点であり、その限り、その視点はどのように彼らに生じえたのかと問われるのだから。

（ロ） また仮に釈義学的な意味での歴史的可能性として、彼ら弟子たちがトーラーやイエスの教えを先行理解としてそこから内在的連続的に新解釈をなしえたとしても、それは十字架事件に関する意味づけ、神学的再構成、ある実存的企投などの可能的世界の構築であって、そうした可能的世界の構築と実際の現実化（協働生活、異邦人への宣教、キリストの再臨待望の生、キリスト教的生活、殉教など）とは全く別な次元のことである。その次元の違いは、可能態と現実態以上の相違であって、そこにどのような高次の現実態・エネルゲイアが働き介入して多数の可能性から一つの現実が具体化するのかという問いが生ずる。われわれは後述するように、聖書記者が、その現実化のエネルギー、つまり歴史の〈外〉から介入する差異化を、聖霊（プネウマ）と呼んだとも考えるのだが。

（ハ）　また弟子たちが、十字架事件に絶望しいわば無化された現在にあって、過去のテキストや言葉に再生の希望を問いつつあるとき、同時にまたその現在も過去に連続的に統合され形成されていると解釈したとしても（ガダマー的な地平の融合）、この過去と現在の相互的影響という無限な解釈学的循環の可能性や限定から、彼らがどのようにして抜け出して、解釈学的にも全く新しい参集とエチカ的生の新ヴィジョンと復活の異次元に参入しえたのであろうか。こうした疑義が深まるのも、十字架事件には解釈学的循環を断つ、ある種の無への直面とそこからの飛躍とが現実に示されているからである。

（ニ）　さらに弟子たちが、仮に従来のユダヤ教的トーラーやそれを変更・革新しつつあったイエス的な教えにふれ、そこからイエスの死後、新しい解釈とキリスト教的物語りや基本的文法を再編しえたとすると、イエスの十字架は優れて解釈学的事件と呼ばれうる。しかし、問題は、トーラーや革新的なイエスの教えが、いずれも広義のヘブライ的文法や意味論の内部で機能していた以上、弟子たちによるキリスト教的文法と言語用法の創出に対しては、ウィトゲンシュタイン的意味での「生活形式」の変更に匹敵するキリスト教的生活形式が同時にあるいは先行的に生起していなければならない[16]。では、そのような旧文法から新文法を創出させる生活形式の激変とは一体何であったのか、という疑義が生ずる。そしてこの生活形式とは、文法や解釈をも織り込んだ歴史的物質的な何かである以上、意味論的解釈学的あるいは個人の実存的レヴェルの、その〈外〉の現実でなければなるまい。

（ホ）　こうしてイエスの十字架死と栄光のキリストとの淵・闇を結びつけうることは、もはや解釈や文法の変化・転換だけでは説明しきれず、それは極めて物質的生活あるいは身体的経験として身体性の契機を秘めていなければならないことが明らかである。そういう経験は、従って何かサクラメント的経験であろう。勿論それは後述するように、キリスト教会の執行するサクラメントに直結する意味ではなく、もっと根源的な原サクラメントと言ってもよい。すなわち、その経験は、歴史的事実に還元されず、歴史内在的経験でありつつも、同時にそれを歴史の〈外〉から成立させる条件であるといえる。そして経験といっても、感覚的知覚や知性的認識というような人間の一能力による部分的経験ではなく、霊性、知性、感性、身体性などを総動員させてそこに示されてくる全的人間の経験であろう。サクラメント的とは、そういう意味での経験であり、その経験は、教父によって霊的感覚と呼ばれた感受に近い[17]。しかも、次に重要な注目点は、その経験を近代的人間論に即して個人的実存の領域に閉じ込めることはできないのであり、いわば集合人格的ないし協働的経験という地平でも感受されうる余地を残す必要があろうという点である。従ってその経験は、ハイデガーやブルトマンさらにキルケゴールのいう現存在や単独者的な宗教的実存の企投ないし主体的決断のカテゴリーでのみ解釈されてはなるまい。だからその経験は、個的でありかつ集合的協働態的さらには場所論的地平を予想するのである[18]。

（ヘ）　この十字架事件の経験に関して特に注目すべきは、悪の経験であろう。それは、ローマ支配による政治的抑圧であり、ユダヤ宗教体制による宗教的排斥であったが、他方で素朴な弟子たちにとっては、根底的に師イエスの愛に対する裏切りであり、それによる実存的な罪意識であったといえる。この罪・裏切りの赦しという仕方で、弟子の間に贖罪論が成立したとも解釈される[19]。但し、この贖罪論が、まずなによりも、弟子たちの解釈であるなら、それは自己正当化の域を出ない。また人類（アダム）を射程に入れても、トーラー的贖罪論の先行的理解の枠組み（例えば、正義の神の審きに対する贖罪という観念）を出ない。さらにいえば、一体贖罪論によって人類史的な根源悪（他者の抹殺など）とその神話的表象（サタンの支配など）は、克服されうるのであろうか。むしろ悪の経験にあって、次のような根源的経験が弟子たちに到来したのではあるまいか。すなわち、弟子たちには、多分赦しの体験が生じたに相違ない。なぜなら、人間の淵を超えて交わり出会いが生起するところには、すでに赦しや和解が働いているからである。そしてその赦しは、十字架的な悪や弟子たちの背教に対する贖罪的正当化の解釈をはるかに超えて、〈外〉から突如として、人間の予測をも超えて無償に到来する恩恵的体験であったといえる。[20] そして恩恵には、愛の赦し以外に、それを説明しうるそれ以前の原因も理由もない。その意味で赦しの生起は、歴史的因果的あるいは影響史的説明を超えるのである。

三　排他的自己同一性の〈外〉

さてこの贖罪論を始まりとする神学を通して、弟子・使徒など初期キリスト教は、十字架の前・後の淵を架橋しようとしてその間の同一性を物語り、いわば神学的「物語り的自己同一性」[21]を通して、十字架や人間の淵によって裂かれた自己や他者の交わりを確証していった。その典型として、様々な文学的ジャンルから成る新約聖書の正典結集のプロセスとその完成は、初期キリスト教の成立である「物語り的自己同一性」、さらに神学の成立と考えることができる。そこで、今はその物語り的自己同一性の内実に焦点をあて、それが人間の淵への問いをも含めた十字架事件の淵を架橋する鍵となりうるかどうかを考究してみよう。

（イ）　物語り的同一性は、先述したように現在に拓ける他者との出会いをプロットとして、未来や過去の方向に時間が広がり、それと共に物語りも創成する。その次に想起を媒介にして、さしあたり始め、終わりそして両者を媒介する現在的中項によって、一つのプロットが過去↓現在↓未来の時間軸に沿って物語られて成立する。その際、この物語り的自己同一性が、他者に開放されてゆくためには、最初の現在に拓ける他者との出会い（のプロット）を手放さず、物語りの始めと終わりを脱在し続けることが核心となる。もし、過去→現在→未来という線状性とそれに沿った物語を語ると、まさに自閉的、排他的となる。その排他的になる典型的物語りの筋を、救済史によって例示してみよう。この物語りの始まりは、第一のアダムによる過去の原罪物語りである。この原罪によって楽園エデンを追放されてから、人間の罪業とそれに対する神の赦しのドラマが展開する。この赦しと人間改造の物語りは、主にノア契約に始まり新しい契約に至る諸々の契約（アブラハム契約、シナイ契約、ダビデ契約）によって更新され分節化されている。ノア契約は、大洪水による自然および人間の絶滅と再生の物語りであり、続くアブラハム契約は、後継者イサク、ヤコブによるイスラエルの根源的同一性成立の物語りである。続くシナイ契約は、イスラエルが奴隷的破滅状況から解放されて神の民（イスラエル十二部族連合）として誕生する物語りであり、続くダビデ契約は、王朝物語りとなり、この王朝の歴史の破綻は申命記学派によってトーラーを遵守しない王や祭司などリーダーの罪として物語られ、やがてイスラエルのバビロン捕囚後に展望される新しい契約の物語りにひきわたされる。以上のような契約を基調とする救済のプロットは、初期キリスト教によって新約のイエスによる契約において完成されるよう物語られる。なぜなら、このイエスこそ、第二のアダム・キリストなる救い主として律法にかわる信仰の義認によって、それまでのイスラエルの破綻を希望へと止揚し、罪からの解放までを含めた異邦人の新約的協働態（神の国）や教会の物語りの創始者であるとされるからである。この教会の時は、終末の決定的開始ではあるが、その最終的完成はキリストの再臨をまたなければならない。こうしてこの物語りは、広く救済史的物語り的自己同一性にまとめられるわけであり、その始まりは原罪、その中間時はキリスト教会、終わりはキリストの再臨という風に救済のプロットが組立てられる。こうした物語りの筋立ては、摂理や予定論として固められ、さらにその物語りを破綻させ異化させるような悪の原因は、人間の自由意志に帰され、他方で神は専ら善の最高原因として世界史を摂理してゆくとされる。このような救済史的物語を脅かす悪の問題（信仰者の不幸や戦争や背徳、無垢な幼児の死など説明できない悪や罪）が起こると、必ず神の正義が問われ、その問いに対して弁神論（théodicée）が物語られ[22]、救済の破綻をつくろおうとする。従ってこうした救済史的物語りは、いわばその自己同一性を、そのあらゆる矛盾や破綻に対して弁神論的に対応しようとするとき、極めて自己完結的で自閉的な他者排斥の物語りへと転化してゆく。その自閉は、例えばユダヤ人選民説や中世キリスト教文明の自己同一性を護ろうとした十字軍や異端審問となって現象したわけである。あるいはキリスト教に属さなければ救済されないというイデオロギー（教会の外に救いなし）が、排他的唯一神教として、西欧的ロゴス中心主義と相乗して、近代西欧を支配した点は記憶に新しいところである。以上のような排他的自己同一性は、E・レヴィナスによって自同性（le même）と呼ばれるほどに、存在論認識論から歴史や社会論や民族さらに個的生存に至るまで根深く作用している自己中心性の根（我意）といえよう。その意味で、われわれは、排他的物語的な自己同一性を「自同的物語」と呼んだわけである。

従って人間の淵（人と人との絶対的断絶と差異）を過ぎ越し他者との出会いを求めるため、キリストとイエスの絶対的非連続性を根本的手がかりとして探求するわれわれは、こうした自同的救済論の〈外〉において、開かれた物語り的自己同一性を、十字架事件を他者との出会いの場として解釈学的手がかりとして求めるのである。実に如上の救済史的弁神論的物語では、決して十字架とその解釈学的先行理解となるアウシュヴィッツの審問を過ぎ越しえないからである。

（ロ）　それでは、上述のような排他的自己満足的な物語的自同性の〈外〉とはどういう場であり何であるのか、そして〈外〉の物語りとは何かが問われてくる。さしあたり、まずわれわれは、〈外〉の物語りとは、先の自同的物語に対してアナルシー（an-archie = a + archè として始まりなき始まり、または始まり以前）であると言える。だからアナルシーは、自同的物語にとっては無であり空である。あるいは想起できる限りの過去の物語によっても記憶され表象されえないそれ以前の沈黙の淵である。[23] また一応自同的物語の終りに含まれるが、実は予見されも語られもしない真の終末に関しては、実に真正な聖書テキストが語る通りである。「その日、その時は、誰も知らない。天使たちも子（イエス）も知らない」（「マルコ」一三32）。だから物語の終りを超える終末とは、自同性の物語にとって、やはり無意味・無でありその予知予測を超えている。だからまた終末とは、「目覚めて在れ」（同一三33以下）といわれるように、他者の到来に対する目覚め（目を閉じる眠りでなく、目を開けている目覚め）、つまり自同を破る異化作用、異・他者への歓迎的自己開放にほかならない。その意味では自己無化《ケノーシス》（「フィリピ」二7）、放下・貧（エックハルト）である。[24] その歓迎の言葉は、自同的物語の文法や意味論に属さない言葉であり、その意味で自同的文法にとって無意味であり、また余剰な言葉といえよう。このようにしてわれわれは、自同性を差異化無化して、不断に他者に開放され続ける物語りを物語るように招かれているのであり、その〈外〉の物語り創出にとってユダヤ教を無化するだけでなく、自己を無化した果てに「エリ……」の叫びを叫んで無に直面したイエスの死が手がかりとなるわけである。従って〈外〉への物語り創出のためには、始まり以前の始まり、終末を超える終末という時間的歴史的他者に基づき何よりも自同的な神学的あるいはキリスト教的物語の突破を試みなければならないが、その根底には〈外〉から自己開放に向けて響く叫び声と息吹（プネウマ、ルーアッハ）に対する感受性（上述の「霊的感性」）をとぎすまさなければならないであろう。ここで霊気（プネウマ、ルーアッハ）とは、〈外〉からの自同性開放のエネルギーの意であることを想起したい。そして歴史内在的文法や言語や理解がこの〈外〉を直ちにテーマ化し、対象化して学的に言表しえないことに注意したい。そして霊への拓けには霊的感受が、一つの手がかりとして挙げられよう。その霊的地平への自己開放のためには、物語的自同形式に引きずり込もうとする解釈主体の自同的傾向、つまり自己中心的罪業性と学知的イデオロギー（身体性を排そうとするグノーシス的覚知主義など）に対する透徹した自覚が要請される。そうでなければ、利己や我執と学知的自同作用やその理論系が、自己中心的に築く、他者に対する鉄壁を突破し、深淵を過ぎ越すことはできまい。そして上述の罪業とイデオロギーの自覚突破は、始まり、中間的媒介的現在、終わりによって構成される自同的物語の実体性・虚無性を暴き、その〈外〉、非実体性、無、余剰などという他者を迎える言葉の域に身をおくことと啐啄同時といえる。

四　他者との出会いの地平

以上のようにわれわれは、人間の淵を過ぎ越す手がかりになるイエス事件に言及しながら、およそ解釈学自体の方法論的問題点と自閉的物語的自同性への傾向を指摘し、その〈外〉に他者との出会いの地平を垣間見ようと試みてきた。その試みの解釈学的先行理解は、すでに何度も言及したように、常に「アウシュヴィッツ」である。そこでさらに問いと参究の一歩を進める前に、他者との出会いの地平、人間の淵を交わりに変容させる働きに関するわれわれの解釈学的な橋頭堡を構築する際の方針や徴候を幾点か予示しておきたい。

人間の淵の過ぎ越しは、まず、身体的サクラメント的経験で、それはキルケゴール的単独者の主体的経験に限られない協働態的性格を帯びるという点である。次に、この経験は、個であれ協働態であれ、解釈者の主観的存在論的自同を無化するケノーシスを根拠として発動するという点である。第三に、この自同性突破の身体的サクラメント的経験は、自同的物語の〈外〉への脱自として他者に開かれた物語りを物語りつつ、自他のコムニオ（交わり）を創出してゆく不断の営みを伴うという点である。第四に、以上の他者と自己の淵の過ぎ越しを探求する際の先行的理解は、イエス事件を手がかりにするにしても、聖書内在的にイエス像の歴史的理解を出発点とせず、その〈外〉のアウシュヴィッツにおかれるという点である。そうすると第五に、方法としてイエス事件のみを単独にとり上げるのではなく、殊にイエス事件の〈外〉の物語り、あるいはコンテキストとして聖書テキストが示す、他の幾つかの十字架的事件をもとり上げて考究する必要が生じる。それはイエス事件の特異性と唯一回性を一義的な物語に還元・解消することで

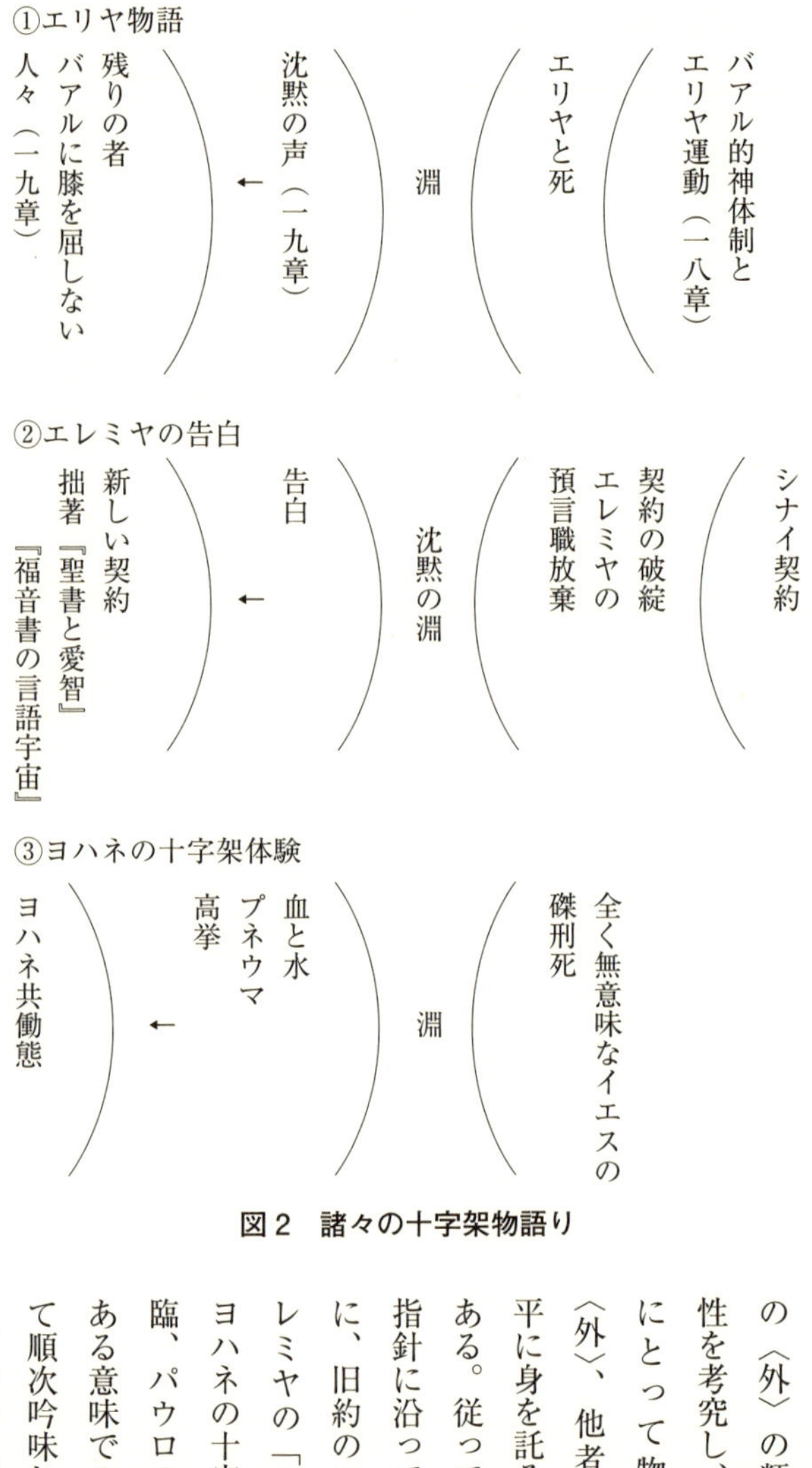

図２　諸々の十字架物語り

はなく、各々の唯一回的物語りが互いに他者として対話交流する地平を披きつつ、相互の〈外〉の類比的共鳴や共鳴性を考究し、現在のわれわれにとって物語的自同性の〈外〉、他者との出会いの地平に身を託そうとするためである。従って如上の方法的な指針に沿って、われわれは次に、旧約のエリヤ物語り、エレミヤの「告白」、福音史家ヨハネの十字架体験、聖霊降臨、パウロのダマスコ体験をある意味での十字架事件として順次吟味し、その物語り相互の対話に聴従してゆきたい（図２）。

4節　諸々の十字架物語りの交響

一　エリヤ物語り

エリヤ物語り（「列王記上」一八〜一九章）[25]については、次章で詳しく解釈したい。ここでは深淵の過ぎ越しに関する限り概観するが、エリヤ物語りは、当時のアハブ王＝イゼベル王妃による偶像神バアル的な物語的自同性を、ある根源的体験を通して破り、その〈外〉に新しい物語り的自己同一性の創出を物語っている。それは、どういう物語りのプロットや異化作用において実現したのであろうか。

（イ）　物語りによるとイスラエル王アハブは、イスラエルの協働態がヤハウェ神と結んだシナイ契約、つまりイスラエルの兄弟的他者関係を樹立してきた契約を無視し、フェニキアからイゼベルを王妃に迎え、共に暴力的にバアル神を中心とする神政体制構築を推し進めたとされる。バアル神は、降雨と豊饒の神として崇拝され、そしてバアル的神政体制を呪術的に支える職業的予言者集団[26]は宮廷に寄食し仕えていた。この神政体制は、王権支配の自同性であって、民衆を抑圧するその暴力的性格は、「ナボトのぶどう畑」の逸話（二一章）に如実に窺えるところである。すなわち、アハブは、先祖から神によってイスラエル協働態成員の各自に分割・授与された土地の一つ、ナボトのぶどう園を欲しがり、民の長老などに命じて彼を殺してその土地を奪ったのである。このような、今日風にいえば人の基本的人権を踏みにじった行為は、王の自同的神政体制の暴力と同時に、人権を守るべき民のリーダーたちによる隣人への暴力を物語っている。すなわち、イスラエルの民さえ、シナイ契約を棄て、バアル的体制に同化していたわけである。こうした宗教的全体主義を打破し、人をヤハウェ神の許における隣人として遇するシナイ契約を守ろうとしたのが預言者エリヤであった。彼はバアル予言者四五〇人に対して只一人で挑戦した。すなわち、呪術によって生産力を制御し神政体制の政治経済的自同性の強化に寄与する呪術者たちを、奇跡的に破り、その自同性とそれを支える神話を解体し始めたといえる。その結果、彼はイゼベルに命をねらわれ、荒野に逃れ、絶望のあまりヤハウェに死を願った。物語りは、天使がそうした身心的疲労困憊の果てにあるエリヤに食物を与えたといういわば身体的経験をも物語っている。その食事に力づけられて（一九8）、彼は四十日四十夜歩き続け、神の山ホレブ（シナイ山）に辿りついた。その話は、モーセがシナイ山でヤハウェ神の契約を受けて、四十年間荒野を放浪したという物語りと範型的に重ねて語られている。エリヤは、その預言的活動の始めシナイ契約の支持者だったからであろう。

（ロ） エリヤは山の洞窟に入り、そこであまりに有名な「沈黙の声」の体験をする。その条りを次に引用してみよう。「見よ、そのとき主が通り過ぎて行かれた。主の御前には非常に激しい風が起こり、山を裂き、岩を砕いた。しかし、風の中に主はおられなかった。風の後に地震が起こった。しかし、地震の中にも主はおられなかった。地震の後に火が起こった。しかし、火の中にも主はおられなかった。火の後に、沈黙の声が聞こえた」（一九11-12）。まず、引用文中の自然描写（風、地震、火それに山という舞台など）は「神顕現」を表現する文学ジャンルに属する。その際、岩を砕く風の音、全山がゆれる地震、火などは、エリヤが身体全体で受け止めた身体的体験でもある。その中に主は現前しないが、しかし否定的な仕方でこの身体的経験は「沈黙の声」現成のための先駆的な条件あるいは現成の空間・場を用意する人間論的条件を示すともいえよう。それでは「沈黙の声」とはどんな現実なのであろうか[27]。結論的に言えば「沈黙」とは、虚無ではなく、既成の言語コードや統辞論を解体し、新しい統辞論に組み換えて、次の言葉の誕生がそこから生まれてくる充実した言語再生の場であるといえる。その意味で、従来の文法・言葉を廃棄し、新しい言葉を生み出す創造的間、空間を秘める無ともいえよう。従って沈黙は一方で、アハブ＝イゼベル的なバアル神政体制やそれを支える王権的物語を沈黙させ無化させるように機能しうる。つまり、自同的王政物語の〈外〉を開示する。他方で、その〈外〉に新しい言葉・物語りの誕生を促すべく機能するといえよう。つまりその言葉は、旧い物語とその文法にとって無意味であるかも知れないが、新しい人間の出会いを披くといえる。それでは、われわれが解釈しているエリヤ物語りのテキストにおいて生まれつつある言葉とは何であろうか。それは新しい協働態を示す言葉「バアルにひざまずかない人、七千人のイスラエル人」(18)ではなかろうか。因みに、ここでいう七千とは、文字通りの意味ではなく、あるまとまった集団を表わす完全数である点を念頭に入れておこう。

このようにして「沈黙の声」は、他者支配であるイスラエル神政体制を支える物語的自同性を破り、その〈外〉に、人間の淵を過ぎ越して、新しい協働態の物語りを誕生させたといえる。

（八）　しかしこの「沈黙の声」のさらにその根底に働く差異化的で創造的な異化作用に着目しなければなるまい。それはヤハウェ、つまりこのような自同を差異化させ、そこに異世界を披く「沈黙の声」の主ヤハウェに関わる。というのも、エリヤとモーセ、エリヤ事件とモーセのシナイ山での契約事件との重なりを注目すると両者は、ヤハウェ体験について通底するからである。

われわれは、エリヤを絶望に追い込んだバアル的自同性とその物語が断絶・異化されて、その淵にバアルに屈しない新たな協働態が現成する出来事を見る。そしてその過ぎ越し事件において、このような差異化する脱在（エヒイエ）の働きかけとそれを経験し体現する人格でありかつ場としてのエリヤを洞察するのである。

次に同じ解釈学的方法によって、預言者エレミヤの「告白」的体験が考察される。

二　エレミヤの「告白」

エレミヤの告白というまとまった著作があるわけではない。「エレミヤ書」を読むと、著作を一定の文学ジャンル（主に「個人の嘆きの詩編」と「預言」）に還元しきれない箇所、つまりそこからエレミヤ自身の肉声が聞こえてくるようなテキストを散見しうるのである。そのうちの幾つかを総称して「告白」(一一18―一二6、一五10―21、一七12―18、一八18―23、二〇7―18)[28]と呼ぶ。ここではその釈義的詳細は他にゆずって、「告白」テキストの解釈を深めつつ、そこからエレミヤが人間の淵の問題に何を開示しうるかを問い、読みといてゆきたい。

「告白」の文脈から読みとれるエレミヤの時代は、まさに政治的宗教的民族的な大変動の時代であった。北王国イスラエルの滅亡後(アッシリアによる主都サマリアの陥落、前七二一年)、南王国ユダは、アッシリア、エジプト、新バビロニアといった大帝国に翻弄され、対外交政策と国内統治においてシナイ契約に基づく宗教的ヴィジョンを忘れ、ひたすら大国の顔をうかがい、軍事的政治的観点に拠ってのみ、民族的政治的協働態の自同性を維持しようと汲々とした。従って王制中心主義の王たちは、諸帝国間の力学的関係の中で、次々と交替していった。ユダ王国も末期に近づく時代、ユダ王マナセとその子アモンは、バアル崇拝や呪術にふけり、マナセは自分の子を人身御供として焼く程であった。アモンの子ヨシヤは、「申命記」に拠る宗教改革を推進したが、エジプト軍との戦いに敗死した。エレミヤは彼のために「哀歌」をつくった(「歴代誌下」三五25)。後に国民に重税をかけてエジプト王ネコに金銀を献上したヨアハズやその兄弟ヨアキムは、「主の前に悪しきことを行」った。王位に就いたヨアキムはといえば、カルケミュの戦いでエジプトを破ったバビロン王ネブカドネツァルによってバビロンに連れ去られた。またその子ヨアキンも、高官など指導者階級や職人など民衆の主立った者と共に、バビロンへ連行された(第一次バビロニア捕囚、前五九七年)。ヨアキンの兄弟ゼデキアが即位すると、彼は親バビロニア派と親エジプト派との抗争に巻き込まれ、エレミヤの警告を無視し(三七)、親エジプト政策に転じたが、対バビロン戦に敗れた。こうしてユダの歴史はバビロニア捕囚をもって閉じるのである(前五八六年の第二次バビロニア捕囚)。王も民もバビロンに連れ去られた。その後民が故郷に帰還して第二神殿を建設し、いわゆるユダヤ教神政体制の物語を語り始めるのは、ヤハウェの歴史的経綸によって動かされたペルシャ王キュロスの解放宣言を待ってのことであった(前五三八年)。

以上のような歴史的政治的激動のコンテキストの中で、エレミヤはどのような仕方で人間の淵に対面し、さらにそこを過ぎ越しつつ、どのような協働態・出会いの地平を披いていったのであろうか。その手がかりを「告白」に求めたいのである。それでは「エレミヤ書」とその「告白」が示すエレミヤの生の展開を、上述の国際的国内的動乱と連動して次のように分節化して考察してゆこう。

（イ）エレミヤの召命（前六二六年頃、一章）から、ヨシヤ王による申命記改革の破綻まで（前六〇九年）、（ロ）ヨシアの死後即位したヨアキム王（前六〇九〜五九七年在位）からヨアキンの第一次バビロニア捕囚まで、（ハ）ゼデキア王（前五九七〜五八七年在位）から第二次バビロニア捕囚まで、（ニ）捕囚後、エジプトにおけるエレミヤの客死。

（イ）エレミヤの召命に関わるテキストには、すでに彼の生涯の転換を示す異化作用が窺われる。それはどういうことだろうか。第一章の召命記事は、エレミヤへの主の言葉とアーモンドの枝や煮えたぎる鍋という日常的事物に関するヴィジョンから成立しており、イザヤにおける神殿での聖なる神の栄光のヴィジョンやエゼキエルにおける幻想的で霊（ルーアッハ）を伴ったヴィジョンと全く異なっている。彼の場合には、ダーバール（言・事）が決定的働きを示している。実際、彼は母胎にいるときに、すでに神言を語る預言者として立てられ、召命時にその口に神のダーバール（言）を入れられた（一9）。さらに彼の見たヴィジョンは、神の言が実現するダーバール（事）のヴィジョンである(12)。彼は代々の王に対して、その不正やシナイ契約協働態に対する蔑視や暴虐を非難し続け、ヤハウェへの立ち返りを勧告する。他方でダーバールは、言葉以外に出来事という意味をもつ。従って神の言葉とは同時に、何らかの事を出来させる。あるいは、言葉即事ともいえる。従ってダーバールを口に入れられたエレミヤ自身は、その言葉を体現し自らが神言の象徴あるいは神言の出来事となる。従ってエレミヤが妻をめとらず（一六1-4）、村人と談笑することもない（8-9）のは、バビロンによって傲るユダが滅ぼされ、人々が家族も友人もそれに伴う喜びの生活を奪われることの徴しなのである。またゼデキアがネブカドネツァル・バビロン王に反乱を起こした時、アナトトの土地をわざわざ買ったのも、バビロン捕囚七十年を経て、人々がユダの土地に帰還するということの預言的な象徴的行為なのであった（三二1〜三二）。だからまた第一章のヴィジョンに出現したアーモンドや鍋も、北方からの脅威（スキタイ人さらにバビロン）を預言するダーバール（言・事）といってよい。他方で、彼の預言は短期的パースペクティヴにおいては、はずれることがあり、彼は身命をかけた象徴的行為ゆえに民から嘲笑されることもあった。だから言は彼にとって喜びであり、他方で苦しみの種子にもなって、彼の生をひき裂く。こうしてダーバールは、エレミヤの生の核に火のように燃えて、彼の脱在的生をさらに異化してゆく。そのことを、彼は次のように告白する。「主よ、あなたが誘惑されたので、わたしは誘惑されるがままになった。あなたは、わたしを征服された。あなたは勝たれた。わたしはひねもす物笑いのたねとなり、世間の嘲りの的となった。なぜなら、わたしは語るたびに叫び、〈暴虐、滅亡だ〉と大声を立てるからです。主の言葉が、ひねもす、わが身の辱めと嘲りのもとになったからです。その時わたしは思った。〈主の言葉を想い出さず、もはや主の御名によって語るまい〉と。しかし、主の言葉は、わたしの心の中で、まるで燃やし尽くす火が、骨の中に閉じ込められているようにしてあった。わたしはそれを抑えるのに疲れ果て、この上抑え切れなくなった」（二〇7-9）。

初期のエレミヤの預言者的活動が最も深く関わった事件は、ヨシヤ王の「申命記」的宗教改革であった。申命記改革とは、前六二二年の神殿修復の際に発見された「律法の書」（「申命記」一二〜二八章）に基づく宗教改革であって、次の二点を骨子にした。すなわち、第一点は、エルサレム神殿への祭儀の統一であり、第二点は、北イスラエルも含める全イスラエルの統一である。第一点は、カナン的バアル的諸宗教や聖所の廃止を、第二点は、当時すでに滅亡しつつあったアッシリアからの独立を含意していた。いずれにせよ、この改革は、シナイ契約への回帰を目指していたのであった。この宗教改革に共鳴した若き日のエレミヤは、イスラエル十二部族の契約的協働態の実現を夢見たのである。しかし民の指導者（司祭や予言者）さえ、実利主義的なバアル宗教にのめり込み、貧しい人々に耳を貸さない

(二26)。さらに北からの脅威を説くエレミヤの預言も直には実現せず、彼は嘲笑の的となる。特に彼の親族が司祭系で、地方の聖所の祭儀に依って生活をしていたので、エルサレム神殿を尊重する彼は、親族からも命をねらわれる危機に陥る(一一18-23)。しかも彼らのためにさえ執り成しの祈りをするエレミヤをヤハウェは拒否する(七16-20、一五1)。反アッシリア政策によって独立を目指すヨシヤは、宗教的理想を忘れて政治的となってしまい、逆にアッシリアをバビロンから守ろうとするエジプト王ネコによってメギドで戦死してしまう。こうしてエレミヤは、自己と王の無力、民とその指導者の悪業を通して相務的シナイ契約とその救済史的物語りの破綻を決定的に自覚し絶望するのである。その絶望の淵にあってエレミヤは、シナイ契約の預言者としての自己だけでなく、脱在的自己そのものさえ否定する。その自己否定の叫びは、ヨブの呪いに似て誕生の日への呪いとなる。「呪われよ、わたしの生まれた日は。母がわたしを産んだ日は祝福されるな。……なぜわたしは母の胎を出て、悩みと苦しみに会い、わたしの日々が、恥辱の中に終わらねばならないのだろうか」(二〇14-18)。その呪いは、自己を預言者として立てた神を「欺く枯れ谷」として非難する告発に転換する。「わたしは御言(ダーバール)を与えられてそれを食べた。御言はわたしの法悦であり、心の楽しみであった。あなたの御名がわたしの上にとなえられたからです。万軍の神、主よ。……あなたの御手にとらえられ、ただ一人で座していた。……どうしてわたしの痛みは止まず、わたしの傷は不治で手当てをしても手に負えないのだろうか。実にあなたはわたしにとって、水がなく人を欺く枯れ谷のようです」(一五16-18)。

この叫びとイエスの十字架上の絶叫は深く共鳴する。他方で、この「告白」に続いて、驚くべき転換的メッセージがヤハウェから告げられるのである。「もしお前が立ち返るなら、わたしはお前を立ち返らせよう。お前は元のようにわたしの前に立つ。もしお前が賤しいことでなく、貴い思いを語るなら、わたしの口となるだろう。……わたしはお前と共におり、お前を救い解放するからである」(一五19-20)。このメッセージは、明らかに、エレミヤの第二の召命あるいは新しい形姿における預言者像を示している。われわれは、この転換において、上述の絶望のエレミヤと再生のエレミヤとの間の深淵を読み取り洞察せざるをえない。そこにエレミヤの脱在的で根本的な転回とそれを支える新しい物語り・言葉の創出があるのだろう。その創出の手がかりはどこにあるのか。

それは歴史上の政治的文化的宗教的領域にもなく、エレミヤの実存においてさえもなく、実にヤハウェにおいて見出される。すなわち、先輩のホセアと同様にエレミヤが見出した神の秘密とは、まさに神の苦悩にほかならない。われわれは、今や神のダーバールとなったエレミヤの悲嘆のうちに神のなげきを感受する。「わたしのはらわたよ、はらわたよ、わたしはもだえる。心臓の壁よ、わたしの心臓は呻く。〈破壊に次ぐ破壊〉と人々は叫ぶ。大地はすべて荒らし尽くされる」(四19‐20)。エレミヤの呻きは神の呻きでもある。続く22節では、神が預言者を通して語っている。「まことに、わたしの民は無知だ。わたしを知ろうとせず、分別がない」。エレミヤ書では、主語がエレミヤからヤハウェへ、またエレミヤへ、という風に転ずる。そこにヤハウェと預言者が一体となって語っていることが示される。「わたしは見た。見よ、大地は混沌とし空には光がなかった」(23)。一体ヤハウェとエレミヤは何を見たのか。それは創造以前の光なきあの暗黒・混沌を見たのである。すなわち、ユダの自然も生活も、さらに帝国も被造物の一切が無化される畏怖すべき虚無を見たからである。これがヤハウェのそしてエレミヤの苦悩の根源的原因といえる。そうした虚無をかかえた民に怒り猛り、彼らを根絶すると宣言するヤハウェは同時に憐れみそのものである。「背信の女イスラエルよ、立ち帰れと主は言われる。わたしはお前に怒りの顔を向けない。わたしは慈しみ深く、とこしえに怒り続けるものではない」(三12)。エリヤやヨブの神ヤハウェと同様、神の秘密とは、その義と愛、無化と創造の間に、その淵に在るということである。実際、このヤハウェは、人間が苦悩し呻く以前にすでに苦しんでいる。つまり、人間の淵の〈外〉〈彼方〉に、新生の苦悩と希望を担っているのである。そのことは、復讐を求めるエレミヤの告白(一八18‐23)に対して、エレミヤ以前にすでに嘆きながら(13‐17)沈黙し、復讐と怒りの彼方を示すヤハウェの姿に窺われる。こうしてヤハウェは、自らのうちで怒り、怒りをなだめ憐れみつつ、語り語られるという対話を交わしつつ、そのダーバール的な異化作用によって、自らを新たな脱在を創出する異化的脱在（エヒイェ）として啓示する。その異化的な脱在、混沌から光を創出するエヒイェの働きとその場に、エレミヤ自身は自らのケノーシスを通して身をおいたといえる。そこに彼の生の転機、つまり新しい預言者の誕生とその物語りの創出とが生じえたのであろう。それでは、その預言者的な新しい自己同一性とは、どのようなものであったか。

（ロ）エレミヤは、ヨシヤの晩年からシナイ契約の預言者として挫折し沈黙した。その彼が再び語り始める。それは恐らく、ダビデ契約に拠ろうとしたヨアキム王時代に入ってからのことであろう。ダビデ契約は、神殿を中核とする。神殿にこそ、ヤハウェが座をおき、現存するとされたからである（「列王記上」九1‐9）。先王ヨシヤは神殿祭儀の統一を目指した。偉大なる預言者イザヤにとって神殿は聖なる者の現存の場であり、エレミヤと同時代人エゼキエルは、新しい神殿の再興と民族の再興とを重ね合わせ夢見ていた。そうした民族的宗教的同一性の根拠「神殿」をエレミヤは批判するのである。「主を礼拝するために神殿の門に入って行くユダの人々よ。皆、主の言葉を聞け。……主の神殿、主の神殿、主の神殿という虚しい言葉に依り頼んではならない。この所で、お前たちの道と行いを正し、お互いの間に正義を行い、寄留の外国人、孤児、未亡人を虐げず、無実の人の血を流さず、異教の神々に従うことなく、自ら災いを招いてはならない」（七2‐6）。

神殿中心の神話的物語によってダビデ的王朝再興と民族的独立を目指したヨアキム王は、その子ヨアキンの代になって共にバビロンに連れ去られた。王朝的「神殿」的自同性は崩壊する。

（ハ）後継者ゼデキア王は、バビロンに擁立されたが裏切って、ここに民族滅亡に等しい第二次バビロン捕囚が起こる。けれどもエレミヤは、捕囚の民に宛てた手紙の中で、バビロンの地で反乱を起こさないように、むしろ着実に生活を築いてゆくように勧めている。なぜなら、彼はバビロニア捕囚民の故郷への帰還が七十年後に成就するというヴィジョンをすでにもっていたからである。そのヴィジョンから彼は、ゼデキアの反バビロン反乱時に、生地アナトトの土地を買う。それは民が帰還してまた再び土地を活用するという民の帰還を示す預言者的行動であった。さらにエレミヤがこのヴィジョンを確信したのは、彼がそのシナイ契約の預言者から転じてダビデ契約を超克し、「新しい契約」の地平に生きていたからであろう。新しい契約は、民族や旧契約の破綻をこえて、新たな協働態の再生を示している。「来るべき日に、わたしがイスラエルの家と結ぶ契約はこれである。すなわち、わたしの律法を彼らの胸の中に授け、彼らの心にそれを記す。……そのとき、人々は隣人どうし、兄弟どうし、〈主を知れ〉と言って教えることはない」（三一31-34）。多分「新しい協働態」の土台となる人々は、自分たちに先立って、ヤハウェが脱在的ケノーシスにおいて自己を異化したことを知り、そのヤハウェの脱在を体現しつつ、エレミヤのようにケノーシスを経験し「告白」を物語り、新たな告白物語り的自己同一性を形成したと思われる。それはつまり貧しい魂（二〇13）に生きうる人々の集いであろう。

（二）　われわれは、エレミヤにおいて人間の淵を過ぎ越す物語りを解釈した。彼はエジプトで客死し、歴史的現象としてはかき消えた。しかしその過ぎ越しは、新しい出会いを、交わりをもたらした。すなわち、シナイ契約的な物語り的自己同一性が、自同性に転化して破れ、そこで虚無に面した預言者エレミヤが、「新しい契約の物語り」をかかえて貧しい魂の人々の父、つまり「告白」協働態の預言者として再生する間の、その淵の過ぎ越しにわれわれも立ち会ったのである。そしてそこでいかなる受難の義人やわれわれよりも近く、義と愛の間にエレミヤと共にすでに苦悩し、差異化されるヤハウェに出会ったのである。その脱在的差異化こそ、旧い自同的言葉を破って、その〈外〉に、新たな自己同一性を披くダーバール（契約の言葉、出来事）なのではなかったか。

三　ヨハネにおける「血と水[29]」

さてわれわれは、ここで、視向を新約ヨハネのテキストに転じて、人間の淵への問いをさらに深化させてゆこう。

われわれは、ヨハネのテキストに固有な、磔刑死のイエスから迸り出た「血と水」に参究したい。当該のテキストは重要なので引用しておこう。「兵士の一人が槍でイエスのわき腹を刺した。すると、すぐ血と水が流れ出た。それを目撃した者が証しており、証しは真実である。その者は自分が真実を語っていることを知っている。それは、あなたがたも信じるためである」（一九34-35）。

右の引用文のコンテキストは、ヨハネ福音書全体であるが、今はその全体の交響に傾聴しつつ、この「血と水」の直接的で重要なコンテキストにおいて、特に解釈の場を提供する言葉「あなたがた」の意味をまず探ろう。この「あなたがた」は現在的な他者への呼びかけだからである。というのも、ヨハネ全テキストの中で「あなたがた」は、この箇所と二〇31だけに現われ、二〇31では「本書を記したのは、イエスが神の子メシア（キリスト）であることをあなたがたが信じるためであり……」と書かれ、いずれの箇所においても、ヨハネのテキストの最終的編集者が、現在時に直接読者に語りかけるという体裁をとっているからである。それは何のためか。それは、「血と水」の現在性、キリスト・イエスの現存を示し、その現存のうちに「あなたがた」と共に参入し（信という形での参与・相生）、そこに過去と未来の時に出会われ、かつ出会われるであろう人々の協働態が創出されるためである。この点をまずおさえておきたい。

次にこの引用句の直前の一九30「イエスは……すべては成しとげられた、と言って頭をたれ、息（霊、プネウマ、ルーアッハ）を渡した」が、この引用句の第二の重要なコンテキストである。というのも、ヨハネにあっては三14-15、一二32-33が示すように、イエスの十字架上での死は、同時に彼が栄光を受け、聖霊を与えて昇天する高挙を意味するからである。従って、この「血と水」の流出は、われわれがますます高挙のイエス・キリストの現存とプネウマ（霊、ルーアッハ）的に交わる地平（信）に関連するといえよう。

われわれは、以上のコンテキストおよびプネウマ的現在性において、「血と水」の解釈に着手したい。

その予備作業として、この謎めいた表現に関しては、これまで諸説が語られてきたので、先行的解釈として重要な解釈を参照し論点を浮き彫りにしてみよう。

（イ）第一にオリゲネスなどの奇跡説。この即物的に事実性に固執する奇跡説は、すでにコンテキストにおけるキリストの現在と結ばれて語られる「血と水」の解釈としては受け容れがたい。ただし奇跡がヨハネに固有な「しるし」の意味に理解されるなら話は別である。「奇蹟は結局、言葉によってしるしづけられるところにおいて、そのしるし性を明瞭なかたちで獲得する」。つまり、言葉によって事実性がある根源的な現実を開示するのである。それがしるしであり、ヨハネの場合、この言葉とは、イエスの言行と脱在の全体をひきうけ表わす「エゴー・エイミ」（わたしは在る）に収斂するであろう[30]。そしてイエスの脱在を表わすその「エゴー・エイミ」は、エヒイェに支えられているのである。今はその詳細に入ることはできないが、上述の意味で、「血と水」は、エヒイェに裏打ちされた事実性としてしるし性を帯びていると思われる。

（ロ）反仮現説。ヨハネの手紙全体は、キリストの受肉の現実性を強調し（「二ヨハネ」7）、殊に「血と水」によってキリストの受肉や死を見せかけとするグノーシス的仮現説を否定しているとする解釈がある（「一ヨハネ」五6–10）。「血と水」自体が反仮現説の証拠物件だという点は別にして、それがイエスの歴史的な現実の死を意味しうる点は認めえよう。ところで旧約の思想にあっては、血は生命の源であり（「創世記」九3–4）、また人は母胎の血の中で形成される（「知恵の書」七1–2）。従ってブルトマンは、反仮現説を主張するなら血だけで十分だとする。むしろ水の流出に注目するのである。

（ハ）サクラメント説。ブルトマンは、兵士がイエスの脇腹を槍で刺したことは、37節のゼカリア預言（一二10）「彼らは、自分たちの刺した者を見る」の成就であって、34b・35を預言の成就とは別な教会的編集と考え、その水と血にサクラメントを読み込む。ちょうど、三5で洗礼の水が読みとられ、六52b–58で主の晩餐を読みとれるように[31]。アウグスティヌスは、すでに同様な仕方で、血と水をサクラメントとして解釈した。

われわれはしかし、この「血と水」の実視を、厳密な意味でのサクラメントと解釈することに疑義をもつ。例えば、水は、ニコデモの対話にあって霊的再生をもたらす（三5）。サマリアの女との対話でも、「生ける水」（四10、14）は水でありかつ霊的生命を与える。幕屋祭におけるイエスの発語「生ける水」（七38）も同様に理解できよう。だから、水は単に象徴ではなく、霊的な生命の現実そのものであり、それはしかし水を離れては在りえない現実なのである。その現実をメタファーで語れば、次のようになろう。わたしたちは、真紅（しるし）を見る。それはまぎれもない真紅であって同時に光の場にあり光（現実）を受容し反映している限り、真紅であり、同時に真紅を超えた光なのであり、この光は抽象物でなく、真紅にほかならないという風に。

（ニ）　われわれはテキストの出発点に戻ろう。このテキストは、上述したように十字架上のイエスでありかつ栄光のキリストであるという高挙の現実を証していた。それはプネウマ的現実であった。すなわち、「血と水」は、一方で歴史内在的なイエスの死を語ると同時に他方で歴史の〈外〉に超出する高挙のキリストを示し、その〈外〉〈内〉を生きるキリストが血と水とを通し今・ここに現存し、プネウマを与え、人々を信の地平に引きよせるという現実性を証するといえる。続く35節の「目撃者が見た、証した、あなたがたは信ずる」という表現の「見る、証する、信ずる」という行為・働きが血と水におけるイエス・キリストの現存に対応する体験といえよう。従ってこの体験は象徴的という言葉の根源的な意味でサクラメント的といえよう。すなわち、それは、イスラエルにおいて極めて具体的全体的に全心身を挙して神の言葉を蒙った預言者の体験のように、プネウマ（霊）的なものと身体的さらに歴史的事件的なものが全的一体的となって高挙のキリストが体験される体験と言いかえられよう。

（ホ）　さらにこの高挙は、一と多、個と協働態に関して、その一体性の次元を開示する。すなわち、歴史的な磔刑のイエスは個であり唯一回的事件を生きるのだが、同時に栄光のキリストは教会協働態と一体であり人々を包越する。

「わたしが彼らの内におり、あなたがわたしの内におられるのは、彼らが完全に一つになるためです」（一七23）。「血と水」とは、以上の意味で身体的個的現実を示すと同時にプネウマ的現実をも示しつつ、両現実のしるしとなっているといえよう。その意味でサクラメント的なのである。

このようにヨハネにあって、磔刑死は即高挙であるというキリスト・イエスの現実的でプネウマ的な現存の地平が拓かれ、二十一世紀のわれわれもその現存に参入するよう呼びかけられている。それは、プネウマが場として空として身体をもって生身のわれわれの間に実現する一即多、個即協働態の現実であり呼びかけであるといえる。だから如上の一と多、個と協働態を結ぶ「即」の内実とは、「血と水」のサクラメント的体験であり、そこには身体とプネウマとが同時に共に働いているのである。

このように十字架のイエスとその後の弟子たちの参集との間に、「血と水」の身体的、プネウマ的、協働態的な体験が介在し、われわれをも今日自ら脱在しつつ、その参集へ集うようにと介在し働きかけているといえよう。従って「血と水」を流した高挙のイエスとの出会いは、今・ここに現存する他者との出会いに連動する。このように高挙のイエスは、一方で歴史的存在としての隣人であり、しかし歴史〈外〉存在として、ある一定の時代と地理（の文化、価値、人間関係、宗教など）に束縛されない現存として内在即超越的他者なのである。そうである以上、高挙のキリストに参集した人々の出会いも、彼に媒介された上での他者との出会いであり、その出会いは身体的歴史的でありかつプネウマ的、個的かつ協働態的といえよう。だから人間的隣人は、高挙のキリストを絶対的他者としてめぐり合う他者である。

そこでわれわれは、次に新約の「使徒言行録」テキストにおけるプネウマ的な二つのエピソードをとりあげて、プネウマ的出会いやその内実である一即多的協働態、公共性の原点などについてさらに考察を進めよう。

四　「使徒言行録」のペンテコステ[32]

ペンテコステにおけるプネウマ的協働態の現成とはどういう事件であったのか。この事件解明に向けて、ルカの歴史的ヴィジョン（イスラエルの時→イエスの時→教会の時という救済史的視点）に従って、「使徒言行録」（以下、「使」と記す）第一～二章を概観してみたい。第一章では、四十日間に及ぶイエスの顕現と聖霊授与の約束と昇天が物語られ、これに対応して十一使徒を中心とする一二〇人ばかりの兄弟的祈りの集いの動きが描かれている。この集いは、いわば一つの理念や現実によって結ばれた精神的団体、同志的結社あるいは宗教的教団といった内輪的次元の共同体といえる。これをAと記そう。

第二章で、ペンテコステ、いわゆる聖霊降臨が物語られる。如上の内輪的共同体Aが集っていると、天から激しい風が吹き降り、炎のような舌が各人の上に留まり、「一同は聖霊《プネウマ・ハギオン》に満たされ、その〝霊《プネウマ》〟が語らせるままに、ほかの国々の言葉を話しだした」（二4）。この物語り冒頭は、エリヤへの神顕現で用いられた文学的シンボル（風、炎）によって神的なものの顕現を語り、それを聖霊と同定するわけである。次にその聖霊によって一二〇人の人々か、あるいは十二使徒を囲む小グループかが様々な異国語を語り、そのことはディアスポラから帰郷していたユダヤ人たちによって証言されるというプロットになっている。続くペトロの説教は、この聖霊降臨が預言者ヨエルによって預言された、すべての人々に注がれる聖霊に関する終末的預言の成就であり、またイエスによる聖霊授与の実現であると確証する。そして最後に、原始共産制ともいえる信徒たちの精神的経済的宗教的な協働態の萌芽が語られている。この協働態を後続の協働態も含めてBと記そう。さてそれでは聖霊降臨によるこの萌芽的協働態Bとは、どのような性格を帯びているのであろうか。その解釈のため、三章以下における、解釈上重要な二点を簡単に指摘したい。

一つは、聖霊降臨においてすべての人々が異国語を語ったということと関わる。すなわち、プネウマはヨエル預言のように、決して単独者の内的な宗教的体験におわらず、同時多発的で協働態的な体験であり、他者受容的である以上、しかもそれが異国語を語る事件である以上、後にペトロとパウロによって展開される異邦人の受容と歓待、いわゆる異邦人協働態の成立の原初的契機を含蓄し象徴しているといえよう。ルカはそうした異邦人協働態の一員として、現在的視点に立ってプネウマの働きと意義を示していると思われる。二つ目は、そのプネウマ自身に関する点である。「使」全体の物語りのプロットは、プネウマに支えられているといってよいほどに、事件の転機にその都度プネウマが介入する。このプネウマ的転換は、そこにエヒイェ的差異化を予想させる。しかしこのプネウマ（霊気）とは逆に、当時いわゆる霊を操る魔術や呪術・祈禱の類も横行していたのである。例えば、「使」八9以下では、使徒フィリポの霊による奇跡力に驚嘆し、その力を所有したいと願って魔術師シモンは、ペトロなどに金銭でプネウマを買おうと申し出ている。あるいは、パウロの悪霊払いの力を模倣しようとユダヤ人の祈禱師が、逆に悪霊によって傷つけられるという失態も語られている（一九11以下）。いずれにおいても、魔術的霊が、マインド・コントロールや幻想に結びついたある宗教的力や権力保持の執着の下に、自己中心的自同的世界や幻想的共同体の拡張のために働いていることが解る。そうした幻想的霊の働きは、兄弟的協働態形成を促す聖霊とは全く逆に働く。そこにも、プネウマ的体験が福音的な言葉・ロゴス・キリストに支えられ、そこから由来しつつ、和解と相生の福音を響かせる息吹であることが洞察されるのである。

以上のようにB協働態は、プネウマが万人に息吹いてゆく開放的働きに支えられて異邦人を歓待してゆく原始共産制的協働態の動態であるといえる。従ってA共同体に対するBの落差・淵は、ペンテコステ事件（プネウマ授与）を体験して、自己とは異なる他者との出会いに向けて無限に自同を差異化するエヒイェに存するといえよう。

次のエピソードは、パウロの回心物語りに関わる。

五　パウロの回心(33)

パウロはどのように人間の淵に直面し、それを過ぎ越したのだろうか。この問いをパウロの回心物語りを手がかりにして考究してみよう。但しわれわれは、第一の回心物語り（「使徒言行録」九1-19a、二二1-22、二六9-23）のみに集中したい。というのも、他の二つの回心描写は、パウロの演説や裁判における弁明という文学的コンテキストにはめ込まれて、物語りとは別な性格を帯びているからである。そこで上述の問いを受け、われわれは回心物語りを、便宜上、回心以前、回心事件、回心以後の三段階に分節して考究したい。

（イ）回心以前。回心以前のパウロは、端的にキリスト教徒の迫害者として語られている。本人も「ガラテヤ」（一13-14）で告白している通りである。それは彼の自己同一性が、ユダヤ教神政体制に基づいているからであり、その自同性は、彼がガマリエルの下で先祖伝来伝えられている律法を学び、ファリサイ的物語の下に育てられたことに拠る。彼は、反律法的なキリスト教を抹殺することでその自同的物語を確証していったわけである。それは特にパウロの場合、他者・異教徒・異邦人との出会いを切断する自閉的熱狂主義ともいえる。

（ロ）回心後。回心後のパウロは、それまで迫害していたキリスト教徒の一人アナニアと出会い、ダマスコ体験のショックで盲目であり弱りはてていたのに、開眼し立ち直る。そして聖霊による洗礼を受け、異邦人の使徒として出発する。そこには回心前と比べてコペルニクス的転回をなしとげたパウロの姿が語られる。すなわち、彼はユダヤ人キリスト教協働態ではなく、異邦人を隣人とし他者を歓待する協働態成立のために働き、以前とは逆に「苦しみ」（九16）、迫害を蒙る者となる。そしてファリサイ主義の物語を突破する福音と信を告げる新たな「キリスト者」(christ-ianoi) の物語りを物語ってゆき、その物語りの波及と共に小アジアからローマに至るまで他者との出会いの協働態が現成する。そして注意すべきことは、その物語り創生に関して何もイエスの直弟子や使徒たちの物語りに依存していないことである(「ガラテヤ」など)。それでは彼の使徒的物語りは、どこに起源するのであろうか。

われわれは次に(イ)と(ロ)の間の逆転、パウロの生き方を全面的に転換させた彼の回心、すなわち、人間の淵の過ぎ越しについて問わなければならない。
(ハ) 回心。回心の物語りで注目すべき点は、次の三点であろう。まず第一に、天上からの光の照らしと声の響きである。これはイエスの受洗(「マルコ」一9-11など)に似て天からの天上的しるしの顕現(鳩や光)とそれに伴う声(天父の声、イエスの声)を示して、ある画期的な、つまり垂直的に歴史の因果性の外から歴史を切断して他者の地平を披くエピファニア物語りといえる。イエスもパウロもこのエピファニアを蒙って新たな他者関係の生の物語りを生きるわけである。だからパウロの場合、彼に顕現したのは栄光のキリストであるとひとまずいえよう。しかし、現実はそれに尽きない。第二に、パウロが光に会って三日間盲目になったという点である。その盲目性について様々に解釈しうるであろう。われわれとしては、それまで見えたのに突如見えなくなったということに注目しよう。そうすると盲目とはまず、彼が生きたファリサイ的律法主義という物語的自同性とそれに拠るユダヤ教的生がもつ確固たる疑いない自明な世界の外に、つまり何も理解できない異質な闇の世界に放りこまれた事態を示す象徴的出来事といえる。従ってそれは、キリスト者に対して弾圧し権力を行使しえた強者から、全く無力な者への転換であるとも言いかえられよう。しかし、彼が知も理解も力も失った闇の暗さ、彼のケノーシスこそ、逆にそこから使徒に依存しない新たな物語りや生を創る異質な力や文法が生成してくる場ではないのか。第三に、声の主がイエスで、彼がキリスト教徒の迫害者パウロに向かって「なぜ、わたしを迫害するのか」(4)、「わたしは、あなたが迫害しているイエスである」(5)と語る点である。その言葉においては、迫害されているキリスト者たちとイエス(のわたし)は区別されず、イエス=キリスト者という同一性が語り出されている点である。その際、そのイエスは、迫害され十字架に架けられた人を表現すると同時に、主(キュリオス)として(17)復活している栄光のキリストである。だからパウロは、栄光のキリストと共に、その中に磔刑のイエスとをその身に蒙ったのである。つまり、十字架と復活・栄光をダマスコで体験した。それは、まさに自ら受難の民に成ったというイエス・キリストの愛の体験であったといえよう。そうした愛の同一性を集合人格的表現と考えることもできようが、むしろある一即多、多即一の地平や現実の示しといえまいか。われわれは、パウロの回心物語りにおいて、以上の三点に注目した。そこで今少しその真相にアプローチしてみたい。

パウロの体験の中核をなすのは、イエスの言葉「なぜ、わたしを迫害するのか」であろう。それはパウロ非難というより、「わたしは、迫害されているキリスト者である」という愛の一体性の表白である。「わたしは彼らである」、さらに「わたしは彼である」、さらに「わたしは汝である」という究極的な一致の表白である。それは、いわゆる融合的ヘレニズム的神秘主義の合一表白ではなく、正統神秘主義のいう「二を証し実現する一致」である。それはパウロ的に言い換えると、「生きているのは、もはやわたしではなく、キリストがわたしの内に生きている」（「ガラテア」二19）とも、逆にキリストの内にパウロが属している（「エフェソ」二19–22）とも言え、一即二、二即一の現実であり[34]、さらに普遍的に言えば、一即多、多即一の「キリストの神秘体」（「一コリント」一二12以下）というプネウマ的協働態とも連動しうる。こうしてパウロは、他者を排する独善的な神政体制の根、つまり神に選ばれたと語って自己を絶対化し他を異邦人とする自同性とその物語から突如切断され、「わたしは汝である」という愛敵の行為に拠り、他者・異邦人を無限に歓待していくアガペーを体験したのである。それは彼にとって、従来の律法的文法に基づく物語に対しては、その〈外〉の、法外で無意味な物語りであり、そこにおいて目覚めるため彼は旧き自我とその物語に盲目になった、つまり死んだのであった。しかし、その人間の淵、自己のケノーシスこそ、将来の多産な出会いを呼びこむ豊かな充溢をやどす無化であった。だからパウロの回心は、いわゆるアトム的個人や実存主体の経験や企投でさえない。その経験は義認であり、つまり自閉的な「わたし」に他者の地平が拓かれるというエヒイェ的な事件なのである。

六　本質的鍵語

これまでイエスの孤独な十字架死と死後の弟子の参集との間の淵が、どのように過ぎ越されるかの問いをめぐって、アウシュヴィッツ的解釈学を深く念頭において、その過ぎ越しの手がかりとして旧約から新約にかけての諸々の物語り・事件を簡潔に解釈してきた。そこで今その諸解釈に現成した本質的な鍵語を要約し、さらに人間の淵への問いを極めてゆきたい。

（イ）　本質的鍵語としては、エリヤの「沈黙の声」、エレミヤの「告白」「新しい契約」、ヨハネの「高挙、プネウマ、血と水」、「使」の「聖霊降臨」、パウロに語るイエスの言葉「なぜ、わたしを迫害するのか」と彼の栄光即十字架、イエス即キリストの体験が示された。

（ロ）　それらの鍵語が前提とする自同的物語世界は、各々の鍵語に対応する「バアル的神政体制」、「シナイ・ダビデ契約と王朝制」、「旧約的呪いと和解の子羊の血」、「内輪の弟子集団」、「ファリサイ的律法主義体制」といえよう。

（ハ）　いずれの鍵語も、その自同的世界と人間にとってみれば、逃亡と頻死、背教者、呪いと政治的反逆者、復活などという無意味で無価値な言葉、自分たちの文法や物語の外の異邦の物語り、解釈の限界といえよう。まさに自己破綻の叫びであり、遺棄といえる。

（ニ）　しかし各鍵語は、その無意味と遺棄の淵において（ロ）が示す自同性の〈外〉、つまりある新しい参集の言葉を孕んでいる。すなわち、「バアルにひざまずかぬ〈残りの者〉七千人」、「心貧しき人々の告白協働態」、「血と水のしるし体験・根源的サクラメントに拠る協働態」、「同時多発的プネウマの働きに拠る原始共産的協働態」、「異邦人協働態」などである。

（ホ）　これらの参集を支え展開する文法や物語りは、（ニ）の各々に対応する「残りの者の物語り、イザヤ六13、ゼカリア一三7-9、ローマ一一などに継承」、「新しい契約の物語り、エゼキエル三六〜三七など」、「しるし物語り」、「プネウマの物語り」、「信仰と自由、他者歓待の物語り」（以上今日に至るイエスの物語りあるいはそのインパクトをうけた文化圏の物語り）などが挙げられよう。

（ヘ）　それでは、これらの鍵語が示す、人間の淵を過ぎ越しうる体験そのものはどのように言語化され、あるいはされないのだろうか。それは（ロ）と（ニ）（ホ）との間の淵を、つまり（ハ）をひきうけつつ各々の人間が蒙った根源的なこと（言・事）なのである。それはまた、各々の物語りに対応する「新しい言による無からの再創造」としての「沈黙の声」の体験、自己無化における「ダーバール（言・事）としての新しい契約」の体験、「血と水」という原サクラメント的体験、同時多発的協働をもたらすプネウマ体験、「わたしは汝なり」という愛敵《アガペー》体験であり、いずれもが預言者やイエスの弟子や、迫害者のケノーシス、つまり自己の無の自覚としての謙遜であり、その脱在が極まった無においてあることから生じている。ところでこれらの諸体験は、すでに相互に交響し始め、ある根源的次元において収斂しつつあるという予感を生むが、ここでは特に高挙、プネウマ授与、栄光の復活者キリスト即受難のイエスのヴィジョンなど復活体験を先取りして示す特徴がすでに看取される以上、次に復活について簡潔に考究しておく必要があろう。その考究の後に、人間の淵の過ぎ越しを総合的に問い、その淵にさしかけられる解釈の展望を開きたい。

5節 イエス復活の物語りと人間の淵の過ぎ越し(35)

一 イエスの復活

イエスは自己の復活をどのように理解していたのであろうか。これはイエスの自己理解に関わる問いである。復活思想は、一般的に前三世紀頃から旧約に表明されている(「イザヤ」二六7-19、「ダニエル」一二1-4)。イエス時代には、ファリサイ派を始めとして民衆の間にも復活信仰が定着していたと思われる(「マルコ」一二18-27)。しかしそこからイエスの復活理解を推定できまい。新約テキストには、復活に関する多様な資料が見出される。

第一に、「一コリント」一五、「ローマ」一3以下の信仰告白、「フィリピ」二6-11の賛歌、「ローマ」一〇9などのケリュグマ(福音的使信)が挙げられる。これらのケリュグマは、教会協働態的「生活の座」をもって成立したとされ、イエスの自己意識を直接伝達できる言語表現ではない。従ってブルトマンは、「イエスは、教会のケリュグマの中に現存し復活している」という程のことを主張するわけである。しかし、その考えは、人間の淵を復活が過ぎ越すとすれば、われわれが3節の四で予備的にまとめたような諸条件をクリアできない難点を含むといわなければならない。例えば、その考えには、復活の身体性、唯一回的歴史性が欠落している。

第二に、福音書に語られる「受難預言」における復活の預言である(例えば「マルコ」八31、九31、一〇32-34)。一般に釈義学者はそこに福音史家の文学的工夫を見て、事後預言と解釈する。だから、そこから史的イエス自身の復活理解は推定できないとされる。

第三に、四福音書の全テキストで、ケリュグマでない、受難に関するまとまったリポート部分は、すでに初代教会の理解する復活思想や宣教の先行的理解によって着色されて語られている。

第四に、「空の墓」の物語りは、復活証明にはならない。というのも、このシーンは、イエスの復活の様子や光景をグノーシス派テキストと異なって具象的に描いておらず、むしろ「ナザレのイエスの復活とガリラヤ行き」を弟子に告知するケリュグマだからである。

以上のような諸テキストは、復活の自然科学的観察記述でも論証でもなく、むしろ復活が一般の復活に関する先行的理解を超えた歴史内在的唯一回的出来事であると同時に、一切の人間的理解や歴史現象から迫り出す何らかの超越的出来事であることを示している。そのことは、キリストの顕現に関するテキストにおいて示されている。すなわち、顕現者イエスは、一方で身体的現存において歴史内在的に弟子と食事を共にしたり語ったり活動するが、他方でキリストとしてプネウマを与える（「ヨハネ」二〇19–23、二一1–14）。その内在と超越の出来事は、科学的観察や実験によって検証できるような現象ではない。その意味で復活は、歴史的内在的しるしを通して、歴史を超越する信仰のことといえるのである。しかし、信仰のこととは、従来の先行理解やそれに由来する物語的自同性とは全く異なった新しい言葉、あるいは先行理解にとって無意義な物語りと思われよう。しかしその新しい言葉や物語りとは、まず第一に、プネウマに由る「イエスは、主《キユリオス》である」（「一コリント」一二3、「ローマ」一〇9）、あるいは「イエスはキリストである」（「一ヨハネ」五1）という告白であろう。そのプネウマ的言葉から他の一切の新しい物語りが始まるのである。なぜなら、実にキリストの内在と超越、唯一回的身体的現存と「主」としての超歴史的現存との間に、その差異の間に、プネウマが介在し霊風が吹きその息吹から音声が響き、上述の言葉や様々な言・事（ダーバール）、そして物語りが生成すると考えられるからである。従ってプネウマは、十字架の死によってイエス事件が終息したその沈黙の無の淵に、新しいカイロスの物語りを再創造する再生の原理といえる。しかも、この新しい再生の物語りによって初めて逆に十字架事件の何たるかが改めて問われ照らされるのである。それは、イエスとキリストを結ぶ口実や、使徒言行録物語りの展開を保証する文学的虚構でもない。それは学的認識論的に対象化できない創造的力働的エネルギーといえよう。だから人はこのプネウマによる信において、死から生へ、無から脱在へ過ぎ越しうる（「ローマ」四17）。義認や十字架の贖罪的解釈や罪に死に信に生きる新しいキリスト者の人生などが今や語られ始める。それらの言葉・物語りの中心は、アガペーにほかならない。というのも、十字架以前のイエスの神の国運動の奉仕的生や受難や贖罪的死などが、アガペーとして意味づけられるからである。そして新しい物語りがアガペーに支えられるからこそ、キリストの身体性が、人々相互の愛の交わりが現成するプネウマ的カリスマ的場として、一即多的場として強調されることに注目したい（「一コリント」一二）。実に、現象学的に考察すると、われわれの身体はデカルト的な意味での物、対象物ではなく、まさに他者とのコミュニケーションの場と解釈されるのであり、その究極の身体的意味と現実が、キリストの身体において現成すると考えられるのである。

以上のような復活に関する概観の後に、われわれは、4節で論究した諸々の、いわゆる諸十字架物語りと復活物語りとを合わせて、アウシュヴィッツの解釈学に拠って総合的に「人間の淵の過ぎ越し」の展望をいささか開いてみたい。

二 「わたしは汝である」

さてアウシュヴィッツとは何であったのか。われわれは、その問いから出発した。一言でいえば、欧米のキリスト教や人文主義的啓蒙の文化が「絶滅の檻」（Vernichtungslager. ナチス・ドイツが、異邦人殊にユダヤ人絶滅の計画に向けて創出した収容所であり、そのコンテキストである悪魔的な政治的擬似宗教体制）の前に破壊した歴史であり、物語である。そのアウシュヴィッツとは、E・レヴィナス的にいえば、大規模で未曾有な合理的虐殺のことよりも、根源的な人間の絆を切断し、人間を結びつける一切（の価値観、信頼、文化、民主的体制、信仰など）を破壊し尽くしたことである。われわれは、互いを再び結ぶ手だて（religare → religio 宗教）なき廃墟に言葉もなく打ちひしがれ伏している。

われわれは、このアウシュヴィッツを別にシオニズムの正当化のためにもち出すのではなく、現に人間のいたるところで起こった、あるいは起こりつつあるジェノサイドの、絶滅の、そして結局徹底的に他者を排除抹殺する忘却の穴の出来事、つまり根源悪の物語のメタファーとして、そこから一切のテキストを読みこむ解釈学的な枠組みとして提案したのである。

そのアウシュヴィッツ的解釈において、人と人の絶対的断絶と差異（人間の淵）が、さらに差異化され過ぎ越されそこに出会いが生じうるのかという問いが立てられた。このような問いに対する手がかりを得るため、旧・新約聖書テキストの解読にとりかかり、諸々の十字架物語りが分析され解釈された。その解釈の結果は、すでに本質的な鍵語をめぐって示されたわけである。今は、これらの暫定的な諸結論が、アウシュヴィッツ的解釈の審問にどれほど耐えられるかを考究する時である。

それでこれからわれわれは、第一に、アウシュヴィッツを生んだ、あるいは生み出す自同世界の本質的特徴をまとめ、第二に、この自同性の圧力による人間の必然的破綻と崩壊の根源悪的様相と原因とをさらにえぐり出し、第三に、それにも拘らず、自同の突破と人間の淵の過ぎ越しが行われた際の、驚異的体験を審問し、どのような体験的核がそこに残るのかを考究したいのである。

第一に、アウシュヴィッツ的解釈により自同世界を考察すると、まず際立つ特徴は、現に働いているイデオロギー性である。それは自己中心的に世界や他者を解釈し、自らの物語システムに吸収するか、排斥するかする解釈学である（律法主義、存在神論、物理科学的世界像とそれをモデルにする学知、国民国家的イデオロギーなど）。次にその自己中心的解釈にひそむ無意識的な他者に対する歪んだ視点や欲望が挙げられる。それは宗教的にいえば罪業であり、精神分析学的にいえば離人症の根に在る我執ともいえる。これらのイデオロギー的神経症的な解釈は、個的なレヴェルでも、集団的レヴェルでも作用する。その徹底的な他者抹殺の自同性は、アウシュヴィッツ的な解釈によって、つまりサタン的形をとって、イエスの福音（「ルカ」一〇18）にも拘らず生き残り、世界を支配しているし、また神の国は、イエスの福音（「マタイ」一二20）にも拘らず、到来していない。これこそ、アウシュヴィッツをもたらす自同性が示す恐るべき根源悪の現実であり、反福音なのであり、それはさらに「神の死」を超えた「神による人間の遺棄」「神の無力」（ハンス・ヨナス）としても解釈しうる現代の絶望的な物語なのである。

第二に、このような自同性の虚無的な力にあって、人間はどれほど打ち砕かれ挫折を蒙らなければならないのか。彼のどんな資質も理念も使命も神学も、そのアウシュヴィッツの審問に耐えられず無化されるのである。エリヤの拠ったシナイ契約も、エレミヤの預言者的希望「新しい契約」も、アウシュヴィッツのガス室の炎に焼き尽くされてしまう。誰がその骨と肉の灰に、ヨハネ的なサクラメント的体験をなしうるであろうか。誰がまた収容所内のバラックに集められた諸国民の中に、外国語を語る異邦人たちの協働の希望を見出すことができようか。そしてまた誰がこの歴史的な悲惨の前に黙す神を弁神し、贖罪論や義認の神学を語りうるであろうか。誰も何事もこの審問に耐ええない。審問に耐えることがあるとすれば、そのような自同的世界の〈外〉に排泄され無化、無意味とされるそのことである。エリヤの沈黙、エレミヤの背教と自らの誕生・存在への呪い、ヨハネにおける血と水が示す引き裂かれた身体・死、ペンテコステの異言や文法的無意味さ、パウロの盲目、復活という超出、つまり世界からの完全な〈外〉である。

第三にそのような〈外〉と〈無意味〉における体験のうち、アウシュヴィッツの審問に耐えうることは何であろうか。エリヤの沈黙の声か。沈黙の後に声が到来するのだが、それは有意味でなく無意味な声である。エリヤの場合、無意味に響く新しい声とは、七千人の残りの者であろう。しかし、七千が完全数に属してある一定の数を表わすなら、それは十字架上の一人か、あるいは人間としての人間を成り立たせる二人の人なのであろうか。無から再創造されるアダムとエバの二人なのであろうか。この問いは措くとして、エレミヤにあっては、シナイ契約に対する背教的ケノーシスを経て貧しい人々の告白が語られ、そこに新しい契約が待望された。しかし、神が死に、他方で神が人を遺棄した以上、契約の定式文「わたしは彼らの神となり、彼らはわたしの民となる」（「エレミヤ」三一33）は成立しない。従って残るとすれば、殺された神と遺棄された人間を同時に表わす他者、ジョルジュ・ルオーが描くような、暴力を蒙ったキリストの顔にほかなるまい。それが新しい契約の無意味な始まり、自同の〈外〉なのであろうか。

高挙における引き裂かれた身体の血と水は、審問に耐える。もし、その血と水が単に歴史的に観察される事実でしかないなら、それはアウシュヴィッツで殺された人々の血と汗水同様に、全体主義の殺人機構の中に解消される以外にない。だからそれは、歴史の、全体主義の〈外〉の全く過剰な物語りとしての引き裂かれた身体と血と水なのである。ペンテコステの多様な異邦人の舌と言葉は、絶望の檻の中で切られ根絶やしにされる。だからそれらの言葉は、自同性の中では異言であり無意味でしかなく、だからこそ自同の〈外〉で別な新しい文法コードとして誕生し、あるいは預言者によって解釈され語られる。その別なコードとそれに拠る物語りとは、どのような新しいといえる物語りを語りうるのであろうか。舌の根から根こそぎされた後に。パウロにおいて律法主義も、その後の贖罪論も上述の審問に耐ええない。アウシュヴィッツにおいて、他の収容所において生じた稀有なこと、一片のパンを瀕死の隣人に与えること、それが「わたしは汝である」を表白するなら、彼にあってイエスの言葉「なぜ、わたしを迫害するのか」は、そういう「わたし＝汝」を示す言葉として審問に耐えうるであろう。なぜならその言葉は、アウシュヴィッツが絶滅しようとした他者の言葉であり、だからこそアウシュヴィッツにおいては、決してあってはならない物語りなのだから。

最後に復活が単に死者からの身体の甦りを意味し、生前のAと甦ったAとの淵・断絶を易々と克服してしまう希望にみちた越境であるなら、そんなことはアウシュヴィッツではありえない。逆に、生前のAと死後のAとの自己同一性の切断と深淵のみを語る言葉であるなら、それはアウシュヴィッツの〈外〉であり、無意味で過剰な言葉なのである。

以上のように様々な様相と意味をもってアウシュヴィッツの審問を過ぎ越した〈外〉と〈無意味〉は、どのような非自同的な意味と物語りに展開してゆきうるのか。その物語りは、一方で十字架事件を経て誕生したばかりの新約的初期キリスト教協働態のことであり、アウシュヴィッツ以後の人間の淵に関わる限り、二十一世紀のわれわれのことである。

そこでその〈外〉と〈無意味〉な言語、すなわち十字架と裏切った弟子の参集との間、淵に生ずる言葉は、「わたしは汝である」に収斂すると思われる。なぜなら、自同的世界にはあってはならない余剰な「わたしが汝である」という窮極の〈外〉の言葉がプネウマによって響かなければ、エリヤにおける残りの者である二人の間、エレミヤの貧しい他者との契約、引き裂かれた者同士の間、語ることのできない者相互の淵、迫害する者と迫害される者との淵、この世では出会えない人間の淵を、何人といえど誰も過ぎ越しえないからである。

この言葉によって、そこにおいてエリヤの「残りの者」やエレミヤの新しい契約や身体的復活あるいは神の国運動や弟子の裏切りは、一つのプネウマによる一つの神秘体として再生し、盲目は信に、異言は福音や預言と成り、こうして一即多、多即一のアガペー的協働の物語りが始まるといえるのではないか。

しかし、このように人間の間に淵が開き、その差異を差異化しつつ、その間にプネウマの息吹を吹かせ、音声を、如上の言葉を響かせ、同時多発的協働態とその物語りを促してゆく脱在とは、本書が考究し示そうとしてきたエヒイェといえる。従って「わたしは汝である」とは、安易な自同性・同一化の表現ではなく、真に二たることを確立する一致のエヒイェロギア的言表なのである。「わたしは汝である」とは、恒にわたしはわたしであるという自同性を破って、わたしは汝に成る、汝である動態であり、自己を差異化し汝に成りつつ、自己の差異化とそれによる他者との一致を確証し無限に肯定する、その意味での時間的自己同一性の言表ともいえる。そうした成る→在る→′成る→′在る……という脱在をエヒイェといい、従来の空間的自己同一性を強調する西欧的存在論（ontologia）に対してエヒイェロギアの根拠とされる。そしてアウシュヴィッツ的解釈法が、如上のエヒイェ的な「わたしは汝である」に根差すなら、それは存在を差異化するエヒイェとその差異・空・間に息吹くプネウマとそこから響き出来する音声・預言・出来事（ダーバール）に、いわば脱在論的に根差す解釈学であって、その意味でプネウマ的解釈学と連動するわけである。

以上のように「人間の淵」に関わる展望が、アガペー的な「わたしは汝である」という言葉と共に拓け、それと共にエヒイェ、プネウマ、ダーバールを含むエヒイェロギアに至る視界が再び拓けてきた。その展望にあって最後にわれわれは、アウシュヴィッツ的プネウマ的解釈学にふれ、それが人間の淵をどのように過ぎ越してゆくかという解釈学的可能性や機能と方法とを考究し、むすびとし、さらなる展望としたい。

6節　エヒイェ的相生へ

一　先行する解釈学的方位

アウシュヴィッツ的プネウマ的解釈は、次のような解釈学的方位に対してそれらと協働しつつも慎重であり、あるいは批判的である。すなわち、（イ）ガダマー的解釈におけるように、歴史的な伝承や状況の先行的理解に拠って解釈学的循環をくり返しつつ、地平の融合を遂行する作用影響史的意識に立ち、共通の理解を形成してゆくこと、あるいは逆に、（ロ）歴史的実証主義におけるように過去の歴史をできるだけ客観的に再構成し、そこから意味論的に歴史を意味づけること（例えば、史的イエスに関する様々な像の再構成や意味づけ）、さらに、（ハ）ブルトマンにおけるように古代テキストの非神話化に拠る、今・ここでのテキストの実存論的解釈と主体的決断を企投することに対して。ただしこれらの解釈学は、アウシュヴィッツ以後の意識に基づいて、他者（イエスも含め）に対し、開放的に物語り的同一性を物語る際には、各々それなりの役割を果たしうる。

けれどもわれわれは、（イ）の先行理解に、もし「サタンは克服され、神の国は到来した」や「救済史的摂理」などの単純な主張が含まれるなら受け容れ難い。また、（ロ）に拠ってイエスに関する宗教的救済者や政治社会的変革者の様々な歴史的再構成のモデルを示されても、十字架の破綻とその深淵に対する洞察と過ぎ越しについての示しが窺えないなら受容し難い。そして、（ハ）の実存論的解釈も、すでに一つの神話となった現代科学を非神話化の基準としたり、あるいはそれが単独者的企投を強調するあまり、同時多発的なプネウマ経験や他者の現実的歴史性を支える身体性を考究しないならば受容し難い。さらに、（ニ）学知が、自然科学知をモデルにして形而上学や歴史学の絶対化（神学や聖書学や社会政治理論）をなすとき、その絶対化をイデオロギーと見なして受容しない。最後に、（ホ）ある心理学的存在論的歪みを自己の中に吟味せずに、つまり罪悪の問題を自覚せずに、実存的行為や実践につながる解釈をなすとき、その解釈も逆に歪みを起こす誤りとして受容し難い。

二　アウシュヴィッツ的、プネウマ的な解釈

それでは、如上の解釈学的傾向に対して、アウシュヴィッツ的プネウマ的解釈は、どのような特徴を示し、それに拠りどのように他者との真正な出会いを展望しうるのであろうか。

第一に、プネウマ的解釈は、テキストの行間さらに意味論的空白やプロットの断絶などの間、空に注目し、そこから読み込み始める。ここでヘブライ語テキストの例を挙げてみよう。先述したようにヘブライ文は、元来子音のみの

区切りなきベタのテキストである。従って母音のつけ方で、単語が誕生し文章の区切りができ、それによって新しい解釈が成り立つ。そこには文全体の間・区切りを読む解読が要求され、このようにして時代や地理に適応した新しい開放的テキスト解釈が成立してきた。しかもこの開放的解釈は、無限に続かなければならない。というのも、テキストは、神の臨在、いわば受肉の場であるから、一定の不変的で型通りのテキスト解釈は、神を型にはめてテキストに閉鎖させる偶像崇拝に堕すからである。このようにテキストの差異・空間を洞察し、そこに旧い主—述関係を切断して、新しい主—述関係をむすぶ作業も含めて、新しい意味さらにメッセージを解読する仕方をプネウマ的解釈法というわけである。実に、プネウマは、行間や差異に息吹き、新しい音声、言葉を響かせるからである。[36]

第二に、アウシュヴィッツ的プネウマ的解釈は、わたしの歪んだ解釈による自同的物語に外圧を加え、わたしの物語内部に断層や間、空をもたらし、物語を差異化する。例えば、わたしに都合のよい救済史やある民族の自己中心的な物語などに対し、アウシュヴィッツの物語りをつきつけ告発し、その自己中心的自同性の〈外〉に向けて自同性の内部的突破をもたらす。例えば、大日本帝国のアジア支配に都合のよい仕方で解釈された大東亜共栄圏の物語に対し、アジア戦争における「アウシュヴィッツ」の物語りをつきつけ、その物語の矛盾を示し、その〈外〉におけるアジア的平和の物語りの誕生を促すという風に。

第三に、以上のような自閉的テキスト理解や自同的物語の根底に伏在する罪業の物語を自覚しなければならないであろう。そのためには、他者からの呼びかけや差異化を拒む利己やあるいは他者に語りかけ交わろうとして挫折する自己の弱さ、卑小さの自覚が必要であり、そのことを語る物語りに拠って自分を開いた物語りとして語り直すことが求められる。この利己の差異化にとって根本語は、やはり「わたしは汝である」というプネウマ的言葉であろう。

例えば、先にヨハネにおける血と水、引き裂かれた身体のサクラメント的体験を吟味した。その血と水は、まさにこの「わたしは汝である」という高挙の愛をしるしづける。なぜなら、イエスは、愛によって引き裂かれたからであり、そこに流れた血と水を通して彼は今・ここに現存する愛の現実なのだから。従ってこのサクラメント的体験において、人はあらゆること（ダーバール、事・言）に血と水のしるし、「わたしは汝である」を読み込み、「わたしと汝」との物語りに出会い、また創ってゆく。以上のような意味でプネウマ的解釈は、一切の人間の出会いの無化と再生の原点である「人間の淵」を根底的に過ぎ越そうと試みつつ、不断にその原点を示し続けようとする。

第四に、「アウシュヴィッツ」解釈学と言うとき、その「アウシュヴィッツ」は何を意味するのか再考しておきたい。それは、アジア戦争をも含めて、H・アーレントの言う「忘却の穴」に他者を抹殺し、その自同的領域を全世界に拡大しようとした歴史的事件・言説であると同時に、それに関係する「伝統」であり、それゆえ象徴的な仕方で過去から今日に至る全体主義の物語、テキストなのである。その全体主義の自同的物語に今日われわれは問いかけられ、その物語、テキストの解釈によってわれわれは、今日的アウシュヴィッツの突破と異化作用に拠る他者の協働態、あるいは普遍的な公共の地平とを披こうとするわけである。その際、そのアウシュヴィッツ的解釈が、意味論的・言語的地平にとどまらない点に注意しておきたい。この解釈学が「プネウマ的」とも呼ばれているように、それは人間の淵を今日過ぎ越すエネルギーを他者との出会いから受けとり自ら変容しつつ、他者との出会いの機縁となりうる。そのため一方で自同の国の権力関係、擬似宗教的疎外構造、経済的社会的諸要因などから偽装的に物語られ現実化される自同化の言語やイデオロギーを、学的に分析し批判・告発する脱イデオロギー的実践的方位をとる。他方で、先述のような第三の罪業と通底するのであるが、それは、われわれの実存に巣食う根源的罪業あるいは心理学的歪曲や抑圧が、自・他を自同化する虚無を自覚し、それから脱自・浄化される実践的な方位をとる。それは精神分析的治療を超えて、宗教的人格的神秘主義や修徳行の世界とも連動する浄化ともなりうる。

このようにプネウマ的アウシュヴィッツ的解釈学は、人間の淵を過ぎ越すべく、相生のための様々な公共的可能世界を構想し、イデオロギー批判や自己回心を通じて、自同のエヒイェ的差異化を推し進め、やがて「われは汝なり」

の相生的地平への脱自に向けて志向する。しかしその際に自らを他者に晒し、根本的にエヒイェに委ねるほかにない。というのも、われわれは、生きる限り「われは汝」「汝はわれである」の全き実現が期し難い程に、自同的業に薫習されているからである。

最後に、以上の「人間の淵」に関わる省察が、どのような意味で公共性、アゴラ、コイノーニア、公共圏の問題と関わるのかがすでに示されえたと思われる。すなわち、一般の社会歴史的な公の諸理論（政治学、経済学、福祉論、市民組織論、自然環境論、民俗学、国民国家論、立法論など）は、すでにある人間集団やアトム的個人の相互的差異・抗争・利害関係の和解や調整や組織統合化などを外面的に目指すといえる。これに対して、人間の淵を過ぎ越そうというエヒイェロギアとそれを支える解釈学は、およそ二人の人間の淵の深さと絶望を示し、その淵からまず二人の人間のすがたの根底的な立ち上がりを参究する。すなわち、人間としての人間が非人間化され忘却の穴に埋葬され、その心も身も関わりの意志も記憶も奪われた廃墟（アウシュヴィッツ）に立って、人間の成立を自同の外から問い、解釈学を手だてとしてその可能性を次々と審問し探る果てしない道行きなのである。それは、いわゆる組織や権力や外的援助さえなく、いわば素手で赤裸になって「わたしは汝である」という差異化の、つまり二人の人間が一致のうちに確証され、そして一が二に千に万に拓け一即多の協働に展開しうる差異化の限りない道行きである。そこからしか相生、公共、コムニオ、協働態のすがたが新しく生じてこないといえる。その新しい物語りと相生の創成の根底に働く働きはエヒイェであるが、実はそのエヒイェにおいて、目に見えない潜勢的な感応道交の世界が拓けているのであり、パウロはその世界を「キリストの身体」と呼んだのである。この潜勢的協働態の現存とその感受に拠り、人は「われは汝」の広大無辺な地平に希望を抱くことができる。そこから他者の協働が開闢され現成・創成するのであろう。そしてその開闢的創成を語るためには、これからまた百尺竿頭一歩を進めるエヒイェの物語りが始まらざるをえない。(37)

註

（1）　Hans-Georg Gadamer, *Truth and Method*, Translation revised by J. Weinsheimer and D. G. Marshall, Continuum, 2003. 邦訳には、『真理と方法1』（轡田収他訳、法政大学出版局、一九八六年）と『真理と方法Ⅱ』（同、二〇〇八年）の部分訳がある。筆者はガダマー的方法を参照すると同時に、ハーバーマスの「イデオロギー批判」とそれに連動する「精神分析的アプローチ」も援用しつつ、プネウマ的アウシュヴィッツ的解釈学構想の一助としていることを予め断っておきたい。

（2）　アウシュヴィッツをその具体において示す証言の書として、C・ランズマン『ＳＨＯＡＨ＝ショアー』（高橋武智訳、作品社、一九九五年）とそれに関わる哲学的分析論文として高橋哲哉「記憶されえぬもの　語りえぬもの」（『記憶のエチカ』岩波書店、一九九五年に所収）を参照。筆者の肉親もＢＣ級戦犯として裁かれるまでに関係したアジア戦争に関して、ここで一点だけ『世紀の遺書』（巣鴨遺書編纂会、一九五四年再版）を挙げておきたい。

（3）　「アウシュヴィッツの後ではもはや詩は書けない」と語ったアドルノは、アウシュヴィッツ以後には、形而上学あるいは哲学への能力が麻痺したと言う。なぜなら、それ以後思弁的な形而上学（例えば、死の意味の探究）が経験（死）と一致するという経験的基盤が全く破壊されたからである。すなわち「ひとりひとりの人生経験の中で、人生の働きと何らかの形で一致するようなものとして死が現れる可能性は全くなくなってしまった。……収容所において死んだのは個人ではなくサンプルだった」（邦訳、四三九頁）のであるから。このことは、「アウシュヴィッツ以降、まだ生きることができるか」という深刻な問いを呼びおこす。Theodor W. Adorno, *Negative Dialektik*（『否定弁証法』木田元他訳、作品社、一九九六年）。

（4）　この点については、M. Delhez, N. Frogneux et A.-M. Guillaume, "Dieu d'après Auschwitz," dans *E. Lévinas et l'histoire*, Cerf, 1998 参照。

（5）　こうしたニヒリズムの系譜とその根源である「ヨブ記」のニヒルについては、拙論「神の淵源・悪と他者性——「ヨブ記」、「創世記」、トマス、レヴィナス」『根源へ』（岩波講座　宗教4、岩波書店、二〇〇四年）を参照。

（6）　「ローマ」一9、「一コリント」一二3、「フィリピ」二11など。

（7）　「ルカ」一〇18-20。

（8）　例えば、基本的タイプとしては、「一コリント」七・25—35が、切迫する終末論的倫理を説くが、ルカはその終末が遅延したとしてより広大な構想の中で、「すでに〜いまだ」を、「イスラエルの時」「時の中心（イエスの公生活）」「教会の時」の三区分に求めている。H・コンツェルマン『時の中心』（田川建三訳、新教出版社、一九六五年）参照。これに対して終末の実現の方向を強調するのが、C＝H・ドッドである（realized eschatology）。
（9）ヴァルター・カスパー『イエズスはキリストである』（犬飼政一訳、あかし書房、一九七八年）一八八―九〇頁を参照。
（10）イエスの諸々の歴史的に再構成された像について、邦文で入手し易い参考書として、R・ハイリゲンタール『イエスの実像を求めて』（新免貢訳、教文館、一九九七年）参照。その中で、終末論的動機をとり払ってイエスを知恵の教師的に、キュニコス主義者として紹介した典型に、J・D・クロッサン『イエス　あるユダヤ人貧農の革命的生涯』（太田修司訳、新教出版社、一九九八年）がある。
（11）ブルトマンにこの傾向が体現されている。彼が実存的に応える声は、イエスではなく、原始教会の信仰使信（ケリュグマ）に対してであるとする。『イエス』（川端純四郎・八木誠一共訳、未来社、一九六三年）参照。
（12）イエスの十字架を解釈学的事件として、今日の聖書学の最良の手法を用いて、イエス像を見事に示したのが、大貫隆『イエスという経験』（岩波書店、二〇〇三年）である。そのイエスへの問いは、歴史学を超えて、哲学、神学、人間論、文学的なあらゆる局面につきつけられる問いとして普遍的である。
（13）「一コリント」一五12以下で、この教説にパウロが論駁している論争が窺えよう。
（14）このグノーシス主義的仮現論については、「ヨハネの手紙一」などが証言している。
（15）その点を象徴する書として、『仏教とキリスト教の接点』（法蔵館、一九七五年）を一点挙げておきたい。
（16）ウィトゲンシュタインにおいても、「生活形式」（Lebensform）の転換・変容が語られるべきではないのか、というのが発題者の長年の疑義である。例えば、E・レヴィナスは、ある物語りの〈外〉、つまり他者の意味作用の始まりを、「生活形式」の自同性を破る倫理的言語の誕生として語ったかに思われる。
（17）sensus spiritualis については、アウグスティヌス『告白』第十巻六章八節、ニュッサのグレゴリオス『雅歌講話』（大森正樹他訳、新世社、一九九一年）などを参照。
（18）ブルトマン前掲書。個と集団を近代的に区別するだけでなく、その相互関係や浸透（osmose）を語る地平は、ギリシア教父に特徴的である。拙著『愛の言語の誕生』（新世社、二〇〇四年）。また宗教社会学的見地から、H・W・ロビンソン『旧約聖書における集団と個』（教文館、一九七二年）を参照。

(19) この点に深く思いを致した論文に、佐藤研「歴史のイエスと復活」（山岡三治・井上洋治共編『復活信仰の理解を求めて』サンパウロ、一九九七年所収）がある。

(20) 恩恵（gratia）を哲学的に考究した拙論「恩恵的行為論が披く〈存在と人間〉理解——トマス・アクィナスを通じて」（『宗教言語の可能性』勁草書房、一九九二年所収）を参照されたし。

(21) 物語り的自己同一性については、その実験例を、P・リクールの著作に求めることができる。特に、*Soi-même comme un autre*, Éditions de Seuil, 1990（久米博訳、法政大学出版局、一九九六年）。物語り行為は、小説的虚構のみならず、歴史叙述をも構成し、こうして記憶を媒介に自己同一性を形成する契機となる。その点については、野家啓一『物語の哲学』（岩波書店、一九九六年）を参照されたし。しかし、われわれは未来から現在を解釈し、物語を創造する脱在的自己同一性を考える。

(22) 弁神論を構築したライプニッツよりも古く、摂理的歴史神学を語った典型としてオリゲネスがいる。『オリゲネス研究』（有賀鐵太郎著作集1、創文社、一九七六年）がそれに詳しい。

(23) Anarchie については、“La Substitution”, dans *Autrement qu'être ou au-delà de l'essence*, Kluwer Academic Publishers, 1988.

(24) ハイデガーとの対話を機縁にして、離脱（Abgeschiedenheit）や放下を核としたM・エックハルトに関する恰好の研究書として、B・ヴェルテ『マイスター・エックハルト』（大津留直訳、法政大学出版局、二〇〇〇年）がある。

(25) 拙論「一神教の根源と彼方——預言者エリヤの物語」（宮本久雄・大貫隆編『一神教文明からの問いかけ』講談社、二〇〇三年所収）を参照。

(26) 「予言者」という表現は、単に体制擁護のため、あらかじめ予防的な言動をする宮廷予言者ないし狂躁的予言者を指す。これに対して「預言者」は、ヤハウェの言葉をその身に受けて働く記述預言者を表す。

(27) 関根正雄『古代イスラエルの思想家』（人類の知的遺産1、講談社、一九八二年）は、東洋的思想の視点で、イスラエル預言者の思想に新しい解釈を施した画期的な書。

(28) 拙論「エレミヤの告白」（『聖書と愛智』新世社、一九九一年に所収）に、エレミヤの告白解釈が詳しい。

（29）拙論「ヨハネ言語空間〈十九章31〜37節〉における言語身分の諸層――血と水の秘儀」（前掲書『聖書と愛智』に所収）は、人間の根源的経験と原サクラメント的体験とを重ねて解釈している。
（30）本書の復活理解は次の書に負うている。伊吹雄『ヨハネ福音書と新約思想』（創文社、一九九四年）。奇蹟とエゴー・エイミの言葉との関係については、同書の二三二頁を参照。
（31）このブルトマン説に関しては、*The Gospel of John*, Basil Blackwell, Oxford, 1971, pp. 675-79.
（32）ペンテコステをルカの「聖霊論」のコンテキストで理解するために、三好迪「ルカ文書における聖霊」（『小さき者の友イエス』新教出版社、一九八七年に所収）及び加山久夫「聖霊――ルカの救済史をつらぬくもの」（『使徒行伝の歴史と文学』ヨルダン社、一九八六年に所収）がある。
（33）加山久夫「パウロの回心物語〈使徒行伝九・一〜一九ａ〉――様式史的研究の試み」（前掲書『使徒行伝の歴史と文学』に所収）および拙著『身体を張って生きた愚かしいパウロ』（新世社、二〇〇九年）を参照されたい。
（34）擬似神秘主義が絶対者（神）と霊魂との融合的合一を強調するのに対し、十字架のヨハネの宗教体験に、神と霊魂との一致こそ、二者の主体の成立根拠であると洞察した研究書が勧められる。鶴岡賀雄『十字架のヨハネ研究』（創文社、二〇〇〇年）中、殊に第Ⅲ部「合一」。だから、一致とは、二、三そして千、万の出会いをもたらす原点なのである。
（35）復活についての核心的著作として、伊吹雄の前掲書を参照されたし。
（36）プネウマ的解釈を発想する同一線上に、次のようなユダヤ人ラビの思想が異彩を放っている。M.-A. Quaknin, "Le Dieu des juifs", dans *La plus belle histoire de Dieu*, Seuil, 1997. *Les Dix Commandements*, Seuil, 1999. ほかに拙著『福音書の言語宇宙』（岩波書店、一九九九年）中、第二部（他者との想起的出会いとプネウマ言語――ヨハネの言語宇宙から）が、解釈学的にいわゆる東洋的気の方位を示している。
　またE・レヴィナスに拠るアウシュヴィッツ的解釈学については拙論「存在の乱調――E・レヴィナスと他者〈顔〉」（『共生と平和への道』聖心女子大学キリスト教文化研究所編、春秋社、二〇〇五年に所収）を、また彼のプネウマ・気によるテキスト理解については、「レヴィナスにおける解釈学のヘブライ的契機――気（ルーアッハ）、psychisme, inspiration」（『哲学雑誌』第一二一巻七九三号、有斐閣、二〇〇六年に所収）を参照。

(37) こうした感応道交の世界を根底とするエヒイェ的協働態のヴィジョンを、さらに別の角度から限りなく深化させるのは、ロシアの宗教哲学者ソロヴィヨフの全一性の哲学である。その点に関し、ソロヴィヨフ哲学の金字塔的著作、谷寿美『ソロヴィヨフの哲学』(理想社、一九九〇年)を参照。谷氏は、全一性の秘義を次のように語って示す(四二七頁)。「全ての存在の一体性を知る知恵は、全てに開かれた慈悲と共感の力を呼び覚ます……。直知によって全的な知恵の世界に悟入した眼に、世界はもはや単なる偶然的機械的な集積体ではなく、その一端に触れれば即座に全体に波及し共鳴し合う相互連関の有機体と映る。部分の相対的な現象の働きがそこでは全体の絶対的な本質の働きと切り離されず、全体の本源的な働きが、即ち「本源的知性」の働きがそのまま生産的に相対的存在として生起現象しているような世界が知られるといってよいかもしれない」。

第六章　現代における「異邦人性」とエヒイェ

——「預言者エリヤ」の物語り論的解釈

わたしは「今・ここ」に生きている。今・ここで考え、働き、愛し、憎み、そして自己中心的でありながらも、他方で隣人に出会いたいと望んでいる。けれどもまさに「今・ここ」で、わたしは巨大な政治や経済の力によってロボットのように愛を奪われ、他者と出会い得ない疎外感にさいなまれ、無力でいる。けれどもそうであるだけにいっそう、友と交流し、異性と愛し合い、他者と「和して同ぜず」の相生を実現したいと願う。「今・ここ」に無限な美がきらりと光るような体験をしたいと思う。同時にその「今・ここ」から、多くの人々の抹殺と絶望の絶叫が聞こえてくるのである。

われわれはこれまで、このような人間的悲劇をもたらす根源悪の諸相を「アウシュヴィッツ」に洞察してきた。本章では、前述のような「今・ここ」の広い背景をなしながら、そこに根源悪の不気味な諸相をやどす時代を「現代」と呼ぼう。そしてその現代に巻き込まれながら、その現代ゆえに他者と出会えず、そうした疎外にもかかわらず出会いを待望しているわたしのあり方をさしあたって「異邦人性」と理解しておこう。こうした現代における人間のあり方は、おそらく大多数の人々の生であり生の実感であろう。とすれば、ことさら主題に特記した「異邦人」とは誰かが問われるわけである。それは現代においてはあまりに無意味な余剰なのか。あるいは「異邦人性」が秘める他者との出会いのある驚くべき可能性を示すのか。このような問いを抱えながら、われわれはこの問いの考究の手がかりとして、また現代に埋葬されないための超出的な鍵として、いつものようにエヒイェロギアを念頭におきながら古典的テキストを解釈のかがみとしたい。そこでわれわれは、まず預言者エリヤが登場する物語り「列王記上」（一八～一九章。以下「王上」と略）を取り上げたい。その物語りの解釈をかがみにして、次に二十一世紀現代の異邦人性、他者性について考察し、「他者の拓き」の可能性を探りたい。

1節 エリヤにおける「現代」「異邦人性」「他者性」

一 アハブ＝イゼベル神政体制

エリヤにおける「現代」とは、また彼の「異邦人性」とは何か。今はそれを示すと思われる諸特徴について触れてみたい。エリヤの時代は前九世紀、ダビデの創始した王国が南ユダと北イスラエルとに分裂し、北ではオムリ王朝が支配し、アハブ王（前八七四～八五三年）が神政一致の抑圧的体制を固めていたころであった。それではその神政一致の王国的体制とはどのようなものか。

そもそも王国創設の物語は、ダビデ王国が成立する以前のサムエル預言者の時代（前十一世紀）にさかのぼる。「サムエル記上」（以下「サム上」と略）の八章を読むと、イスラエルの長老全員がサムエルの反対にもかかわらず「ほかのすべての国々のように、我々のために裁きを行う王を立ててください」（「サム上」八5）と要求したことが、王国創立の発端であることがわかる。そこでサムエルがヤハウェ神に祈ると、ヤハウェは、民の要求の根には「わたし（ヤハウェ）を捨てて他の神々に仕える」（「サム上」八8）背信が伏在していると言う。つまり、イスラエル（の民）は、本来シナイ契約以降、ヤハウェの民としてヤハウェに仕えるべきだったにもかかわらず、である。実際にアブラハム契約を通し、さらにモーセ預言者以降、イスラエルは出エジプトの解放によって神の恵みを受け、十誡などを道しるべとしながら、協働態を形成し約束の土地カナンに入った[1]。それまで民は遊牧生活で移動し、従って天幕を移動式聖所としていたので、ヤハウェも民とともに漂泊した。神の民の成熟へ向けてモーセはヤハウェの口（預言者）と成ったのである。他方で民はそのモーセのヤハウェ物語り（過ぎ越しの解放まで）を受け、物語りながら兄弟的協働態を、ある意味で開放的な自己同一性を目指して漂泊する。その遊牧生活によって民の間に貨幣経済や富の蓄積が生ずることもなく、社会的階級的差別が広まることもなかった。例えば、民がカナンに定着しても、土地は神の所有地であって各家族や氏族はそれを神から贈与され託された土地（嗣業の地）として受け継ぎ、私有することはなかった（非所有）。さらに民自身が神の嗣業（所有、恵み）とされたのである。であるから、イスラエルの王（制）を立てる要求は、イスラエルを神の嗣業とする代わりに、王の嗣業とする背信だったわけであろう。この背信の民にサムエルはヤハウェの警告を伝える。すなわち、王は政治的には、重臣や軍隊の指揮官などからなる官僚制をしき、徴兵制などで民を支配する。経済的には、十分の一税を課し、また民から土地や息女を強制的に取り上げ、王の財産、財政として用いる。司法的には、ヤハウェの預言者の代わりに王が裁判権を握り、ヤハウェとその民のためでなく、王制の維持発展に努める。対外的政策も、ヤハウェ信仰に基づいた信仰協働態の根本的立場を捨て、地上の国家として強国間の勢力争いをうかがって翻弄されるようになる。このような王国の基本的性格が如実に現れたのが、エリヤ時代のアハブ神政体制においてであったと言えよう。

如上の王国の性格を念頭に置いて、アハブ王朝の抑圧的全体主義的性格を宗教史的視点から、もっと具体的に概観してみよう。

オムリ王朝の創始者オムリは、サマリアを首都と定め、その息子アハブは、そこにヤハウェ神殿の代わりにバアル神殿を建設した。それはどうしてか。アハブ時代にメソポタミアを残虐な軍事作戦によって制圧した帝国は、ニネベを首都とするアッシリアであった。アッシリアは南下し、シリア・パレスチナに侵攻する。その侵攻の動きを予想し、アハブは、フェニキアと外交的同盟を結びアッシリアに対抗しようとして、異教フェニキアの王女イゼベルと結婚した。ところでフェニキアは、バアルという雨を降らせ豊饒をもたらす神とその伴侶であるアシェラ女神を崇拝していた。であるから、アハブの政略結婚は、イスラエルの神政体制の性格を決定づけた。すなわち、イゼベルは、バアル崇拝を持ち込みサマリアにバアル神殿を建立させ、宮廷ではバアル予言者たちを寄食させ、王制支配とその繁栄を求める祭儀を執行させていたのである。従ってこれら予言者は、魔術的役割を担っていたと言える。また民衆自体も、ヤハウェ信仰とバアル信仰との区別もつかないほどバアル的神政体制に同化されていたわけである。

軍事的には、前述の王制の軍事制に加えて対アッシリア戦でアハブが戦車中心の主導的役割を果たし、その強力な軍事技術力を見せつけている。また経済的には、都市を中心とした貨幣経済の発達によって、財産所有も進み貧富の差も大きくなってきた。そしてそうした私有制の頂点に王が君臨したわけである。

以上のような神政一致体制は、エコノ（経済的）＝テクノ（軍事中心の技術的）＝ビューロクラシー（政治的官僚的）体制の原型とも言えよう。この体制は原初的形態であっても、全体主義としての自己同一性（以下、全体主義的自己同一性を自同性と呼ぶ）の保存としてヤハウェをも含めた他者を排除するように機能する。その具体的例として、すでにわれわれは「ナボトのブドウ畑」に関する逸話を読んだ（「王上」二一章）。すなわち、ナボトは農民として人に決して売買してはならない嗣業の土地を受け継いで、そこをブドウ畑にして生活を営んでいた。ところがアハブは王の権力をかさにかけて、ナボトにブドウ畑をゆずらせる話を持ちかけた。しかしナボトはその土地が、ヤハウェによって先祖から嗣業の土地として授けられたと言って王の要求を断る。つまり、彼はヤハウェ信仰を神政体制よりも重んじたわけである。しかしアハブの不機嫌な顔を見た王妃イゼベルはその訳を尋ね知り、アハブの王命を用いてナボトが住む町の長老や貴族に対し、ナボトを抗命罪で処刑するように手配させた。こうしてナボトの土地、つまり神の土地、イスラエル協働態の相生のしるしは、王の私有に帰した。このような神政体制の暴力は、シナイ契約そのものにまで触手を伸ばし、契約の担い手であるヤハウェの預言者たちの殺戮にまで及んだ。今やエリヤはただ一人この神政体制に抗して、和解と相生の兄弟的イスラエル協働態の再興・革新に向けて絶望的な戦を挑むことになる。だから彼は前九世紀という「彼の現代」に生きて、その自同性から排斥されていく「異邦人」になったのである。それではこの異邦人は、どのように他者に出会うのだろうか。

二　カルメル山上における神政体制との対決

エリヤは前述の神政体制を撃ち、他者との相生の地平をひらくために、カルメル山において、バアル予言者たち四五〇人、アシェラの予言者たち四〇〇人と対決する。この場合、対決の舞台にカルメル山が選ばれた訳は、当時の地図を見るとよく理解できる。そこはフェニキアとイスラエルとの国境に位置し、いわばバアル宗教がヤハウェ信仰を制圧する拠点とも言える場所だからである。だからエリヤにとってこの対決は、イゼベル的神政的全体主義の突破とシナイ協働態（他者の地平）の再興がかけられた総力戦とも言えたのである。今や、カルメル山に工の予言者の全勢力が孤独な異邦人エリヤを砕こうと集結し、すでにバアル化された民衆が両者の対決をかたずをのんで見守る。エリヤは、まずこの民衆に対して、ヤハウェ信仰への回帰を呼びかけるが、民は「ひと言も答えなかった」（「王上」一八21）と語られている。エリヤの絶望的な異邦人性と疎外感は深まる（「王上」一九10と14を参照）。

彼は民衆とバアル予言者たちに対決の仕方を提案する。すなわち、エリヤとバアルの両陣営の各々に対してたきぎの上に犠牲獣である雄牛をのせ、神の名を呼ぶ。その呼び声に神が火（神の現存のしるし）をもって応えたほうが勝利を占めるというわけである。

さてバアルの予言者たちは、大声を張り上げ、祭壇の回りを飛び跳ね、自分の体を剣ややりで傷つけ血を流しながら神に向かって叫ぶ。このような描写は、彼らが神がかりになり、エクスタシーに陥って異言を吐くような狂躁的呪術師であることを示唆しよう。彼らは後のイスラエル記述預言者のように、霊（プネウマ、ルーアッハ）と言（ダーバール）とが調和した人格像とかなり異なっている。(2) これに対してわれわれは、エリヤの呼びかけの異質性を実感させられるのである。

彼は神名を呼ぶ前に、この対決がイスラエル十二部族協働態（他者の拓け）の再生であることを想起させ預言するために、十二の石から祭壇を築いたのである。続いて彼は、ヤハウェだけを神として賛美し、イスラエルの再生を祈願して祈る（「王上」一八36）。

こうしてみると、バアル予言者の積極的狂躁道の呪術性と、エリヤの祈りが示す神への受動的委託の祈りとの対比が際立っていることがわかる。だからエリヤの祈りに対し、「主（ヤハウェ）の火が降った」（「王上」一八38）のである。続いて「これを見たすべての民はひれ伏し、『主（ヤハウェ）こそ神です。主こそ神です』と言った」（「王上」一八39）と語られている。ここでバアル予言者は滅ぶという筋立てになるわけだが、民の告白や回心は表面的なものであることが後に明らかになる（「王上」一九10、14）。従って、エリヤの対バアル予言者対決は結局失敗し、シナイ協働態は依然バアル化されてよみがえらず、彼は異邦人として世界にただ一人残され、疎外されている。その彼に迫害と死の影が忍び寄る。

三　ホレブ山に響く「沈黙の声」と他者体験

エリヤのバアル予言者に対する勝利は、アハブを通してイゼベルに報告され、イゼベルはエリヤ殺害を誓う。こうしてエリヤは、バアル的カルメル山とは逆方向のヤハウェの山ホレブへ逃亡する。彼はユダ王国の南の町ベエル・シェバにたどり着く。そこは定住地域と荒れ野との境界線上にあり、そこに従者を残し、ただ一人で荒れ野に分け入り、「わたしは先祖（モーセ）にまさる者ではありません」（「王上」一九4）と言ってヤハウェに死を願う。それはモーセとは逆に、アハブ王国から民衆を解放できず、ヤハウェの預言者として絶望し、神と人間から遺棄されたという告白であろう。ここで彼は、バアル的神政体制からだけでなく、シナイ契約協働態の復興にも絶望し、そこからも遺棄され異邦人となったわけである。

けれども奇跡的に、ヤハウェの使いを通じてパン菓子と水を供されて彼は立ち上がる。この場合、ヤハウェの使いが二度彼に現れて励ましたことは、エリヤの異邦人性の探さを物語っている。

ここで、次に続く転換的出来事にかかわるテキストを引用しよう。

主の御使いはもう一度戻って来てエリヤに触れ、「起きて食べよ。この旅は長く、あなたには耐え難いからだ」と言った。エリヤは起きて食べ、飲んだ。その食べ物に力づけられた彼は、四十日四十夜歩き続け、ついに神の山ホレブに着いた。エリヤはそこにあった洞穴に入り、夜を過ごした。見よ、そのとき、主の言葉があった。「エリヤよ、ここで何をしているのか。」エリヤは答えた。「わたしは万軍の神、主に情熱を傾けて仕えてきました。ところが、イスラエルの人々はあなたとの契約を捨て、祭壇を破壊し、預言者たちを剣にかけて殺したのです。わたし一人だけが残り、彼らはこのわたしの命をも奪おうとねらっています。」主は、「そこを出て、山の中で主の前に立ちなさい」と言われた。見よ、そのとき主が通り過ぎて行かれた。主の御前には非常に激しい風が起こり、山を裂き、岩を砕いた。しかし、風の中に主はおられなかった。風の後に地震が起こった。しかし、地震の中にも主はおられなかった。地震の後に火が起こった。しかし、火の中にも主はおられなかった。火の後に、静かにささやく声が聞こえた。それを聞くと、エリヤは外套で顔を覆い、出て来て、洞穴の入り口に立った。そのとき、声はエリヤにこう告げた。「エリヤよ、ここで何をしているのか。」エリヤは答えた。「わたしは万軍の神、主に情熱を傾けて仕えてきました。ところが、イスラエルの人々はあなたとの契約を捨て、祭壇を破壊し、預言者たちを剣にかけて殺したのです。わたし一人だけが残り、彼らはこのわたしの命をも奪おうとねらっています。」主はエリヤに言われた。「行け、あなたの来た道を引き返し、ダマスコの荒れ野に向かえ。そこに着いたなら、ハザエルに油を注いで彼をアラムの王とせよ。ニムシの子イエフにも油を注いでイスラエルの王とせよ。またアベル・メホラのシャファトの子エリシャにも油を注ぎ、あなたに代わる預言者とせよ。ハザエルの剣を逃れた者をイエフが殺し、イエフの剣を逃れた者をエリシャが殺すであろう。しかし、わたしはイスラエルに七千人を残す。これは皆、バアルにひざまずかず、これに口づけしなかった者である。」(「王上」一九7-18)

エリヤはあたかも荒れ野で四十年を過ごしたモーセに倣うかのように、荒れ野を四十日四十夜かけて横断し、ホレブ山(シナイ山)に着く。その山において、かつてモーセはヤハウェから神名「わたしはありてあるであろう(エヒイェ　アシェル　エヒイェ)」(「出エジプト記」三14参照)を啓示され、エジプト全体主義帝国からのヘブライ人の脱出を委託されたのである。ここで繰り返して重要な一点を指摘しておきたい。それは神名が、二つのヘブライ語存在動詞未完了形一人称単数「エヒイェ」を含み、その二つの「エヒイェ」が「アシェル」という関係詞によって結びつけられた謎のような構造になっていることである。その際、「エヒイェ」は自同性ではなく自分から脱して生成する開放的動態を意味する。従って、「出エジプト記」の文脈と意味論から考えると、この神名は不変不動で絶対的超越神の完結した実体ではなく、奴隷という他者の解放と相生に向けて歴史に介入する自己超出的な、未完了な脱在を意味することになろう。そしてヤハウェは、今日の聖書学によると、この「エヒイェ」と同語源に根差していると想定され、また「出エジプト記」の文脈(三14-15)もそのことを支持する以上、われわれはヤハウェの働きの中に、人間に関心を持ち、天上から降下して到来する関わりの意志を認めることができよう(3)。このようなことを踏まえると、荒れ野からホレブ山に登山したエリヤは、このヤハウェの到来と新しい啓示を待望したのであろう。しかし彼はすでに、シナイ契約の民やヤハウェの預言者としての召命に絶望していたのであるから、いわば新たな啓示に対しては何の資格も見通しもない零《ゼロ》地点に立っていたわけである。それは同時に、シナイの神もまた、自らの民に捨てられ、自らの預言者をも失って零地点にあることを意味しよう。その意味で、そのゼロのケノーシス（自己無化）[4]の地点から、両者がどのような未来を披くのであろうか、という重大な問いが生ずる。

　物語りが示すように、山上でエリヤはこれまで神顕現を象徴した旧い自然現象、すなわち恐るべき風や地震や火を体験したのである。しかし、それらの中に神は現存しなかったと語られている。そして火の後に「静かな沈黙の声あるいは呼びかけ（コール　デマーマー　ダッカー）」（「王上」一九12参照）が聞こえてきたのである。この「沈黙の声・呼びかけ」という矛盾する謎のような言葉は、いったいどのようなことなのであろうか。

　一般に「コール　デマーマー　ダッカー」は、「静かにささやく声」などとわかりやすいように翻訳されている。しかしわれわれは「沈黙の声」という文字どおりだが、逆説的な翻訳をとりたい。それはどういうことか。

　まず前述の神顕現を示す自然現象は、「出エジプト記」（一九16―19）で頻出している。ところがエリヤはその中で神の現存に出会わなかった。それは今やエリヤにおいて、シナイ的な神とその預言者性を超え出るような啓示の地平が拓けるのではないかとの期待をわれわれに抱かせる。その期待はまさに「沈黙の声」において実現する。すなわち、神が旧い顕現現象に現存しないという否定は、この沈黙が新しい声を含むある種の無であることを示そう。それはまったく新たな現存の「無」なのである。旧約学の泰斗、関根正雄はこの「無」について次のように語っている。

「『沈黙の声』もただの『無』ではない。しかし神の不在の確認の後の『声』はテリエンの考えるような『神の現存の自覚への準備云々』という程度のリアリティではなく、すでにそれ自身神の霊的現実であったと我々は解する」[5]。

　実際に、エリヤが沈黙の声を聞いたとき、彼は「外套で顔を覆い、出て来て、洞穴の入り口に立った」（「王上」一九13）のであり、神を見ないように外套で顔を覆うとは、「沈黙の声」を聞くことが、神と顔と顔を合わせ見るような死をもたらす極限的な神の現存の体験に出会ったことを示唆するのである。それはエリヤの身心の全体を挙した、まったく新たな神という他者体験であった。こうして「沈黙の声」を聞くとは、極限的な、見るをも含むような聴覚的かつ視覚的、さらに霊的で身体的な他者体験と言えよう。こうしてこの無において、神は新たに顕現し語り、エリヤもよみがえる。

すなわち、この「沈黙の声」から、一九章15節以下のヤハウェの預言がほとばしり出る。それは、イスラエルの人々の裏切りとシナイ契約の預言者的あり方に絶望して死に直面し、零地点に立ったエリヤにとって、自分をよみがえらせるようなヤハウェの新たな啓示の言葉であっただろう。われわれはこの言葉において、「バアルにひざまずかないイスラエルの七千人の残りの者」（「王上」一九18）という告知に注目したい。それはどういうことか。

四　「残りの者」――他者との出会いの地平

「バアルにひざまずかない者」とは、アハブ＝イゼベル的全体主義に同化されず、あくまで異邦人として残り、それを突破する人を意味しよう。「七千人」とは、「七、四」などの完全数であって、ある一定の数を示す。最も重要な言葉は、「残りの者」（シェアール）の現実を披く「残す」という言葉である。それはある破滅的危機をくぐり抜けて残り、新たな世界、新しいカイロス（出会いのとき）の創造的種子となる人が残ることである。そうした「残りの者」の人間類型は、聖書テキストにあって、新約に至るまでの歴史を持つ。

その原型は、創造以前の暗黒のカオスに一切を巻きこんだ大洪水の危機をかいくぐって残ったノアであろう（「創世記」七23）。その後「残りの者」は、聖書において絶望の真只中で未来を披く核としてさまざまな意味で展開したが、それを歴史哲学的レヴェルまで昇華したのはイザヤである。彼にあって「残りの者」とはアッシリアの破壊力にもかかわらず「残る者」（「イザヤ」一〇～一一章）であり、その象徴的人物は終末的な平和の王（メシア）である。その王の治政には、「狼は小羊と共に宿り、豹は子山羊と共に伏す。……乳飲み子は毒蛇の穴に戯れ、幼子は蝮《まむし》の巣に手を入れる」（「イザヤ」一一6、8）のである。さらにエレミヤは、バビロンによるユダ王国滅亡の危機に際して、バビロニア捕囚後にも新しい建国の基礎として残る人々を示す。彼らは、新しい契約の担い手として、老若男女みながヤハウェを全人的に知る（「エレミヤ」三一27-34）。残りの者は、あらゆるケノーシスを体験しても、未来を披く希望である（「ゼカリヤ」八6、一三8、一四2、16）。

この残りの者の力は、新約の時代をも革新する。まさにパウロはエリヤの歴史に言及して、残りの者をユダヤ教徒やユダヤ人キリスト教徒から疎外された異邦人キリスト者として定位していく（「ロマ」一一章）。

以上のように「残りの者」とは、まず他者排斥に傾く自分自身の罪深い自同性を自覚し、また体制の自同性に対して異邦人となりつつ、零地点に立たされる自己無化（ケノーシス）を通して、それら自同性を差異化し乗り越える人々を意味しよう。そしてその自同性突破を貫徹する差異化の力は、ヤハウェ＝エヒイェの力に支えられているのである。このようにして残りの者は、各人が生きた「彼の現代」において、その現代の「外」・「真の相生」を示すし、つまりある相生のよみがえりの希望となってきたし、これからもなるであろう。

エリヤの場合を再考すると、彼がそこにおいて異邦人として疎外され死に追いやられていった「現代」とは、シナイ契約とその神を廃棄したバアル的神政体制であった。従ってそこではシナイ的エヒイェは否定され、その預言者も抹殺され、民衆は神政的自同の体制に同化されたのである。けれども、シナイ的ヤハウェ＝エヒイェは、自分とエリヤのケノーシスを通して「残りの者のヤハウェ＝エヒイェ」として新たに顕現し、そこに、エリヤも新しくこのようなエヒイェの残りの者としてよみがえったと言える。あるいは極言すれば、エリヤただ一人が、まず七千人の残りの者の初穂であり、七千人そのものであったのかもしれない。なぜなら、エリヤの「現代」において異邦人性を極みまで担って残った者こそ、ただ一人エリヤだったからである（「王上」一九10、14）。だからまた彼は、アハブ＝イゼベルのバアル的神政体制の「現代」の「外」を示し続ける残りの者の初発的パラダイムになったと言えまいか。

われわれは以上のように、エリヤ物語りを解釈してきた。その解釈は、エリヤ固有の「異邦人性」、彼の「現代」、さらに「沈黙の声」や「ヤハウェ＝エヒイェ」および「残りの者」という言葉を、われわれの「現代」に向けて開示したと言える。というのも、それらの言葉を手がかりにわれわれは、現代的疎外に圧しひしがれた自分たちの閉塞的な「今・ここ」が、他者との出会いのカイロスに変容するよう希望できるかもしれないからだ。それではエリヤは、どのようにわれわれ一人ひとりの「今・ここ」を照破するかがみとなり得るのであろうか。

2節　二十一世紀の「異邦人性」

一　われわれが根源的におかれてあるところ

それではわれわれが「今・ここ」で生きている現代とは、どのような性格を帯びているのだろうか。日々の生にあってわれわれは、根源的には生活世界に根差して生きている。すなわち、そこで生まれ、その社会の文化的言語的シンボルを教えられて成長し、社会に迎えられ、他の人々と善く生き、あるいは挫折し、そして次世代にあるメッセージを残しつつ、やがては死んで消えていく。こうした生活世界は、一方で衣食住などの現実的で素朴な生の再生産に依存するが、本来的には文化、教育、宗教などのレベルでの文化的再生産によって成り立っている。そしてその文化的生産を基本的に支えるのが、人間関係を取り持つシンボル、言語なのである。こうした原初的生活世界は、いわば人類的基盤としてあらゆる民族や国民、あるいは諸々の生活形式に共通な普遍性を持つと言える。それは無意識的に生きられる世界であり、さらに対象として分析認識された物理科学的世界像の基盤でさえある。ところが現代にあっては、そうした生の基盤が合理化され技術化され、その生を支える文化的シンボルが抽象化デジタル化され、生は本来のリズムを失って不気味な死の機構システムに同化されようとしているのではなかろうか。そこでわれわれは、漠然たる疎外と不安を感じているのではあるまいか。われわれは、いわば故郷である生活世界から追放されて、妙によそよそしい死のシステム内で異邦人性を感じているのではあるまいか。

われわれは、このような問いに深刻に直面しているのである。そこで現代における人間のコミュニケーションの可能性を説くユルゲン・ハーバーマスの社会哲学を参照しながら、現代とそこでの異邦人性についていささか考察してみよう。(6)

二　生活世界の植民地化とわれわれの疎外

まずハーバーマスのいう生活世界における文化的再生産の役割に触れてみよう。元来文化は、生活世界に生じる様々に対立する意見や了解を調整して合意にまでもたらす知や解釈図式を提供する。そうすると、文化的再生産は、社会に「正統的に秩序づけられた相互人格的関係」を実現できるし、人々に対しては人格的自律と社会関係の能力を与えるとされる。こうして文化的な再生産が円滑に働く限り、生活世界は文化的知や社会的調整能力や人格的同一性のモデルを次世代に伝えていくことができる。

しかし晩期資本主義の現代にあっては、社会の巨大な二つのシステムが独立分化して生活世界に対立する。その一つは、経済システムであって貨幣というメディアを用い、もう一つは、政治行政システムであって権力というメディアを用いて生活世界を浸食しようとする。これに対して生活世界は、経済と国家というシステムに対して、「私的領域と公共性の領域として相互補完的に関連し合っている」という。そこで、まず第一に、生活世界の視点から両システムへの関係を考察してみよう。まず生活世界のうち私的領域の核心をなしているのは、家族である。家族は直接生産から離れて、子どもの社会化にいそしむ。しかし、それは経済システムにとっては「私的な家計」という、システムに影響のないマージナル（周辺的）な世界にしかすぎない。他方で、公共的領域の核は、「文化経営や出版、後になるとマス・メディアも加わって強化された例のコミュニケイション網である。これによって、文化享受者としての私人は文化の再生産に、公衆としての公民は世論を媒介にして社会的統合に参加する可能性を与えられる」[7]という。ところが前述の文化的あるいは政治的な公共性は、国家政治システムにとっては、その政治システムを正統化させる調整役としてやはりマージナルな世界でしかない。結局、文化もマス・メディアも、政治権力というメディアに巧妙に操作され、そこに同化され権力を強める媒体でしかないというのである。

こうしたシステムと生活世界との関係を今度は、経済や国家の視点からさらに見直してみよう。そうすると両者の関係は交換関係になるという。まず経済システムは、労働者から労働力を賃金と交換に手に入れる。行政システムは、行政の役割を果たす務めと交換に市民から税を手に入れる。これらの関係においては労働者（被雇用者）は、経済雇用システムに依存し、市民は、クライアント（医者に対する患者のようなクライアント）として行政システムに依存する。こうして労働者は、ますます雇用者として経済システムに同化され、市民は、行政システムの指導、管理、介入の下に置かれる。他方で、一見システムから自律した生活者（消費者や公民）も、よく検討すると、消費者の場合は、売買決定の際にすでに消費を見越して計画され市場に供給される商品を買わされているのだし、公民が選挙で意思決定をする際には、すでに権力によって公示され、マス・メディアによって評価づけられた立候補者を選ばされるのである。こうした買わされる売買システムや選ばされる選挙システムは、すでに生活世界の抽象化である。

以上のような経済・政治システムによる生活世界の同化や抽象化こそが、ハーバーマスによると生活世界の植民地化と言われる現代の疎外的事態なのである。そこでハーバーマスのいう生活世界の、植民地化論について傾聴しよう。「これと似たような抽象化の過程は、クライアントと社会国家の行政との関係にもみられる。というよりも、それこそが晩期資本主義社会の物象化現象の根底にある生活世界の植民地化のモデル・ケースでもある。このケースが登場してくるのは、社会全体の機能がより効率的に働いていても、伝統的な生活形式の破壊をもはや押しとどめることができなくなったときである。目標や関係やサービス、それに生活空間や生活時間までが金銭に換算され、意思決定や義務と権利、責任や依存関係のすべてが官僚制化され、私的生活態度や文化的・政治的な生活形式を構成する諸要素が、生活世界の記号（シンボル）的な構造から切り離されるにおよんで初めて、貨幣や権力の媒介による機能の被拘束性がますますあらわになってくる(8)」。

このように生活世界の植民地化によって、生活世界を文化的に再生産する言語的メディアが、貨幣や権力という今日ではデジタル化された記号メディアに取って代わられるとき、今度は生活世界に病理現象が生じてくる。それは文化的領域における意味喪失であり、社会の集合的同一性の不安定化や伝統の断絶をもたらす社会的領域における無秩序であり、人格における疎外や精神病理現象などである。

こうした生活世界にあらわとなる病理現象にあって、われわれ一人ひとりは、ある疎外感を抱くマージナルな神経症患者であるばかりでなく、さらにエコノ（経済）＝テクノ（技術）＝ビューロクラシー（官僚制）機構が支配しシステム化・植民地化した世界の中で異邦人となっている。

ところでわれわれは、ハーバーマスの新植民地化論に加えて、生活世界の仮想現実（virtual reality）化にも注目しなければならないであろう。それはどういうことか。

三　仮想現実化とエコノ＝テクノ＝ビューロクラシー

二十世紀後半から、われわれはさまざまなテクノロジー（技術）の発達と連携によって情報革命の時代を迎えた。情報科学や情報機器、特にコンピュータ・サイエンスやエレクトロニック・デジタル・コンピュータが今日の情報世界の主要な担い手である。最近では大型コンピュータとともにパーソナル・コンピュータが生活人に用いられ、地球上至る所にコンピュータ的コミュニケーションのシステム、つまりインターネットが張られたのである。そこでの携帯電話（mobile）などの普及は、顔と顔を合わせない人間関係を普遍的に造り出し、関わりの感受性を希薄にしているが、他方で独裁国家の壁を情報交換によって破って、革命に向けての人々の連帯を促進する積極的意義も見出せる。さらにコンピュータ技術は、映画など芸術分野にも応用され、例えば、従来の特殊撮影やトリックの枠をパラダイム的に変えるコンピュータ・グラフィックが、幻想的で超写像的な映像世界を可能にしている。そして生活世界のあらゆる分野、つまり生産や製造、金融システム（株式市場、銀行）、病院とその治療システム、運輸（旅客機や新幹線など）、通信（電話など）、諸種のサービス事業（美術館や図書館、ホテルや旅行サービスなど）に浸透しているのである。こうしたコンピュータ的記号とシステムが仮想的世界を構成し、生活世界を仮想現実化して制御・支配している。それの否定面に目を向ければ、われわれの一人ひとりは、いずれ国民国家によって背番号を張りつけられ、その背番号に（心を除いて）わたしに関わるあらゆる情報が集約され、政治＝経済＝情報システムに同化されていく。そうしたわたしの心は、背番号世界に対して異邦人となるであろう。さらに金融資本主義は、ボタン一つの動きによって株価を操作し、虚像の商取引によって一瞬のうちに億兆の金を動かし、生活世界の労働と生活を仮想現実化している。

以上のように現代は、エコノ＝テクノ＝ビューロクラシー機構による生活世界の自同化と植民地化を特徴とし、そこにおいてわたしは一つの病理現象として、あるいは異邦人として生きるしかないのである。しかし現代は、そのような表面的なエコノ＝テクノ＝ビューロクラシーの底に、いっそう不気味なニヒリズム的機構を抱え込んでいるのである。それは何であろうか。哲学者あるいは神学者は、それを現実として同時に象徴として「アウシュヴィッツ」と呼ぶ。

四　現代のアウシュヴィッツと生ける屍

このアウシュヴィッツ問題にはここで深く立ち入れないが、その根本的な特徴についてはすでに考察したので、今は簡単にふり返っておきたい。

先述のハーバーマスの師にあたるテオドール・アドルノは、アウシュヴィッツ以降もはや詩（芸術）を創作できないばかりか、そもそもアウシュヴィッツの後で生きることはできるのかと問う(9)。

それではその問いを生み出したアウシュヴィッツとは何か。それは、これまで考察したように、ナチス第三帝国が「生きる資格のない者」という人間の類型（殊にユダヤ人や共産主義者）を作り上げ、彼らを抹殺した死の製造所ビルケナウという史的事実を指すだけではない。それは人間を徹底的にしかも組織的合理的に非人間化し、その他者性を奪い取った、理性的人間の行為を指す。そうである限り、西欧がそれまで蓄積してきた理性や価値の破綻を告げ知らせる象徴なのである。すなわち、アウシュヴィッツというユダヤ人の「絶滅の檻」（Vernichtungslager）は、啓蒙的理性、ギリシア的真善美の理念、キリスト教的ヒューマニズム、西欧型民主制、基本的人権などをも絶滅させたのである。アドルノの前述の言葉は、そのような意味合いを含んでいる。

そうしたアウシュヴィッツの正体を理解する手がかりは、そこが「生きる資格のない者」だけが収容される場所だということである。「生きる資格がない者」は、当然ガス室などで殺され焼却炉で煙となって消えさる以外にない。つまり、ハンナ・アーレントの言うように「あたかも生きたことがなかったかのように」記憶を奪われ、「忘却の穴」に埋葬されるのである(10)。

しかし、それだけではない。人間の生が奪われるだけではなく、彼の死も奪われるのである。人間の尊厳が、どのように生きるかだけではなく、どのように死ぬか（ソクラテスやイエスの死を想起されたい）にかかっていることを思うと、人間にとってその死を奪われることこそ、彼のニヒル（虚無化）、無意味化、無用化の極みと言えよう。つまり、彼は生きることも死ぬこともできないグレイゾーンに置かれるのであり、そこは擬生と擬死という擬制なのである。従ってアウシュヴィッツの正体は、「生ける屍」の製造所であり、言い換えると人間の無意味化、無用化そのものであるということである。アウシュヴィッツの残りの者、エリ・ヴィーゼルは、そのことを自らの体験を通して次のように語っている。

「ブーヘンヴァルトでの解放から三日後、わたしは食中毒にかかり病院に移送され二週間の間、生死の境をさまよいました。ある日のこと、やっとの思いで起き上がることができました。向かいの壁にかけられていた鏡で自分を見てみたかったからです。ゲットー以来自分を見たことはなかったのです。鏡の奥には、一つの死体がわたしをじっと見つめていました。わたしの眼に映ったその眼差しは、それ以来わたしにはりついて離れようとしませんでした(11)」。

こうした「生ける屍」は、現実の生を肯定することも否定することもできない。意味を与えたり取り去ったり、自分の運命を肯定したり（amor fati）、否定したりすることもできない。現代的人間主義の創設者ニーチェは、自分の苦悩に満ちた運命を否定し、みじめな現実に対してルサンチマン（怨恨感情）を抱く弱者とその道徳（キリスト教）および彼岸願望（プラトン主義）を「神の死」を宣言して退けた。その代わりに現実の生を徹底的に肯定する超人、つまりどんな苦悩に満ちたことであれ、「同じものの永遠の回帰」を引き受けることのできる新しい人間とその運命愛を説いた。けれども、その彼の永遠回帰の思想とそれを体現する超人もやはり、アウシュヴィッツには耐えられないであろう。

ジョルジュ・アガンベンは、ニーチェの破綻を次の思考実験によって示している。

「『悦ばしい知識』のなかでニーチェが〈もっとも重い重荷〉というタイトルをつけて提案している実験のまねをしてみることにしよう。すなわち、〈ある日、もしくはある夜〉、悪魔が（アウシュヴィッツの）生き残りのかたわらにはい寄ってきて、かれにこう尋ねるとしよう。〈おまえは、アウシュヴィッツがもう一度、そしてさらには数かぎりなく回帰して、収容所のどの細部も、どの瞬間も、どんなささいなできごとも、永遠にくり返され、それらが起こったのとそっくり同じ順番で休みなく回帰することを欲するか。おまえはこれをもう一度、そして永遠に欲するか〉。実験をこのように単純に組みかえてみただけでも、それ［ニーチェの英雄主義的永遠回帰］をきっぱりはねつけ、こんりんざい提案できないものにするのに十分である[12]」。「生ける屍」は、こうしてキリスト教的プラトニズムと永遠回帰という能動的ニヒリズムの彼方の絶滅の檻の中で、生きるのでも死ぬのでもなく無用な無意味としてただよろよろと歩いているのである。

とすると、アウシュヴィッツの正体は、他者を無用無意味化するだけでなく、それ自体が無用無意味なのである。なぜなら、無用無意味化する働きは、まさに自らをも無用無意味化するからである。

五　現代的悪の二重構造――カフカの不安

さて、以上の考察を踏まえるとわれわれは、「現代」について次のように言うことができよう。それは、まず巨大なエコノ＝テクノ＝ビューロクラシーの機構である。その機構は、経済的利潤を有効に獲得し巨大な軍事力を背景とした政治権力を用いて他を制圧し、地球規模の支配を拡大している。それがその機構の倫理であり意味であり存在理由ともなっている。われわれはそこにからめとられ自らを無力な異邦人と感ずる。あるいはその感性さえ奪われているのかもしれない。しかしこの効率的で生産的な機構には、まさにアウシュヴィッツが伏在しているのである。そのことは「現代」の機構が二重構造になっていることを意味する。その最底辺的構造をなすアウシュヴィッツの正体が、あらゆる生産性や価値を無用とし廃棄する擬制である以上、それに根差す現代の上部構造エコノ＝テクノ＝ビューロクラシーも根本的には、見かけだけは権力、利潤追求に最大に有効な機構であるにしても、その内実は虚無であり無意味であり、やがて自己廃棄する性格を帯びているわけである[13]。従って、そうした現代に生きるあらゆる人は、どれほど自己が属する自分のシステム（社会組織、会社、政党、役所など）に熱心に仕えようと、それを有意味な人生目標としようと、無意味な廃棄物にすぎないということになろう。そういう意味であらゆる人は、現代の異邦人であると言える。その只中にあってただわれわれが残りの者になりうるとすれば、自らの異邦人性を自覚し、異邦人性を担って、その現代からの脱出（エクソダス）を思案し待望する点にあろう。すなわち、われわれは自覚的に明確に異邦人になるのである。

こうした異邦人の不安をいわば先駆的に生きた人は、チェコの作家フランツ・カフカ（一八八三〜一九二四年）であった。その作品『審判』は、主人公ヨーゼフ・Kの生を通して前述の不気味な現代の機構を暗示している。Kは平凡な銀行員にすぎない。とある日、彼は逮捕される。しかし逮捕される理由がわからない。弁護人に聞いても曖昧な答えしか返ってこない。しかも不思議なことに牢獄に入れられるわけでもなく、勤務は以前と同じようにしてもよいと言われる。下級裁判所で無実を弁明するが、誰も本気で相手をしてくれないし、上級裁判官は決して姿を現さない。この裁判は無限に続くように見える。言い換えると、巨大な正体不明の裁判機構は、彼を無罪宣告と再逮捕、再無罪宣言と再々逮捕という無限の回帰の中に置きたいように見える。彼は常に中途半端な罪人であり、その罪の幻影におびえ不安に生きなければならないように断罪されているのだ。そうした権力の迫害者は、彼を二人称で名指すのだが、彼は正体不明の相手に三人称で答えるしかすべはない。こうした対話の欠如や脅迫と死への不安から、Kはとうとう「犬のようにくたばる」のである。

このようにKを脅迫する機構の働きは、まったく意味のないものであり、Kはその無意味さの中で宙づりにされた、いわば「生ける屍」なのである。

われわれとこのヨーゼフ・Kは、この現代において極限的には同じ運命の下にあるとは言えまいか。それではこのような現代という死の荒野において、われわれ異邦人のホレブ山はどこにあり、そこでどのような現代脱出の開示に出会えるのであろうか、あのエリヤのようにして。

3節　他者との出会いの契機

一　エリヤの出会った「沈黙の声」、レヴィナスの顔

われわれがエコノ＝テクノ＝ビューロクラシーの死の砂漠で、エリヤの出会った「沈黙の声」にどこで出会えるのであろうか。「沈黙の声」という逆説は、ヤハウェ＝エヒイェの新たな呼びかけであり顔の現れの極限でもあった。とすれば、われわれに対して、声（呼びかけ）と顔の手がかりを与えてくれる現代のエリヤとは誰であろうか。そこでわれわれの前に出現する思想家・前世紀最高の倫理学の創始者は、アウシュヴィッツの死生を経験したユダヤ人を同胞とし、そのアウシュヴィッツの廃墟から人間と他者との出会いの場（倫理）を構想したエマニュエル・レヴィナスである。われわれは彼の倫理学の根源である「顔」において「沈黙の声」をうかがうことができよう。それでは「顔」を語るレヴィナスの声に聴従しよう。

――他者の死の体験、そしてまた、ある意味では自身の死の体験は、隣人の倫理的迎接とは無縁なものでしょうか。

レヴィナス　あなたはいま、「〈顔〉のなかにはなにがあるのか」という問いをたてられたわけです。私の考察では、〈顔〉は肖像のような形あるものではまったくありません。〈顔〉との連関は、絶対的に弱きものとの連関

であると同時に、絶対的な仕方で外に曝されたものとの連関です。それは、一糸もまとわぬ剝き出しのものとの連関であると同時に、貧しきものとの連関です。〈顔〉との連関は貧窮との連関であり、ひいては、寄る辺なきもの、死と呼ばれるこのうえもない孤絶を身に被りうるものとの連関なのです。つまり、〈他者〉の〈顔〉のなかにはつねに〈他者〉の死が、それゆえある意味では殺人への誘いが、最後まで突き進み完全に他者を無視せよという誘惑がはらまれているのです。しかし、と同時に、逆説的なことですが、〈顔〉は「汝、殺すなかれ」でもあるのです。「汝、殺すなかれ」を、もっと明確に語ることもできます。それは、他者をひとりぼっちで死なせることはできないということです。私へのいわば呼びかけがあるのです。ここが私には重要な点だと思われるのですが、おわかりのように、他者との関係は対称的なものではない。マルチン・ブーバーが言うのとはまったくちがうのです。ある〈私〉、ある自我にこの私が〈きみ〉と語りかける場合、ブーバーによると、〈きみ〉と語りかけられる自我は、私に〈きみ〉と語りかける自我としてこの私の前にいることになる。つまり、対称的な関係があることになる。ですが、私の考察によりますと、〈顔〉との関係において確証されるのは逆に非対称性なのです。(14)

レヴィナスの言う「顔」は、他者であって、いわゆるわれわれ一人ひとりの具体的肖像としての顔を直接意味しない。というのも、そう考えると顔は視覚的対象となって他者性を失うからである。すなわち、わたしが顔を見るという場合、決して背を向けて見るわけにはいかないので、わたしの視野内に相手を置いて収め取って見る。つまり、わたしの視覚能力、わたしの力の範囲に顔を収めるのであり、それはある意味で顔をその視覚像を通して収め取り、所有することを意味しよう。その場合、顔はわたしにとって他者ではなく私有物になってしまうからである。だからレヴィナスは、むしろ顔は、対象ではなく対象性を超えた、「わたし」との関係であると言う。どんな関係かというと、剝き出しの弱い貧窮との関係、暴力、ことに死にさらされた者との関係なのである。そこでもちろんその「顔」は見られるのだが、その見方が問題となる。だからその「顔」に向かってわたしは暴力を振るうこともできる。それは顔を対象物として抹殺する対象化的な見方ということになろう。その場合、わたしは「顔」とは出会わない。他方でレヴィナスは、顔そのものは「汝、殺すなかれ」という呼びかけ・言葉であるとも言う。顔が呼びかけると言わないのである。こうして顔は、わたしに対する呼びかけとして聞こえてくる。その内容はレヴィナスが説明するとおりである。けれども呼びかけは一方的である。顔とわたしがまず平等で相互に自律的な人格的関係にあって、そこで顔がわたしに呼びかけるわけでもないし、またブーバーの言うような対称的な「我＝汝」関係でもない。「顔」は何の人権も資格も理由も価値もなく、つまりこの社会に何らの場をも与えられていない異邦人の呼びかけ、無条件に直接一方的にわたしに呼びかける呼びかけなのである。その呼びかけに対しわたしは「あなたを一人にせず、わたしはここにいます」(me voici) と応える。この応えること (répondre) こそ、顔という他者とのきずなの第一歩、倫理学の最初の言葉となり、責任 (responsabilité) となるのである。ところで顔・他者は無限であるゆえに、わたしの知性的把握や欲望の私有物にはなり得ず、たえずわたしに呼びかけ、逆にわたしの自同性、自己本位性を破る。それは、わたしが社会に同化され、場をもつという成員の在り方から、異邦人になることであろう。だからわたしは顔に対して「あなたとわたしは、この世界に共に生き新たな場を創るのだ」と語ることができる。そしてその場を異邦人の場とし、多くの顔を招くのである。そうである限り顔に対して、わたしは無限の責任を担うのである。この顔の他者性、わたしとの非対称的な関係、その無限性を表現するためにレヴィナスは、汝ではなく彼性 (illeité) という言葉を用いる。しかもレヴィナスは、この顔に対してわたしが応えるとき、無限者（神）の栄光が過ぎ越すという。つまり「顔」にそのまま神が顕現するわけではなく、わたしが「顔」に責任を取るとき、つまり無限な他者であることを認めるとき、彼のうちに神の無限を聞き、栄光という仕方で見るのである。このような顔との出会いに生き、上述のように「比較できないユニークな顔」が共生、相生する異邦人の協働態の形成に向けて責任をとってゆく。

　ところで現代においてわれわれがこうして死の荒野を放浪するとき、顔というホレブ山、山脈で具体的にどのように他者と出会うことができるのであろうか。ここで視点をさらに変えて現代の異邦人・難民の問題にふれてみたい。

　一般にレヴィナスは、前述の考察のように一対一の人間の局所的な狭い出会いをみごとに語ったが、第三者が介入してくる世界の考察、つまり国民国家や官僚制、経済政治的組織論、司法行政、福祉、技術に関する社会論など組織論についてはあまり議論や考察を発展させなかったと批判されるむきもある。

　けれども、現代から異邦人として追放されて異邦人性を自覚したわれわれや、それだけでなく前述の体制や組織、さらにエコノ＝テクノ＝ビューロクラシーから排斥された人々、つまり無国籍者や難民に注目するとどうなるであろうか。

　ここではあまりこの問題には立ち入れないが、アーレントによると、アメリカの独立宣言やフランス革命の人権宣言で語られるように、人間は一般に基本的人権を持つと言われる。しかしある国の市民が難民・無国籍者になったとたんに死にさらされ住むところさえなく、また最低のものさえ奪われる。つまり何らの権利（生命権、財産権、自由など）も持たないことが明らかになる。そのことは、ある国民国家の市民である限り、人間は保護を受け基本的人権を持つことができるということの逆説的な証明である。なぜなら、持つと言えば、人間が生まれてすぐにある国家にその名が市民としてあるいは帰属者として記入されて初めて市民権、財産権、投票権など基本的人権を持ち得るからである。従って、その記入を奪われた難民や無国籍者こそが、人間が本来アプリオリに基本的人権を持つと宣言するフランス革命の宣言などの虚構を暴くのである。(15)

　こう考えると、難民・無国籍者は、現代の国民国家からはみ出し、しかもそのアウシュヴィッツ的機構の無用無意味を映し出す異邦人と言えよう。その意味で、制度的に見たら生きる資格も価値も何の用もない「顔」なのである。

そこでこそ、おそらくレヴィナスの顔の倫理学が、最も人と人とのきずなを結び得る言葉と力を持つ場となり得るのであろう。すなわち、その顔の倫理こそ、異邦人の私が、国籍も市民権もない声としての顔、出現としての顔、つまりもう一人の異邦人に他者として出会える現代のホレブ山となり得るのである。

二　他者の地平の拓け

「エリヤ」や「アウシュヴィッツ」の考察から始めて、われわれ自身が今、そこにある「現代」、そしてそこにおける「異邦人性」の正体を探り、その異邦人性がどのような手がかりによって他者と出会えるかを考察してきた。そしてその手がかりを「沈黙の声」と「顔」との共鳴点に求めたのであった。そのいずれにおいても、人間的他者との出会いの地平（七千人の残りの者、無国籍者、など）が拓け、そしてまたそのいずれにおいてもエヒイェという無限者、その意味で他者の他者性の根拠が、過ぎ越したのであった。それでは以上のような文脈において、一見余剰に見える「異邦人」とは誰なのか。

もし異邦人が参照するテキストが新約と言われる聖書であるなら、そこに前述の「顔」および「異邦人」にあたる手がかりはないであろうか。われわれは、その手がかりとして「マタイ」をあげることができよう。

「そこで、王は右側にいる人たちに言う。『さあ、わたしの父に祝福された人たち、天地創造の時からお前たちのために用意されている国を受け継ぎなさい。お前たちは、わたしが飢えていたときに食べさせ、のどが渇いていたときに飲ませ、旅をしていたときに宿を貸し、裸のときに着せ、病気のときに見舞い、牢にいたときに訪ねてくれたからだ。』すると、正しい人たちが王に答える。『主よ、いつわたしたちは、飢えておられるのを見て食べ物を差し上げ、のどが渇いておられるのを見て飲み物を差し上げたでしょうか。いつ、旅をしておられるのを見て宿を貸し、裸でおられるのを見てお着せしたでしょうか。いつ、病気をなさったり、牢におられたりするのを見て、お訪ねしたでしょうか。』そこで、王は答える。『はっきり言っておく。わたしの兄弟であるこの最も小さい者の一人にしたのは、わたしにしてくれたことなのである。』」（「マタイ」二五34-40）

このテキストでは、王がイエスである。われわれが彼も地上の生にあってユダヤ神政体制の中で異邦人であり、王として「顔」の受難を生きたことを知っている。そしてこのテキストは、異邦の地に旅をし飢え渇き病にあい裸で貧しく犯罪の疑いをかけられ牢にある「最も小さい者」が「異邦人」、「顔」であることを明示している。実際にわれわれはレヴィナスによって、暴力にさらされ、抹殺される他者に「顔」の呼びかけを聞き、アウシュヴィッツの「生ける屍」にこの「顔」をうかがい、人権の一切を奪われ、国民国家群の壁の狭間なる収容所に収容された無国籍者に「顔」と出会い、エコノ＝テクノ＝ビューロクラシーの真空地帯にさ迷う異邦人に「顔」を想起した。その限り、そこでは現代において「顔」という異邦人を通して他者の地平が拓けたと言える。ところがこの新約のテキストによれば、王の右側にいてこれら小さな異邦人に応答する人々も、社会から白い目でみられ、自分の社会的場から脱して「これら小さき人々」と生きる意味で異邦人といえるのである。彼らは、この小さき異邦人においてイエスと出会う。逆にまた受難の王、イエスにおいて「顔」・他者と出会うのである。そのイエスはヤハウェの系譜に属する。とすれば、エリヤが沈黙の声において、レヴィナスが顔においてヤハウェの過ぎ越しに出会ったように、異邦人は、「イエス」において脱在的ヤハウェに出会い、同時に小さき者である顔においてイエスに出会う者である。しかし異邦人とその働きは元来すでにある余剰なのである。というのも、各民族、文化伝承、国家など世は、それ固有の他者の遇し方にかかわるエチカ、宗教的心性・ポリス的ルールや習慣、他者迎接の場（ギリシア的客人歓待・クセニア）など、一口に言えば友愛関係をもって、それなりに充足しているからである。しかし、そうした自己充足的で世界内在的な友愛関係は、一切をその内に同化するアウシュヴィッツ的機構を超出できずに、逆に同化されてしまうであろう。これに対して、アウシュヴィッツ的機構の中でも、その〈外〉なる余剰、つまり自分の異邦人性を担って「顔」に応える異邦人こそが、他者と真に出会うからである。だから異邦人が他者と出会う出会いは、人間の他者との友愛的出会いの世や伝承にあって、あくまで余剰なのである。それは神の子であるにもかかわらず、愛憎に満ちる人間のもとに降下受肉し「わたしはあなたである」との言葉を響かせたイエスの火のような到来が、世の怨親平等の倫理や宗教的心性やポリス的生活にとって、大きな余剰であったかもしれないことに似ている。さらにいえば、イエスという名はまさに「余剰」にほかなるまい。

それではわれわれは、「現代」においてこの余剰をどのように了解したらいいのであろうか。

「現代」は二重構造を持ち、そのうちの表層として一切を自同化するエコノ＝テクノ＝ビューロクラシーは、さらに一切を無用無意味に還元同化するアウシュヴィッツの深層と合体し、何ものをも誰をも余さずに吸収し同化する機構であった。とすれば、その機構の虚無化の働きを突破して、その「外」に、残りの者として他者の地平を披こうとするなら、そのような同化吸収機構に対して、彼の異邦人性と「顔」との出会い方は、全面的な異質であり、さらに徹底してたえず同化吸収されない余剰であり、そしてそうでなければならないのである。そうであってこそ、それはアウシュヴィッツ（という根源悪）にとって忘却の穴に葬り去れぬ余剰であり、生死を奪いきれぬ余剰であり、またエコノ＝テクノ＝ビューロクラシーにとっては、システム化しきれない余剰なのである。

以上の意味でイエスが生前、ローマ帝国やユダヤ神政体制にとって、あるいは「世」にとって余剰であったように、エヒイェと「余剰」的なエヒイェ的生を継承する異邦人は「現代」にとって余剰な異邦人なのであり、余剰な異邦人として相生するように呼ばれているのである。それがまた、彼が現代に残りの者の地平、つまり共生・相生「わたしはあなただ」という地平を披き得る秘儀なのであるかもしれない。(16)

註

（1） 従来の表現「共同体」は、同が『論語』の「和して同ぜず」が意味するように集団的自同主義を表し、体が実体と重なり得るので、非自同的な「協働態」と表記する。その場合、協は協力、協働の意味で、協働はニュッサのグレゴリオスなどの言うシュネルギア、つまりエネルゲイアを分かち合い働くの意味である。態は実体化を流動させる動態の意味であると考える。

（2） 預言者とルーアッハとダーバールとの関係については、A・ネエル『予言者運動の本質』（西村俊昭訳、創文社、一九七一年）を参照。

（3） ヘブライ的存在論（ハヤトロギア、あるいは発展してエヒイェロギア）に関しては、拙著『存在の季節』（知泉書館、二〇〇二年）、ことに第四章「ハヤトロギアの胎動」および『他者の甦り』（創文社、二〇〇八年）を参照されたい。また「人間を探し求める神」のテーマについては、A. J. Heschel, *God in search of Man*, New York, 1955.

（4） ケノーシスの言葉とモデルの源泉は、「フィリピの信徒への手紙」二章6-9節にある。

（5） 関根正雄『古代イスラエルの思想』講談社学術文庫、二〇〇四年、三二六頁。

（6） J・ハーバーマス『コミュニケイション的行為の理論』（上・中・下）河上倫逸他訳、未来社、一九八五～一九八七年参照。

（7） 『コミュニケイション的行為の理論 下』三〇六頁。

（8） 同書、三一二―三一三頁。

（9） Th・アドルノ『否定弁証法』木田元他訳、作品社、一九九六年、四四〇―四四一頁参照。

（10） H・アーレント『全体主義の起源3』大久保和郎・大島かおり訳、みすず書房、一九八一年参照。

（11） E. Wiesel, *La Nuit*, Les Editions de Minuit, 1958, p. 174s. 引用者による訳。

（12） G・アガンベン『アウシュヴィッツの残りのもの』上村忠男・廣石正和訳、月曜社、二〇〇一年、一三二―一三三頁。

（13） ここでEMP（Electro-Magic-Puls 電磁パルス）に関する専門家の警告を傾聴しておこう。それによると、EMPとは核爆発で生ずる電磁波である。例えば二〇キロトン級の原子爆弾が爆発すると半径一〇〇キロ以内のコンピュータ関連の機器の電気回路がダメージを受け、コンピュータ・ネットワークが壊滅してしまうという。それは、一般のインターネット、銀行業務、通信交通のシステム、生活上のあらゆる電気システム、輸出入を含めた商取引、つまりコンピュータ文明を破壊するという。だからある狂人やテロリストがそれを用いれば、地球規模の災害にみまわれよう。このように今日のエコノ＝テクノ＝ビューロクラシー機構は、砂上の楼閣なのである。

(14)　E・レヴィナス『われわれのあいだで』合田正人・谷口博史訳、法政大学出版局、一九九三年、一四七頁。

(15)　H・アーレント『全体主義の起源2』（大島通義・大島かおり訳、みすず書房、一九七二年）、およびG・アガンベン『人権の彼方に』（高桑和巳訳、以文社、二〇〇〇年）中の1、参照。

(16)　自らを解釈学的余剰としてタルムード的解釈の倫理的伝統を承け継いだレヴィナス倫理学は、ある仕方でわれわれの「余剰論」と共鳴する。その点については、拙稿「レヴィナスにおける解釈学のヘブライ的契機——気（ルーアッハ）、psychisme, inspiration」（『哲学雑誌』第一二二巻七九三号、有斐閣、二〇〇六年所収）参照。

本章の基本的な解釈と思索は、本書のアブラハム論（第二章）においても提案されている。これに関連して次の拙論をも参照。「〈アブラハム物語〉の現代的地平」（『原初のことば』シリーズ物語り論2、東京大学出版会、二〇〇七年所収）。また拙著『他者の甦り——アウシュヴィッツからのエクソダス』（純心レクチャーズ10、創文社、二〇〇八年）が本章理解の指標となるであろう。

むすびとひらき

本書の主題は、他者との共生（さらにそれを超えた相生）、それを阻む根源悪、そして根源悪を超出して共生（相生）の地平を披く根拠、以上の三点である。この根拠についてはまずギリシア教父のエネルゲイア（現実的働き）、さらにヘブライ思想のエヒイェ（脱在）からの発想を受けて考察が展開された。そして筆者はこのエヒイェの体現者として、孔子、ソクラテス、仏陀あるいは神秘家（アビラのテレサ、フランチェスコ、マザー・テレサなど）をイメージしているが、何よりもナザレのイエスを念頭においてきた。

如上の三主題の考究に際し、いろいろな細かな論点や問い、解釈学的方法論、諸思想が錯綜したので、「序」で解説したような新造語や新しい発題を創るという苦汁にみちた決断を強いられた。そうした新造語や新発題が本書を特徴づけているので、読者のための便宜にもなればと願い、以下その諸特徴を大略示しておきたい。

第一に、本書の発題の基盤としたのは、ヘブライ的背景をもつ旧約聖書テキストである。それは西欧の思想、殊に存在神論に対して他者の新しい地平を披くためであり、そこからようやくエヒイェロギアが構築されようとしている。

第二は、このエヒイェロギアは、「出エジプト記」や諸預言者の書のような歴史物語りに関わる物語り論的解釈から出発しているということである。そうした物語り論的方法は、例えばアリストテレスが論理学《オルガノン》を用いて、論証的学知として自然学や形而上学を樹立し、これと対比的な実践学として倫理学や政治学を構築した方法とはかなり異なるといわなければならない。

第三に、根源悪を問い、カントのそれとは随分異なる「アウシュヴィッツ」の根源悪つまり、他者を「忘却の穴」に葬り去る他者性の否定について考察をしている。その際、この「アウシュヴィッツ」がつきつける審問に如何に応答できるか、あるいはできないかが、他者の思想の質に決定的であることが示された。

従って第四に、テキスト解釈はアウシュヴィッツ的審問に直面して、ガダマーやリクールの解釈学や物語り論的解釈、殊にヘブライ的解釈を通してなされることになった。ヘブライ的解釈とは、テキスト内の間《あわい》、意味が出来する無規定的空間、行間に注目し、そこから新たな語や文章の組み換えによる物語りを創造する方向をとる。

第五に、この解釈に際して、自らが全能者となり他者を排して自己中心の文法や言表を語り出す際の、言表のずれや言い換えなどに潜む倒錯や虚無化が、「創世記」（三章）の蛇の言語行為において原罪として示された。それが本書の原罪論である。この原罪論は、当然「全能者（神）の如く成って」他者を支配する根源悪に通底する。

第六に、物語りの時間性と歴史性とからめて、アウグスティヌスの時間論を展開し、未来を超える未来、過去を超える過去から常に差異化されつつ、不断に新たな未来あるいは終末から現在→過去を読み生きる実存的時間と歴史的時間とを区別した。

第七に、そうした実存と歴史を生きるために、人格は、エヒイェと「現在」において出会い一致することを根源とする。その一致はいわゆる神秘主義的合一とも関連する。本書では、この一致がエヒイェ的な神と人格が融合するのではなく、逆に両者はますます本来の面目を現わし、一が二、さらに百、千、万との他者との出会いを披くという神秘主義の真髄を示している。

第八に、他者の倫理・共生（相生）を考察する本書は、レヴィナスを参照しつつも、彼の存在＝本質論は採らず、ギリシア的形相存在を包越するエヒイェをあくまで倫理的共生（相生）の根拠とする。そこから、ケノーシス（自己無化）、否定弁証法的歩みなどの新たな「徳」の地平が拓けている。

本書は大略、エヒイェロギアを核として以上のような内容を特徴としている。このエヒイェロギアの思索の旅路は今後も長く続き、その思索の一歩一歩は牛歩とならざるをえない。しかしここに至るまでの第一歩は、ギリシア教父のエネルゲイア論とイエスの譬えの物語り論的解釈を中心とした『福音書の言語宇宙――他者・イエス・全体主義』（岩波書店、一九九九年）を通して刻まれ、その後『他者の原トポス――存在と他者をめぐるヘブライ・教父・中世の思索から』（創文社、二〇〇〇年）、『存在の季節――ハヤトロギア（ヘブライ的存在論）の誕生』（知泉書館、二〇〇二年）、『他者との出会い』を第一巻とする『シリーズ物語り論（全三巻、編著、東京大学出版会、二〇〇七年）を通して、エヒイェロギアと物語り論が試行錯誤的に考察され、『他者の甦り――アウシュヴィッツからのエクソダス』（創文社、二〇〇八年）および『旅人の脱在論――自・他相生の思想と物語りの展開』（同、二〇一〇年）においてようやくエヒイェロギアの輪郭らしきものが、現成してきたように思えるが、今は日暮れて道遠しの感に襲われている。というのも現代戦はまさしく総力戦であり、思索の場面でも他者問題に入りゆくと、旧・新約文学の解釈、西洋ギリシア哲学、中世哲学、現代思想、キリスト教思想などあらゆる前線で問いが炸裂し血戦が生じており、もてる力の総動員体制が求められ、この思索上の総力戦はいつ果てるとも知れないと思わざるをえないからである。それにも拘らず、このエヒイェに対しヤコブのように格闘を挑み、根源悪の不可見な触手に血を吸われつつも何とか生き抜いてこれたのは、偏に東京大学時代からの恩師と学友との愛智の交流に拠り、またイスラエル、カナダ、フランスなどの異郷における精神的師や友人たちの支えに拠り、さらに上智大学や中世哲学会、東方キリスト教学会の師友との交流や京都フォーラムを通しての韓国のハンの力などに全面的に拠っていることを思い、深甚の謝意をここにおささげしたい。

最後に、本書の論稿をチェックし編集して下さった東京大学出版会の編集者小暮明氏の助力・助言に深く感謝を申し述べたい。

平成二十三年　如月の暦日渺渺にうちまかせつ

宮本　久雄

初出一覧

第一章
「「アブラハム物語」の現代的地平――自同性の超克・脱在（ハーヤー）と自他論の物語へ（宮本久雄・金泰昌『シリーズ物語り論2　原初のことば』東京大学出版会、二〇〇七年）

第二章
「アブラハムの受難と他者の地平――漂泊の物語からハヤトロギア（ヘブライ的存在論）的共生へ」（宮本久雄・大貫隆・山本巍『受難の意味』東京大学出版会、二〇〇六年）

第三章
「苦難と他者の物語地平――「ヨブ記」の生成・転法的物語論的解釈から」（宮本久雄・金泰昌『シリーズ物語り論1　他者との出会い』東京大学出版会、二〇〇七年）

第四章
「神の淵源・悪と他者性」（池上良正・小田淑子・島薗進・末木文美士・関一敏・鶴岡賀雄　編集委員『岩波講座　宗教4　根源へ』岩波書店、二〇〇四年）

第五章
「人間の淵――ハーヤー存在とアウシュヴィッツ的解釈学」（大貫隆・金泰昌・黒住真・宮本久雄『一神教とは何か　公共哲学からの問い』東京大学出版会、二〇〇六年）

第六章
「現代における異邦人性――他者の拓きとキリスト者」（光延一郎編著『二〇〇七年上智大学神学部夏期神学講習会講演集　今、日本でカトリックであることとは？』サンパウロ、二〇〇九年）

事項索引

あ　行

か　行

さ　行

た　行

な 行

は 行

ま 行

や 行

ら 行

人名索引

著者略歴
1945年，新潟県生まれ．東京大学文学部卒．同大学院人文科学研究科を経て，カナダ，エルサレム，パリなどに遊学．東京大学大学院教授を経て，現在，上智大学教授．
専攻：哲学，聖書学，神学，ヘブライ思想．

主要著書
『福音書の言語宇宙』（岩波書店，1999）『他者の原トポス』（創文社，2000）『存在の季節』（知泉書館，2002）『他者との出会い』『原初のことば』『彼方からの声』（シリーズ物語り論，編著，東京大学出版会，2007）『他者の甦り』（創文社，2008），『旅人の脱在論』（創文社，2011）ほか．

ヘブライ的脱在論
アウシュヴィッツから他者との共生へ

2011年4月22日　初　版

［検印廃止］

著　者　宮本久雄《みやもとひさお》

発行所　財団法人　東京大学出版会
代 表 者　渡辺　浩
113-8654　東京都文京区本郷7-3-1 東大構内
http://www.utp.or.jp/
電話 03-3811-8814　FAX 03-3812-6958
振替 00160-6-59964

印刷所　株式会社平文社
製本所　誠製本株式会社

ISBN 978-4-13-010120-2　Printed in Japan